保障船员权益的
软法与硬法

Study on the Protection of China Seafarer's Rights
and Interests by **Soft and Hard Law**

邵 帅 编著

上海交通大学出版社
SHANGHAI JIAO TONG UNIVERSITY PRESS

内容提要

本书将新兴软法理论引入船员权益保障领域,结合国际与国内相关公约与法律,提出以软法和硬法为表、公权力为核心的理论框架,探索船员权益软法与硬法双轨保障模式的建构路径,为解决中国船员权益保障问题从理论上提出独特的见解。本书共计八章,内容包括船员群体权益保障困境问题、船员权益保障的相关软法理论、船员权益保障的人权法理基础、软法保障船员权益的优势分析及国外经验启示、国际软法对船员权益的保障、国内软法对船员权益的保障、船员权益的软法保障模式建构及相关建议等。本书的读者主要为国际法学者、宪法学者和船员等群体。

图书在版编目(CIP)数据

保障船员权益的软法与硬法/ 邵帅编著. —上海:
上海交通大学出版社,2021
ISBN 978 - 7 - 313 - 24791 - 9

Ⅰ. ①保… Ⅱ. ①邵… Ⅲ. ①船员-合法权益-法律
保护-研究-中国 Ⅳ. ①D922.5

中国版本图书馆 CIP 数据核字(2021)第 045981 号

保障船员权益的软法与硬法
BAOZHANG CHUANYUAN QUANYI DE RUANFA YU YINGFA

编 著:	邵 帅			
出版发行:	上海交通大学出版社	地 址:	上海市番禺路 951 号
邮政编码:	200030	电 话:	021 - 64071208
印 制:	江苏凤凰数码印务有限公司	经 销:	全国新华书店
开 本:	710mm×1000mm 1/16	印 张:	17.25
字 数:	289 千字		
版 次:	2021 年 6 月第 1 版	印 次:	2021 年 6 月第 1 次印刷
书 号:	ISBN 978 - 7 - 313 - 24791 - 9		
定 价:	69.00 元		

　　船员的贡献惠及整个人类社会。"没有船员的贡献，世界上一半的人会受冻，另一半人会挨饿"！① 船员也是权益较易受损的一个群体。"本组织确认海员应享有普遍基本权利和自由，并认为由于航运全球性的产业特点，对海员需要施加特别的保护"。②

　　船员是交通运输业的重要组成主体，我国约90%的货物进出口贸易有赖于船员的参与才得以完成。船员行业的健康发展对国家发展至关重要，是顺利实施海洋强国、航运强国等国家战略的重要保证。

　　在我国，随着海洋运输业的迅速发展，船员群体的权益保障问题也逐渐受到关注，但遗憾的是，目前我国船员群体呈现出明显的衰落之势，传统硬法对船员权益的保障不力加剧了这种趋势。船员权益涉及多个法律部门，环节多、情况特殊复杂，现有研究多集中于《劳动法》或《2006年海事劳工公约》所列之权益，并没有形成完整统一的理论和认知体系。碎片化的研究对改善船员权益作用较为有限。

　　相对于硬法拥有"国家强制力保障"的特点，软法着眼于社会实效，与当前国家推进依法治国、社会治理转型的发展理念内涵高度契合。软法理论具有较大拓展性，将软法与船员权益保障相结合，并作为硬法的补充和完善手段，在实践中加以推广，推动了海洋运输行业的良性发展，为维护船员合法权益起到重要作用。

　　本书通过软法这一新的思考方向，以公权力主线，跨越国内法和国际法界限，将船员权益保障问题有机结合起来，多维度展开论述和剖析，力

---

① 前国际海事组织秘书长米乔普勒斯对海员的评价。
② 《2006年海事劳工公约》序言。

图对船员权益保障问题在认识上形成完整体系，同时对相关问题深入研究，提供新的研究角度。

本书第一、二章重点界定船员、船员权益等概念，阐述该群体现状及面临的困境，以及传统硬法在保障船员权益方面存在的不足。

第三章阐述软法概念及其相关理论，主要对软法本体理论、软法与硬法关系以及相关公法理论等进行论述。

第四章依据人权理论中的少数人和弱势群体理论分析、归纳中国船员兼具少数人和弱势群体的双重属性，对其权益予以特殊保障具有法律的正当性和必要性。

第五章对软法在保障船员权益方面的优势进行分析，并介绍成功经验，论证软法不但可以弥补硬法的保障不足，而且能将部分公权力纳入法律范畴，有利于对船员权益的全面保障。

第六、七章分别从国际软法和国内软法的角度展开论述。在国际软法方面，系统分析了国际软法的各类表现形式，重点分析国际法律制度中的软法条款在三大主要涉及船员海事公约中的具体表现和发展脉络、效力及作用。在国内软法方面，主要从国家和社会的角度进行剖析。

第八章结合前述软法理论，并依据社会治理理论，构建了以软法和硬法为表、公权力为里的船员权益软法保障模式及相关建议。

CONTENTS | 目　录 |

第一章 认识船员

第一节 船员行业的历史

2018 年 12 月 3 日，习近平总书记在巴拿马访问期间，同航经巴拿马运河的"玫瑰轮"船长通话并慰问全体船员，引起社会广泛关注。在现实生活中，对习惯陆上生活的人们来说，船员遥远而又陌生。

一、中国航海史与船员

船员的出现与人类航海活动密不可分，他们是航海活动最直接的参与者。船员可以说是最古老的职业。古代航海活动的开展与先民们努力争取改善生存条件分不开，他们或为了捕鱼，或为了迁徙，或为了与沿岸其他部落交换器物。中国航海历史悠久，2002 年 11 月，在浙江省杭州市萧山区跨湖桥遗址出土的独木舟，经测定距今已 8 000 余年，是我国迄今为止发现的最古老的独木舟。从第一批原始先民驾乘桴筏和独木舟泛海出洋的那一天起，中国船员这一古老的职业群体就已诞生。新石器时代创造的彩陶文化和黑陶文化的器物在中国澎湖岛的良文港和我国台湾地区的高雄、台中、台南等地均有出土。

夏朝是中国史书上记载的第一个朝代，中国最早的编年体史书《竹书纪年》就记载着夏朝第九代君王芒"命九夷，狩于海，获大鱼"，可见那时中华民族的航海捕鱼活动已经较为普遍。另一个有趣的事例是史学界近几十年来对北美印第安人起源于中国商代遗民的争论，如果这一论断成立，将使人们对商朝时期远洋跨海运输大批量人员物资的能力重新认识。春秋战国时期，我国的造船水平获得极大提高。隋唐时期，我国的漕运制度全面确立，漕运船员作为固定职业而产生。自秦汉时期，徐福率船队东渡日本为标志的古代海上丝绸之路初步形成。海上丝绸之路主要有东海启航线和南海启航线，形成于秦汉，发展于隋朝，繁荣于唐宋，是已知的最为古老的海上航线。①

海上活动离不开优秀的航海家，鉴真东渡日本，郑和七下西洋已经是人们耳熟能详的佳话，明清时期中国航海事业由盛而衰。晚清至民国时期，中国出现了首批在外国轮船上工作的船员，但由于战事不断，中国航运业及船员群体也是命运多舛。在孙中山积极开展革命活动期间，"俄国皇后"号船员在温哥华组织召开了中国船员大会，到会船员 200 多人，通过了成立"中华海员公益社"的决议，这是中国海员工会的前身，也是近代以来有据可考的"海员"一词的最早记载。第二次世界大战期间，除了在国内战场支援抗战外，中国有 3 万多船员奔赴世界各国，为世界反法西斯战争的胜利做出了巨大贡献。因表现出色，第二次世界大战期间，共有 40 余名中国船员被同盟国政府授予勋章，其中就有号称中国"鲁滨逊"的沈祖挺。由此可见，船员无论在平时还是战时都是国家的重要力量。改革开放以后，国家逐渐恢复航海教育，目前招收航海类专业的本科院校有 14 所，培养了大量船员，服务于我国经济和社会发展，同时也为世界其他国家输送航海人才。我国已经成为世界上船员数量最多的国家。

二、世界航海史与船员

航海活动是人类发展史的重要组成部分，甚至决定着人类历史发展的进程。公元前 4 世纪下半叶，希腊航海家皮忒阿斯（Pytheas）驾舟从希腊当时的殖民地——法国马赛出发，沿伊比利亚半岛和今法兰西海岸，再沿大不列颠岛的东岸向北探索航行到达粤克尼群岛，并由此折向东到达易北河口，这是西方国家有记录最早的海上远距离航行。在此之前，地中海内的航行活动已相当频繁，在公元前 490 年发生的希波战争中，希腊就曾以数百艘长约 130 英尺的战舰抵抗波斯舰队。1487 年，葡萄牙船长迪亚士（Dias）到达非洲最南端，葡萄牙国王把这地方更名为"好望角"。9 年后，在船长瓦斯科·达·伽马（Vasco da Gama）的率领下，葡萄牙船队于 1497 年秋从里斯本出发绕过好望角，于 1498 年抵达印度，从此，葡萄牙船舶就经常取道好望角驶向东方进行贸易。当葡萄牙人热衷于绕过非洲南端到达印度时，意大利航海家哥伦布

---

① 韩庆，逢文昱.中国海员史图说［M］.大连：大连海事大学出版社，2016.

（Columbus）在地圆学说的影响下，设想向西直驶渡过海洋或许可以更迅速、更容易地到达东方的印度、中国和日本，他于1492年率领3艘圆首方尾的小帆船从帕洛斯出发，向西航驶，希望能到达印度。1492年10月，他到达陆地圣萨尔瓦多，哥伦布没有意识到他所登陆的是一个新大陆。另一位意大利航海家亚美利哥（Amrigo）于1501—1502年第二次到这个大陆时证实了这里不是亚洲，而是一个新世界，所以，后人就以他的名字命名这个洲为美洲。葡萄牙航海家麦哲伦（Magallanes）于1519年奉西班牙国王之命率领船队从圣罗卡出航，越过大西洋，从南美洲东海岸南下，穿过南美大陆和火地岛之间的海峡（后命名为麦哲伦海峡）人太平洋，于1522年抵达菲律宾，并于同年9月回到西班牙，完成了人类第一次环球航行，也第一次证实了地圆说。詹姆斯·库克（James Hook）是18世纪英国航海家，1770年由其驾驶的"奋进"号首次抵达澳大利亚，库克也因此被称为澳洲之父。第二次世界大战以后，由于航海科技的发展和世界经济一体化的进程，海运运量不断扩大，近年来，国际海运量在货运总量比例约占90%以上。

第二节　船员是我国迈向海洋强国的重要力量

2012年11月，习近平总书记第一次提出"中国梦"，他指出，实现中华民族伟大复兴，就是中华民族近代以来最伟大的梦想。这是党的十八大以来，以习近平同志为核心的党中央提出的重要政治愿景和总体奋斗目标。正是在这个大战略背景下，党中央陆续又提出了建设海洋强国战略和"一带一路"倡议，成为实现"中国梦"目标的有机组成部分。

一、建设海洋强国战略是历史必然

（一）历史教训的反思

中国在地理上属于陆海复合型国家，虽然古代航海活动几乎是与西方同步出现，但其发展却历经曲折。中国航海活动在明初达到顶峰，但却由于明中叶的海禁政策而转向衰败。有学者认为，中国古代海洋发展有三个周期：一是春秋时期的吴国到东汉；二是三国时的吴国到唐朝；三是五代十国时的吴越国到明朝中期，① 每个周期约 500 年。之所以没有像西方一样持续发展，而是呈现出周期往复的状态，其原因是多方面的，最主要的原因是中国所处的传统社会无法克服其固有的社会矛盾的周期性集中暴力释放而导致朝代更迭频繁，海洋活动的发展需要强大的综合国力支撑，而周期性的改朝换代对社会财富产生了巨大破坏，无法保证对海洋的开发和探索保持连续性。

另外，中国的朝代更迭基本上都是从北向南扩展，② 这种状况导致两个不利于海洋发展的结果：一是北方民族或政治集团缺乏对海洋的认识和观念，海洋事务和权益被忽视；二是出于惯性经验和现实的需要，执政者首要的注意力主要放在防范北方入侵，在国力有限分配的条件下，海洋的开拓自然被放到了次要位置。虽然不少学者认为从传统上看，"中国是大陆国家"，③ 但客观上，中国自古以来从未放弃对海洋的向往和追求，海洋强国战略实际上是对千百年来中国海洋传统的继承，但每个周期初始，大多以东南沿海为发端，即古代吴越地区主要是因为该地区临海，具有天然的海洋文化和传统；东汉期间的《越绝书》说越人"以船为车，以楫为马，往若飘风，去则难从"；吴越地区自春秋战国至抗日战争时期少有大灾难，使海洋文化传统得以保存和延续。另外，当中国处于分裂时，东南沿海的一些小国家的海洋活动却较为活跃。明朝中期的郑和下西洋虽由国家主导，但目的主要是为了对外展示国家的实力，少量的对外物资交流基本上是非营利的朝贡贸易，规模庞大的航海活动并没有带来国家整体实力的富强，反而使国家财政无以为继，导致明朝海洋探险活动在达到巅峰后突然中断。正如阿尔弗雷德·塞耶·马汉（Alfred Thayer Mahan）在他的《海权论》里的论述：一个国家不能在追求陆上强权的同时，又追求成为海上霸主。④ 明朝无法承受海上探险的巨大投入，郑和之后，明朝宣布"片帆不得入海"，全面进行海上收缩，海禁政策在清朝延续。据不完全统计，1840—1940 年间，日、英、法、俄、德等国从海上入侵中国达 470 余次，其中

---

① Chi Ch'ao-ting. Key Economic Areas in Chinese History ［M］. London：George Allen & Unwin，1936：9 - 10.

② 秦、汉、隋、唐或发源或定都在位于西北的汉中地区，宋发源于河南，元、清由北方少数民族建立。

③ 冯友兰. 中国哲学简史 ［M］. 北京：北京大学出版社，1996：23.

④ 阿尔弗雷德·塞耶·马汉. 海权论 ［M］. 欧阳瑾，译. 北京：群言出版社，2016.

规模较大的有 84 次，^① 较为著名的有中英鸦片战争、中法战争、中日甲午战争和抗日战争等。在经历了深重的屈辱并付出巨大代价之后，中国人明白了一个道理：实现中华民族伟大复兴的中国梦，必须以海兴国，建设海洋强国。

目前中国正经历着海上活动的第四个黄金周期，从沿海 14 个城市对外开放开始，中国海上开发和航运贸易兴起，中国再次走向海洋。美国著名历史学者费正清曾评价，"从根本上来说，改革开放就是促使中国重返海洋，亦即通过发展'海上中国'，及对'大陆中国'的改造，最终形成海上与陆上有机结合的整体战略"。^② 重视海洋、确立海洋强国战略是中国必然的历史选择。

（二）其他海洋强国的历史经验

英国著名史学家阿诺德·J. 汤因比（Arnold J. Toynbee）曾说过，西方的革命性发明是以"海洋"代替"草原"，作为全世界联系主要通道，通过轮船跨越海洋，将全球统一成适合人类居住的世界。^③ 有学者将西方海洋强国的海洋发展分为四个阶段。^④

1. 开拓时代

这一时期从休达战役（1415 年）至确立国家主体关系的《威斯特法利亚条约》（1648 年）签订，主要反映"大航海时代"的世界探索。西方之所以在这个时段启动探索海洋的步伐有一定原因。技术上，多桅快速船、罗盘、火炮的出现使远洋航行成为可能；理论上，地圆学说被提出，环球航海有了理论指导；思想上，在经过了文艺复兴后，人性从宗教的严格束缚中得到了解放，不仅科学技术的思维得到创造性发挥，而且也愿意通过海外冒险开阔眼界；利益方面，东方丝绸、瓷器等已经传到西方世界，但十字军东征的失利促使欧洲国家开始考虑通过海上寻找直抵东方的路径，还有一个最重要的原因在于欧洲并非大一统，国家间的竞争也促使欧洲各国希望通过开拓新世界，发现新财富以提升国力。上述原因

---

① 许华.海权与近代中国海军的命运——国际海洋暨北洋海军成立 110 周年的历史反思［J］.当代海军，1998（6）：4.
② 费正清.费正清中国史［M］.张沛，张源，顾思兼，译.长春：吉林出版集团有限责任公司，2015：538.
③ L. S. 斯塔夫里阿诺斯.全球通史：从史前史到 21 世纪［M］.吴象婴等，译.北京：北京大学出版社，2006：335.
④ 刘笑阳.海洋强国战略研究［D］.北京：中共中央党校博士学位论文，2016.

刺激了西方国家探索世界的热情，美洲的发现开创了人类历史上一个伟大的进程。葡萄牙、西班牙和荷兰是这一时期的佼佼者。葡萄牙取得了先发优势。

1415年，在国王若昂一世的率领下，攻占了北非的休达港，继而对非洲进行扩张。1488年，葡萄牙航海家迪亚士成功抵达非洲最南端的好望角，1497年，同样是葡萄牙人达·伽马在此基础上绕过好望角抵达印度。100多年前，郑和通过下西洋也到达过印度，但以后几百年间，东西方没有实现大洋上的交汇。1500年，葡萄牙偶然发现巴西并长期实施统治。葡萄牙在1640年再次独立时，多数殖民地已经被瓜分，葡萄牙风光褪去。葡萄牙的巨大成就刺激了西班牙。哥伦布发现美洲大陆将欧洲对世界的认知极大扩展，由西班牙王室支持的麦哲伦实现了人类首次环球航行，证实了地圆学说，为了在与葡萄牙疯狂瓜分世界的竞争中赢得先机，西班牙打造了强大的海军，被誉为"无敌舰队"。1581年，西班牙吞并葡萄牙，其海上势力达到顶峰，但穷兵黩武式的发展给西班牙带来了财政危机，其掠夺的资源并没有以生产方式的革新来实现财富的再生。1588年，"无敌舰队"远征英国，遭遇毁灭性打击，直接导致西班牙海洋霸权的衰落。在1898年美西战争失败后，西班牙彻底退出了海洋强国的历史舞台。荷兰是第一个资产阶级革命成功的西方国家，其重商主义驱使其参与到与葡萄牙和西班牙的海外势力争夺中。17世纪，葡萄牙和西班牙对海外控制力的衰落使荷兰迎来了海外扩张的机遇。1602年，荷兰成立东印度公司，1621年，又在美洲建立了西印度公司，其贸易遍及世界各地，被誉为"海上马车夫"。荷兰伟大的法学家格劳秀斯为荷兰的海外扩张提供了法理依据，其在《论海洋自由或荷兰参与东印度贸易的权利》一书中，抨击了葡萄牙对东印度洋群岛航线和贸易的垄断，提出"一位正直的法官会授予荷兰人贸易自由权，而且会阻止葡萄牙人及其他人使用任何力量来干涉那种自由"。[①] 其提出的"公海自由"思想影响至今，被现代国际海洋法所吸收。由于荷兰军事实力并不占优，荷兰的海上优势没有得到持续，经过三次英荷战争以及法国的入侵，荷兰海上实力最终衰落。

2. 殖民时代

17世纪中后期至1845年，这一时期主要表现为西方国家对非、亚、美洲

---

① 格劳秀斯. 论海洋自由或荷兰参与东印度贸易的权利 [M]. 马忠法，译. 上海：上海人民出版社，2005：75.

的殖民和争夺。1648 年《威斯特法利亚条约》象征着欧洲 30 年战争的结束，它是国际关系史上的一个里程碑，开创了以国际协商方式解决国际争端的先例，软法思想孕育其中。这一时期的背景是第一次工业革命后，蒸汽机和铁甲舰得到结合，海战更体现出综合国力和工业化水平，人们对全球的探索基本完成。围绕着欧洲霸权各国风云起伏，英荷战争、英法"二次百年战争"、俄土战争，以及之后的拿破仑对外征战，传统内陆国家，例如俄国和法国也开始追求自己的海洋权益。1640 年，英国资产阶级革命后，针对荷兰的贸易垄断，奥利弗·克伦威尔（Oliver Cromwell）于 1651 年发布《航海条例》，通过法律限定进出英国或其殖民地货物只能由英国船舶运送，由于触及荷兰核心利益，英荷之间爆发了三次战争，结果英国取代了荷兰的世界海上霸主地位。之后由于美国独立战争兴起，英国在北美的殖民体系瓦解。此时法国已经称霸欧陆，欲借英国海洋实力减弱的机会打垮英国，结果却在 1805 年特拉法尔加海战中失利，英国最终将海上霸主地位坐实。之后，英国将目光放到东亚，经过 1840—1842 年的鸦片战争，迫使清政府签订《南京条约》。根据马汉的海权三要素，英国凭借其"巨大的贸易、发达机械工业及广泛的殖民体系"[1]成功地实现了其海洋强国战略，同时通过大陆均势政策，确保欧洲大陆不会出现威胁其地位的大国，成为真正的"日不落帝国"。

3. 争霸时代

19 世纪中后期至第二次世界大战结束，表现为新兴力量的崛起。1845 年以后，西方在全球范围内的殖民势力基本已划分完毕，英国依靠高度机械化的生产、全球海上贸易网及海外殖民地市场，成为贸易秩序的主导者。西学东渐成为知识分子的共识，日本也做出了"脱亚入欧"的历史选择。无论被动或主动，全世界都已经被纳入西方国家所主导的世界贸易体系中。由于查尔斯·罗伯特·达尔文（Charles Robert Darwin）《物种起源》的发表，一些社会学家将"优胜劣汰"的理论引入社会科学领域，主张国家、民族之间也可以适用"适者生存"的理论。美国自 1865 年南北战争结束后，经济的迅速发展，对海外利益的需求也愈发强烈。1898 年，拥有后发技术优势的美国尝试性地对老

---

[1] 阿尔弗雷德·塞耶·马汉.海权对历史的影响（1660—1783 年）[M].李少彦等，译.北京：海洋出版社，2013：48.

牌强国西班牙发动了挑战，导致西班牙失去了古巴、关岛等殖民地。随后的两次世界大战又严重地削弱了包括英、德、日、法在内的国家实力，海上战争的形态也由单纯炮舰对抗的平面空间转变为由飞机、潜艇参与形成的立体空间。美国不仅没有因为战争受到大的损失，而且反而利用战争快速提升自己的经济、科技和军事等实力，一跃成为全球海上最强国。此外，马汉的"海权论"对美国海洋崛起也起到了引领作用，他回顾了有史以来所有海上争夺和战争，对海权进行了分析，认为"海权涉及一个国家依靠海洋或利用海洋强大起来的所有事情"，[①] 该理论对我国的海洋强国战略有借鉴意义。

4."威慑与合作"时代

这一时期表现为"冷战"及其后所带来的威慑效应，以及全球化表现出的各国分工的合作趋势。两次世界大战给人类造成了巨大损失，也促使人们深刻反省如何避免战争。这期间，苏美两国在全球范围进行争霸，互有攻守，虽然核战威胁如影随形，但却保持了斗而不破的平衡。第三次科技革命是人类文明史上又一次飞跃，海洋不再是泛洋运输的唯一方式，飞机和信息网络使人类社会联系更加紧密，也促成了在全球范围呈现出文化上的"多元趋同"的特点，而美国在文化意识上的压倒性优势也助力美国成为经济全球化进程的核心。争取海洋权益也不再单靠军事实力，而是科技、文化、法律等软实力的综合运用，以联合国为代表的多边平台在达成共识和解决纠纷方面也起到不可替代的作用。《联合国海洋法公约》第一次使各国可以通过和平协商的方式处理海洋权益问题。

世界各强国的兴替史可以浓缩为世界海洋史，同时也告诉世人一个规律，海兴则国兴。目前中国已在海洋领域占有重要地位，实施符合中国国情的海洋强国战略时机已成熟。

二、我国海洋强国战略的主要原则和目标

纵观世界和中国海洋发展史可以发现，海洋战略事关国运兴衰。西方国家依靠海洋实现强国的经验和我国近代实行的"闭关锁国"和"迁界禁海"政策

---

① 阿尔弗雷德·塞耶·马汉.海权论［M］.范利鸿，译.西安：陕西师范大学出版社，2007：23.

形成了强烈反差。历史证明，一个国家的命运与其海洋战略观密切相关，海洋战略指导思想和理论是国家崛起不可或缺的。马汉所阐述的"海权论"（见图 1-1）为美、日等海上强国提供了强大的思想武器。

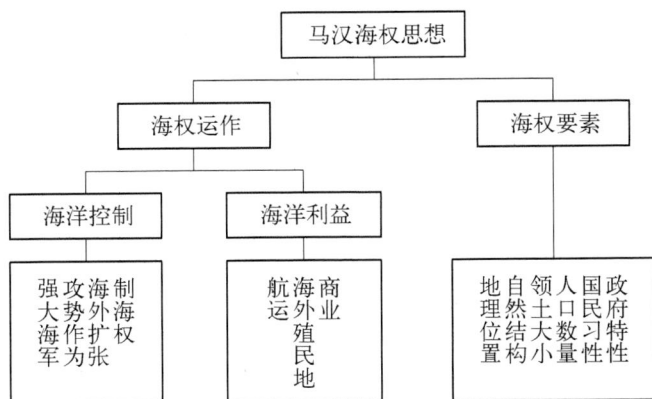

```
                    ┌──────────────┐
                    │  马汉海权思想  │
                    └──────────────┘
              ┌──────────┴──────────┐
        ┌──────────┐          ┌──────────┐
        │  海权运作  │          │  海权要素  │
        └──────────┘          └──────────┘
        ┌────┴────┐                 │
  ┌────────┐ ┌────────┐      ┌──────────────┐
  │ 海洋控制 │ │ 海洋利益 │      │ 地 自 领 人 国 政 │
  └────────┘ └────────┘      │ 理 然 土 口 民 府 │
      │          │          │ 位 结 大 数 习 特 │
 ┌────────┐ ┌────────┐      │ 置 构 小 量 性 性 │
 │强攻海制 │ │航 商   │      └──────────────┘
 │大势外海 │ │运 外   │
 │海作扩权 │ │业 殖   │
 │军为张   │ │  民   │
 │        │ │  地   │
 └────────┘ └────────┘
```

图 1-1　马汉"海权论"思想示意图

　　随着时代发展，"海权论"也渐显其局限性。按其所述，海权所要维护的三部分重要海上利益发生了根本改变，传统意义上的海外殖民地已经不存在，产需国（地区）互为交织，靠以前通过殖民控制单向索取的时代已经过去，对于资源国的资源取得更多地靠市场行为，航运业也由于跨洲铁路和空运的兴起而在一定程度上弱化。海洋利益也愈发多样化，海上旅游业、渔业、矿产资源及海上能源利用等也都构成了海上利益的组成。另外，马汉的海权理论更倾向"霸权"思想，即更加强调海上军事手段和实力威慑，但现代国际实践证明，除了军事、经济等看得见的硬实力外，制度、法律、文化等软实力作用更加重要，而且由于联合国等国际和地区组织的存在，已经形成了行之有效的纠纷解决机制，通过双边或多边的协调可以使国际纠纷得到较好的解决。包括《联合国海洋法公约》等国际海洋法的制定也让各国实现利益和行为模式具有可预见性，动辄诉诸武力的情况已经很少发生。所以，中国的海洋强国战略将不同于其他海洋强国发展的道路，应符合中国海洋利益和时代发展的需要。

　　自党的十八大正式提出中国要建立海洋强国目标[①]以来，引起学界的广泛讨论。海洋管理部门的意见占据主导，主要集中在主权维护和资源开发方面，

---

① 党的十八大报告中提出，"提高海洋资源开发能力，发展海洋经济，保护海洋生态环境，坚决维护国家海洋权益，建设海洋强国"。

而对航运、旅游、海域空间利用等服务领域的开发利用不是关注的重点。当前，中国的海洋强国战略需充分考虑中国已经成为高度依赖海洋的外向型经济因素，在世界经济格局和国家海洋利益秩序相对稳定的大前提下，应遵循以下原则。

一是注重产业均衡。科研、航运、资源开发、临港工业、船舶设备制造业、旅游等产业不可偏废，需改善船员就业环境，壮大船员队伍规模，抓住时机填补发达国家由于产业升级导致船员数量锐减的空缺。

二是加强法理研究和海洋管理机制建设。南海仲裁案使我国学界认识到应为中国海洋强国战略提出相应的理论体系，尤其是加强对软法的应用研究，切实起到法理引导的作用。

三是确保和平崛起，不与主要大国发生剧烈冲突。虽然中国已经逐步高度融合于国际化潮流中，但现阶段与西方在价值观、社会制度等方面仍存在区别，西方对我国经济崛起也保持警觉，应该说，虽然军事冲突的可能性不大，但与世界主要强国在海洋领域发生局部低烈度冲突的可能性较大，处理不好有可能影响来之不易的黄金发展期。

四是在不过度渲染的前提下发展适度规模的海上军事和准军事力量以保证国家安全，但要处理好海陆统筹的问题，根据国力水平量力而行，不主动挑战海洋强国的军事地位，需定位为地区性海洋强国，有克制地在事关中国核心利益的重要航线和水域保持必要的影响力。

五是不谋求对既有海洋利益秩序的改变，不挑战现有海上强国的地位。美日等国的崛起并没有与英国发生激烈冲突，为我国和平崛起提供借鉴，而且在现有国际海上秩序中，我国是受益者，没有必要挑战现有秩序，应注重创造良好的国际环境。在大国崛起过程中，外界有戒备心态很正常，我国除了在舆论上做好释疑和澄清外，还应加强国际合作、促进共赢，这样有助于消除他国疑虑，否则，将会增加我国在海洋强国建设过程中的成本。

根据海洋局公报显示，中国海洋强国的总体目标有四项：一是逐步增加海洋经济占国内生产总值的比重，短期目标从目前 9.6% 达到世界平均水平的 15%，中长期目标达到 25% 左右，建立起以市场为导向，结构合理、协调发展的海洋经济体系。[①] 二是海洋综合管理得到强化，海洋综合管理体制形成，

---

① 2015 年中国海洋经济统计公报 [EB/OL]. [2020 - 03 - 04]. http://www.cme.gov.cn/hyjj/gb/2015/htm.

管辖水域可以得到有效管控。三是海洋国防力量得到加强，海防装备的现代化水平明显提高。四是培育海洋文化，加强海疆宣传，建立适合我国需要的海洋人才尤其是高级航海人才队伍，并有效储备。用 10 年左右时间将我国建设成为兼备海洋硬实力和软实力的区域性海洋强国。①

三、21 世纪海上丝绸之路倡议

21 世纪海上丝绸之路倡议（以下简称丝路倡议）是 2013 年 10 月习近平主席在出席亚太经合组织时提出的，与之前提出的"丝绸之路经济带"共同组成"一带一路"倡议。海上丝路倡议是古代海上丝绸之路精神的传承和弘扬，主要内容为从中国沿海各大港口出发，与世界各国建立和平友好的贸易伙伴关系，发展并开拓海上贸易通道。② 2015 年 3 月，中国发布《推动共建丝绸之路经济带和 21 世纪海上丝绸之路的愿景与行动》的文件，确立了沿线国家实现互利合作应在坚持共商、共建、共享原则之下，推动促进经济要素有序自由流动、资源高效配置和市场深度融合，共同打造开放、包容、均衡、普惠的区域经济合作架构。由此可见，丝路倡议是基于地缘政治视角下的跨区域开放合作机制。根据《中国对外贸易形势报告（2020 年春季）》统计，③ 2019 年中国对"一带一路"沿线国家进出口 9.27 万亿元，增长 10.8%，高于进出口总体增速 7.4 个百分点，占进出口总额的 29.4%，比上年提升两个百分点。中国与"一带一路"沿线国家贸易发展势头良好，合作潜力不断释放，正在成为拉动中国外贸发展的新动力。

四、海洋强国战略与 21 世纪海上丝绸之路倡议关系

"海洋强国战略"与"海上丝路倡议"都是新时期我国提出的事关国家未来与发展的国家战略，两者相辅相成，虽然都与海洋相关，但也有着明显

---

① 姚朋.世界海洋经济竞争愈演愈烈 [J/OL]. [2016 - 12 - 07]. http：//www.cssn.cn/zx/201612/t20161207_3304504.shtml.
② 赵泓博."21 世纪海上丝绸之路"对海洋强国战略的影响研究 [D].西安：西北师范大学硕士学位论文，2015.
③ 海洋强国的总体目标 [EB/OL]. [2020 - 03 - 04]. http：//zhs.mofcom.gov.cn/article/cbw/201805/20180502740111.shtml.

区别。

一是实施主体不同。海洋强国是立足于中国，通过中国自身的主动作为而最终达到成为海洋强国的目标，而在海上丝路倡议中，中国发挥的是倡导和组织联络作用，最终要依靠沿线各国的共同努力与合作达成目标。

二是主要内容不同。海洋强国内容涵盖经济、政治、军事与文化等领域的全面推进，是我国综合国力的整体崛起与跃升的体现；丝路倡议内容则主要集中在经济、人文等领域，体现互通交流与发展，间接带动中国其他软硬实力的提升。

三是目标不同。海洋强国战略的最终目标是在海陆统筹基础上，实现中国国力的提升，维护和发展国家海洋利益；丝路倡议的目的是在合作共赢的前提下，不断扩大中国的"朋友圈"，为中国的和平崛起创造良好的外部环境。

四是两者涉及范围不完全相同。海洋战略主要立足于海洋，各项指标的设立都是围绕海洋崛起这个总目标，而丝路倡议范围并不局限于海上，由于其开放性，甚至并不局限于沿线国家，涉及的领域还包括投资基建等非海上领域等。

两者相似之处和交集很多，主要表现在以下方面。

一是丝路倡议与海洋强国战略在目标上有广泛重叠：① 海洋强国战略的重要目的之一就是保障涉海利益，使贸易驱动的外向型经济获得良性发展，而海上丝路倡议的主要目的是促进包括中国在内的沿线各国经济增长，对海上强国战略是重要支撑，两个战略目标在经贸领域形成重叠。② 丝路倡议间接的结果是通过为沿线各国带来实惠基础上使中国的软实力实现大幅提升。美国学者约瑟夫·奈（Joseph Nye）认为，"软实力和硬实力同样重要，在信息时代，软实力正变得比以往更为突出"。① 海洋强国战略追求结果之一就是使国家海洋软硬实力共同提升。

二是两者在特征上有很多相似处：① 和平性。中国不可能走历史上海洋强国崛起时剧烈碰撞的老路。海洋强国战略和丝路倡议符合时代发展潮流，也符合中国开放、合作、和谐的和平发展观。② 合作性。中国的海洋崛起不能不顾及他国的利益和诉求，需要各方不断合作、理解。③ 阶段性与复杂性。中国所面对的海洋问题复杂而敏感，不可能一帆风顺地解决所有问题，应充分考虑其复杂性，分阶段逐步推进。

---

① 约瑟夫·奈.软实力 [M].马娟娟，译.北京：中信出版社，2013：9.

五、船员与国家海洋利益

船员作为海洋强国战略和丝路倡议的重要作用主要体现在以下方面。

（一）船员是国家海洋强国战略和丝路倡议的重要参与因素

无论是海洋强国战略还是丝路倡议，根本目的是要促进国家综合实力的提升，海洋使两者产生了交集，①海运在马汉的"海权"理论中是重要应用之一，也是丝路倡议的重要合作内容，航运业对国家利益有着举足轻重的作用，而船员是航运业最直接的参与者。如果没有人的因素，再好的蓝图和规划都是空中楼阁。

（二）船员是海上运输和对外贸易的直接参与者

目前，我国是贸易外向型经济国家，同时也是船员大国，船员们承担了中国对外贸易运输量的 90％以上。具体而言，98％的进口铁矿石、91％的进口原油、92％的进口煤炭和 99％的进口粮食运输量都是由船员们以航运方式完成的。②目前，中国水路货物运输量和港口吞吐量居世界第一，船员为我国经济社会和对外贸易发展提供了重要支撑。从某种层面说，船员是全球融合度最高的群体，中国船员不只为中国也为世界经济服务，同样中国的经济发展也有外籍船员的贡献，船员群体应值得人们尊敬。

（三）船员是经济社会的财富创造者

船员是财富的创造者，这不仅直观体现于船员通过从事航运业给社会创造的财富，还体现在平衡社会财富方面。平衡社会财富主要体现为两方面：一是影响国际收支；二是平衡城乡收入差。由于国际航线船员赚取的是美元，其直接赚取的外汇收入在国际收支平衡中发挥作用。以菲律宾为例，2017年，菲律宾包括船员在内的海外劳工外汇回款近 313 亿美元，居世界第三

---

① 党的十八大对海洋强国"发展海洋经济"的表述和纲领性的《推动共建丝绸之路经济带和 21 世纪海上丝绸之路的愿景与行动》中第四部分"增加海上航线和班次，加强海上物流信息化合作"，共同构成了国家海洋强国战略和海上丝路倡议在航运业的交集。

② 从海洋大国到海洋强国，我们还有多远 [EB/OL]. [2017 - 03 - 15]. http://epaper. zgsyb. com/html/2017 - 03/15/content _ 13773. htm.

位，超过该国当年国内生产总值的 11%。2018 年，在外国船只上工作的菲律宾船员通过银行系统汇回的资金达到创纪录的 61.4 亿美元。目前中国拥有世界上最大的船员队伍和规模最大的航海培训资源。根据一些学者对农村、城镇和城市的航海学员的样本统计，目前在中国注册的 165 万名船员中，三者比例为 7：2：1。① 可以看出，目前船员群体构成中的绝大多数来自农村和中小城镇，船员行业对农村劳动力就业的贡献度较大。船员收入高于农民，其"在船年收入一般是当地农村人均年七倍以上，最高可达三四十倍"。② 根据中国海事局 2017 年的数据显示，在国际航线船舶上工作的船员在中国大部分省市都有分布，从表 1-1 中可看出，除了山东、江苏、河南等人口大省外，像东北三省、山西、四川等经济欠发达和内陆省份也有为数不少的船员。他们对发展内地经济发展、平衡中国城乡二元经济差距和构建和谐社会意义重大。

表 1-1　2019 年我国国际航行船员出生地分布　　　单位：人

序号	出生地	年　份				
		2015	2016	2017	2018	2019
1	山　东	83 795	89 181	94 146	99 334	104 110
2	江　苏	61 279	63 351	65 527	66 547	66 850
3	河　南	34 397	36 548	38 949	41 559	44 697
4	湖　北	34 998	36 696	38 342	39 670	41 288
5	辽　宁	33 874	36 126	38 327	39 821	43 964
6	福　建	35 415	36 109	36 696	36 821	37 282
7	河　北	29 353	31 193	33 297	26 852	26 945
8	广　东	27 631	28 449	29 203	35 518	30 630
9	浙　江	20 986	21 523	22 333	22 355	21 565
10	上　海	15 381	15 519	15 586	14 986	17 529
11	天　津	13 477	13 825	14 073	14 150	15 990
12	安　徽	12 192	12 989	13 888	14 545	15 133
13	湖　南	11 542	12 408	13 422	14 263	14 692

---

① 武斌，陈爱娟，李品芳，马晓雪.关于中国船员劳务输出与农村发展的调查报告［R］.船员发展战略项目成果，2010.
② 陆英祥.中国船员群体的意义学分析［J］.中国远洋航务，2015（6）：33.

序号	出生地	年　份				
		2015	2016	2017	2018	2019
14	黑龙江	7 882	8 905	9 782	10 872	12 367
15	四　川	6 005	7 048	8 369	9 572	11 801
16	吉　林	6 794	7 447	8 286	9 046	10 032
17	江　西	6 074	6 516	7 048	7 515	7 796
18	广　西	5 754	6 307	6 895	7 181	7 290
19	陕　西	4 353	4 827	5 326	5 922	6 628
20	重　庆	3 671	4 326	4 891	5 447	5 158

资料来源：交通部发布的《2020年中国船员发展报告》。

（四）船员是重要战备力量

由船员构成的海上战备力量是海洋强国的重要指标之一，在人类历次战争中，船员都发挥了重要作用。美国总统奥巴马在2015年5月22日美国航海日评价发表演说：“美国永远亏欠那些保卫了我们自由的勇敢船员，他们冒着生命危险向军队提供武器和弹药。纵观历史，这些优良传统已被忠诚为国的船员们继续发扬光大”。第二次世界大战（简称二战）包括中国船员在内的船员群体做出了巨大牺牲和贡献，他们是最早走向战场的，却又是最后离开的，战争结束后，船员们还将最后一支军队运回美国。1939—1945年，约3 600多艘盟国商船被击沉，约72 200名盟国商船船员和海军军人献出了生命，平均每30名船员中就有1人献出宝贵生命。另据中国驻利物浦领事罗孝建统计，中国船员的死亡率达10%，大约为2 000多人。目前发达国家职业船员减少是事实，但不应忽视的是，发达海洋强国国民海洋意识和海洋技能一直处于较高水平。另外，海军也是航海人才的必要储备，商船船员与海军舰员可以相互转化，在我国海军舰员退役后通过补差培训可以加入船员队伍，[1] 而很多船员，即使非战争期间也承担了一些国家军事任务，例如，20世纪60年代“光华”轮印度尼西亚撤侨；1998年印度尼西亚撤侨；2011年利比亚战争前，动用商船

---

[1] 依据《中华人民共和国海事局关于印发〈特定人员申请海船船员适任证书考试和发证管理办法〉的通知》（海船员〔2013〕477号）规定：军事船舶复转人员可以成为船员。

撤侨；等等。在动荡国家或地区的撤侨任务非常危险，世界各国通常都是由军事力量保障，但我国商船船员承担了大量危险的军事任务，直到近期才逐渐由军事力量承担此类任务，例如，2015 年国家动用海军力量从也门撤离中国公民。

（五）船员是无头衔的民间外交官

中国已经连续 15 年获得国际海事组织的 A 类理事国资格，这是国际社会对中国船员大国地位的认可。中国海员常年在世界各地奔波，停靠港口时在当地交流的船员就成为世界了解中国的重要名片。2012 年，中远"中河"轮在收到澳大利亚发出的请求协助搜救的信号后，对一艘失事外籍船舶展开救援，成功救起 29 名乘客，中国船员的行为得到了有关国家和方面的高度赞扬。①有时靠港船员也会在当地政府或使领馆的安排下与当地民众开展文化娱乐方面的交流，通过文化传播和人文交流不仅可使当地民众了解中国，而且也可展现中国的软实力。

（六）船员是促进全社会海洋意识提高的宣传员

我国注册船员近 150 万人，相对其他国民群体，他们一般经过较为系统的航海培训和实践，对海洋的认识和感受最为直接和深刻，具有较高的海洋意识。虽然与其他海洋发达国家一样，中国的船员流失率也在不断上升，但从某种角度上讲，这些回归陆上社会的船员恰恰在日常的人际交往过程中担当了海洋宣传员，同时通过社交范围内的扩大，可在将来为我国国民海洋素质的整体提高起到积极作用。

（七）优秀船员是促进航运业升级的引领者

船员是一个国家的宝贵财富，船员群体的国际化注定了船员是一个高度流动的职业，尤其外派到外籍船舶的船员，其对国际先进航运公司的管理经验和航运先进技术是最直接的体验者和感受者。实践中，有着资深背景的高级船员非常受航运公司、船舶产业以及政府海事管理机构欢迎。随着船舶向大型化、

---

① 澳大利亚海事局向中远集团"中河"轮颁发奖章［EB/OL］.［2020 - 06 - 24］. http：//www. gov. cn/jrzg/2012 - 03/05/content_2083688. htm.

专业化、自动化方向发展，船舶配置了越来越多的高科技设备，需要船员不断提升专业技能和科学知识。目前中国船员在不少领域取得了重要成绩，1999年，中海集团船员成功实现了对世界超级油轮（VLCC）"太平洋先驱"轮的操纵驾驶，填补了中国船员驾驭超级油轮的空白，该轮按外国先进的船舶管理模式运营，成为不少国内航运公司学习的榜样。2009年，中国第一个天然气运输船（LNG）船长在大连远洋实现上岗。可以说，如果没有中国船员的技术和管理进步，就无法实现中国航运产业的升级，只有中国船员掌握了新技能、新管理方式和思维才能促进整个中国航运业的进步。

第三节　我国船员群体特点、现状及困境

无论在我国还是世界范围，船员都可称得上最古老的职业，航海活动在很大程度上决定着人类历史发展的进程。长期以来，我国船员逐渐形成了有别于陆上其他群体的特点。

一、我国船员群体特点

（一）国际性

船员国际性表现的本质在于航运生产的国际性。船员的国际性表现如下：一是劳动力市场的国际性。船员不仅能被国内公司雇用，而且也可被国外公司雇用，如果没有政策上的特别限制，我国航运公司也可雇用外籍船员。[①] 二是工作环境的国际性。船员跟随船舶在世界范围的通航水域航行，其行为要满足沿途国家规定要求，当然各国的具体要求应与国际通行规则尽量保持一致。三是船员和相关主体应遵循国际通行的规则，例如，涉及任职标准、相关权益保障等。船员是国际上唯一有专属国际立法的职业群体，《2006 年国际海事劳工公约》（以下简称《MLC2006 公约》）对船员相关权益进行了系统规定，另外还有一些国际海事公约涉及船员，例如，《SOLAS 公约》《STCW 公约》等。

---

① 《船员条例》第 12 条："中国籍船舶确需外国籍船员担任高级船员的，应当报国家海事管理机构批准。"

（二）流动性

船员所工作的场所——船舶并不是固定的，而是奔波于各港口之间。船员流动性表现如下：一是工作和生活的动荡性。船员职业不像陆地职业相对稳定，他们远离家人、远离社会。如果航行时间过长，给养也存在不便，尤其缺乏新鲜的蔬菜，这些都对船员的心理和生理构成了挑战。二是活动空间受限。在漫漫航程中，船员主要活动范围局限于船舶舱室内，从而使得船员生活十分枯燥，这也是对船员心理的考验。三是船员工作期间的阶段性。当船舶离开某一港口，未来何时返回存在不确定性。为便于管理，自由船员合同期间通常并不连续，一般在 6—10 个月，离开船舶，合同即终止。船员的生活分为两段，即在船期间和陆上时间，而在船期间，工作与生活不分，将在 24 小时内轮流工作和值班，这也决定了对船员权益保障的复杂性。

（三）小众性

船员群体与其他职业群体相比规模很小。尽管我国注册的船员有 165.9 万人，但从事船员工作的实际人员大幅减少，即使以 165.9 万的数量计算，船员也属于小众。根据国家统计局数据显示，我国就业人口约 7.7 亿人，船员只占总就业人口的 0.2%，[①] 与其他行业，例如，建筑行业 5 500 万人的体量相比较少，无疑居于少数。船员的小众性特征导致社会对船员职业了解程度低，存在被边缘化的趋势。另外，在国家法律和政策制定等过程中，船员的权益容易被忽视。

（四）技术性

船舶的运营需要不同岗位和职务的船员相互配合才能完成，根据岗位职务的不同，船员需要掌握的技能也不相同。主要包括船舶和设备的操作、货物的装卸、英语会话、管理能力、相关法律等，如果运输对象和船舶种类特殊（例如客滚运输、液货运输、拖轮等），还需要具备其他特殊技能。这些技能并非通过短期学习就可以获得，需要大量的实践摸索才能掌握。船员技术性特征还可引发一些其他具体性征：一是船上工作危险性。尽管随着科技进步海上的自

---

① 参见国家统计局网站公布数据［EB/OL］.［2020 - 03 - 11］. http：//data. stats. gov. cn/easyquery. htm?cn＝C01&zb＝A040D&sj＝2018.

然风险已降低，但由于操作不当等原因所导致的事故风险并没有减少，由人为操作所引起的重大人身伤亡事故时有发生，船员仍属于高风险职业。二是工作的可替代性差。由于船上人数有限，岗位又比较多，所以，船员之间工作很难替代，再加上目前船舶的配员不断减少，船员的工作强度非常高。三是船员群体培育的长期性。由于具备技术能力的船员培养周期长，例如，船长的培养周期甚至需要数十年的时间，所以，如果整个船员群体出现衰落，将很难在短期内恢复。

综上，船员群体的上述特征决定了必须对其权益进行有效保障才能维持该群体的可持续发展。

二、我国船员群体现状

（一）船员规模基本符合我国航运现阶段发展需求

作为服务国家三大战略[①]的重要举措，交通运输部编制了《中国船员发展规划（2016—2020 年）》，提出到 2020 年建设船员强国的目标，并自 2015 年起，每年发布《中国船员发展报告》。截至 2019 年年底，中国共有注册船员 165.9 万人，居世界第一位。除内河船员，国际和沿海海船船员共计约 78.5 万人，其中国际船员为 57.5 万人，持续在船工作的持证国际航行船员约 25.9 万余人（见图 1-2，表 1-2）。

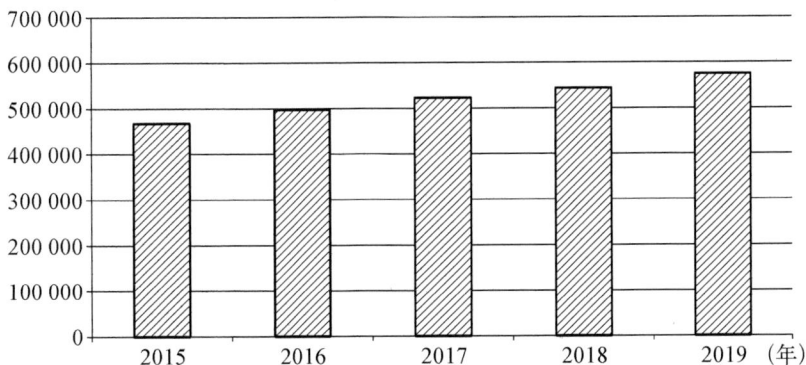

图 1-2　国际航行海船船员注册数量年度比较图

资料来源：根据中国海事局船员系统数据制作。

---

① "一带一路"倡议、京津冀协同发展和长江经济带是党的十八大以来中央渐次提出的三个国家战略。参见习近平谈治国理政（第二卷）［M］.北京：外文出版社，2017：76.

表 1-2 截至 2019 年持国际航行海船适任证书船员数

职务	船长	大副	二副	三副	轮机长	大管轮	二管轮	三管轮	值班水手	值班机工
数量（人）	17 097	11 876	15 074	15 648	16 826	10 297	14 161	12 130	87 332	59 025
总计（人）	259 466									

资料来源：交通部发布的《2019 年中国船员发展报告》。

中国船员群体总体呈现不断扩大的趋势，除了传统的驾驶、机舱船员外，从事海上邮轮的海乘人员、餐饮服务人员的数量也在增多。2016 年 11 月 12 日，《国际海事劳工公约》对中国正式生效，此公约在我国的生效也标志着我国船员状况逐步受到重视。根据国务院决定，自 2020 年 1 月 1 日起，对一年在船航行超过 183 天的远洋船员，其工资薪金收入减按 50％计收个税，船员权益保障水平正在逐步提高。

（二）船员发展面临的困境

1. 船员数量发展后劲不足

（1）持资质证书海船船员数量减少。虽然前文提到中国注册船员的数量在不断增加，但只要注册了船员身份，一般情况下是不会被注销的，而与是否继续从事船员职业没有联系，所以，这个数值一般呈现增加的趋势。虽然我国船员的绝对数量在增长，但是增长率却在逐年下降，2017 年比 2016 年只增长了6.5％，2019 年比 2018 年只增长了 5.4％。这些注册的船员是否仍在海上从事船员的职业，则要看其适任证书的有效期才能得出结论。

由表 1-3 可知，2017 年较上一年减少了约 2.26 万人，流失率超过8.6％。尽管 2018—2019 年持证船员数量有所恢复，但仍未达到 2016 年的数量。

表 1-3 持国际适任证书人员年度对比表

年 份	2016	2017	2018	2019
持有国际航行海船适任证书船员人数（人）	263 326	240 686	250 066	259 466

（2）船员外派数量呈现波动。外派船员是衡量船员发展的另一重要指标。

从表1-4可以看出，2016年以前外派到外国及我国香港地区和台湾地区船舶工作的船员数量一直攀升，但2017年首次出现下降，较2016年下降了2.7%，2018年继续下降，直至2019年有所回升。

表1-4 2013—2019年外派船员数量对比表　　　　　单位：人

职务＼年份	2013	2014	2015	2016	2017	2018	2019
船　　长	5 748	5 767	6 016	6 497	6 678	6 094	6 312
大　　副	4 582	4 952	5 458	6 075	6 623	6 179	6 589
二　　副	4 909	5 527	6 067	6 767	7 124	6 640	7 014
三　　副	7 172	7 515	7 615	7 805	8 061	7 117	6 991
轮机长	6 872	7 206	5 959	6 474	6 695	6 131	6 419
大管轮	5 683	5 664	4 929	5 482	6 079	5 738	6 226
二管轮	3 955	4 362	5 982	6 640	7 103	6 649	6 770
三管轮	4 771	5 381	7 346	7 525	7 455	6 622	6 343
值班水手	20 885	19 324	21 410	23 057	11 362	10 311	11 032
高级值班水手	—	—	—	—	12 926	10 370	10 187
值班机工	14 367	12 647	14 031	14 855	7 064	6 444	7 188
高级值班机工	—	—	—	—	8 122	6 249	6 123
其　　他	40 372	45 933	48 513	51 561	43 562	43 838	50 375
合　　计	119 316	124 278	133 326	142 738	138 854	128 382	137 569

（3）航海类专业学生培训数量下降。根据交通运输部海事局提供的一份调查显示：航海类学生在校期间愿意上船工作的只占46.9%，毕业时实际到远洋船舶工作的约80%，五年后仍在船上工作的本科生不超过20%，专科生则不足50%，将船员作为终身职业的更是少之又少，可以看出，航海类专业学生上船意愿较低，这一调查结论在航海类专业招生方面也得到了反映。根据表1-5可以看出，航海类专业招生呈现总体下降的趋势，我国航海类专业招生在2011年达到顶峰，之后逐年下降。2017年全国招生12 803人，只相当于2013年的58.5%，不少航海院校已面临无生可招的窘境，一些规模小的船员培训机构已经被整合或倒闭。自2011年航海类院校招生人数开始下降到实际

从事船员人数在 2017 年出现下降，培养航海专业学生到职业练成约 6 年左右的缓冲期已经错过，今后船员规模下降将是大趋势。

从笔者 2019 年对部分船舶公司的调查情况看，① 目前除了大副和船长，其他岗位的船员（包括水手和机工）都严重不足。由于船员紧缺，加之航运市场不景气，公司利润被人力成本大量侵占，很多公司挣扎在生死边缘。在航运市场不景气的背景下，船员的紧缺无疑对航运公司的正常经营甚至是生存造成了威胁，航运公司的经营状况也影响了船员的就业和相关权益的实现。

表 1-5　2013—2019 年航海类专业招生人数比较表　　　　　　　　单位：人

专　业	招生人数						
	2013 年	2014 年	2015 年	2016 年	2017 年	2018 年	2019 年
驾　驶	11 912	9 321	8 193	8 229	6 844	9 248	10 536
轮　机	9 940	7 832	6 767	7 106	5 959	7 750	8 328
电子电气	—	—	—	1 041	997	1 385	1 561
合　计	21 852	17 153	14 960	16 376	13 800	18 383	20 425

目前我国实际在职船员数量的下降并非偶然，要保持船员群体相对稳定，必须对造成这一现象的原因进行分析，并及时采取有效措施以防止船员数量的断崖式下滑。

2. 船员整体素质不高

（1）部分船员责任心有待提高。由于国内船员市场不平衡，部分较为紧缺职务的船员容易滋生混日子的思想。根据部分船舶公司反映，一些船员只拿工资不干活的情况客观存在，他们可以通过频繁跳槽获取报酬，严重威胁海上运输安全。由于缺乏行业组织内部约束和信用评价，船员的职业信用观念也不强，发生失信行为的现象较为普遍，整个船员群体的素质有待提高。

（2）有外派能力的船员比例过低。自 2013 年以来我国船员外派规模稳定

---

① 笔者曾对浙江永航海运有限公司、青岛诚润船务公司等 8 家公司就船员队伍情况做过专门的调查与走访。

在世界排名第 2 位,① 成为重要的船员劳务输出国。2017 年,中国船员外派数量约为 13.8 万人,但只相当于菲律宾年外派船员的 60.6%,其中,服务员、厨工以及低级船员占大多数,而高级船员只有约 5.5 万人,所占比例只有 40%。

出于营运便利等因素考虑,目前中资船有一大半是挂方便旗的,② 这些船舶只是船籍发生了改变,船员构成及工作环境与中国旗船并无明显差异。根据联合国贸易发展会议 2018 年发布的统计数据显示(见表 1-6),中国方便旗船按载重吨计算已占到了全部中资船的 53.97%,即很大比重的外派船员实际上仍是在中资公司船舶上服务。根据 2017 年中资方便旗船约 2 800 艘估算,设定单船平均船员 20 人,年单船人员更换率为 1.5 次,则每年在中资方便旗船上船员为 2 800×20×1.5≈8.4 万人。用前文提到的所有外派船员与之相减,可得出在非中资外籍船工作的船员只有约 5.4 万人左右,由于中资方便旗船的存在,导致本书对非中资外籍船船员数量与交通运输部公布的结论存在较大差距。上述推测还可以从其他渠道得到验证,根据 2016 年波罗的海国际航运公会(BIMCO)与国际航运协会(ICS)共同发布的人力资源调查报告称,菲律宾和俄罗斯被认为是高级船员的重要来源,紧随其后的是乌克兰和印度。由此看来,中国船员目前还无法得到国外船东的普遍认可。一些高技术含量船舶,例如超大型油轮(VLCC)、液化天然气船(LNG)和豪华邮轮上中国高级船员较少,中国船员大而不强的矛盾比较突出。

表1-6 联合国贸发会公布的航运力量排名

排名	国 别(地区)	船舶艘数	总净吨	外国船旗占比(%)	资产排名	总价值(百万美元)	单船平均价值(百万美元)	每净吨价值(美元)
1	希腊	4 199	308 836 933	78.76	3	72 538	17.3	235
2	日本	3 901	223 855 788	85.89	2	77 898	20.0	348
3	中国	5 206	165 429 859	53.97	4	65 044	12.5	393
4	德国	3 090	112 028 306	90.77	8	38 412	12.4	343
5	新加坡	2 599	104 414 424	39.02	7	39 193	15.1	375

① 详见交通部发布的《2017 年中国船员发展报告》。
② "方便旗"指在船舶登记宽松的国家进行登记,取得该国国籍,并悬挂该国国旗的船舶。

续　表

排名	国　别 （地区）	船舶 艘数	总净吨	外国船旗 占比（％）	资产 排名	总价值 （百万 美元）	单船平均 价值（百 万美元）	每净吨 价值 （美元）
6	中国 香港	1 532	93 629 750	23.98	9	25 769	16.8	275
7	韩国	1 656	80 976 874	81.98	11	20 928	12.6	258
8	美国	2 104	67 100 538	85.73	1	96 182	45.7	1 433
9	挪威	1 842	51 824 489	64.62	5	58 445	31.7	1 128
10	英国	1 360	51 150 767	80.55	6	40 671	29.9	795
11	百慕大	440	48 059 392	98.93	13	19 691	44.8	410
12	中国 台湾	926	46 864 949	90.62	17	10 857	11.7	232
13	丹麦	920	36 355 509	56.00	15	18 694	20.3	514
14	摩纳哥	338	31 629 834	100.00	23	7 903	23.4	250
15	土耳其	1 563	27 732 948	71.57	20	9 055	5.8	327
略								
前 35 位船东 总计		44 036	1 755 783 748	70.30	—	770 109	17.5	439
其他船东合计		6 119	91 847 146	64.30	—	58 509	9.6	637
世界总计		50 155	1 847 630 894	70.01	—	828 618	16.5	448

资料来源：《2017 年联合国贸易发展会议年报》。

（三）船员群体兴衰关系国家利益

西方国家的强国历程与海洋争霸密不可分，从葡萄牙、西班牙的地理大发现到荷兰的海上贸易崛起，再到英国"日不落帝国"的辉煌，以及第二次世界大战后以马汉"海权论"为理论指引推动的美国崛起。世界强国的兴替史可以浓缩为世界海洋史，同时也告诉世人一个规律，海兴则国兴。

党的十八大以来，党中央提出了国家发展的重要政治愿景和总体奋斗目标，即"实现中华民族伟大复兴是近代以来中华民族最伟大的梦想"，① 围绕这个背景，中央陆续提出了若干强国战略，并在党的十九大报告中集中提出了中国特色强国战略体系，涵盖 13 个强国战略，② 其中与船员相关的有海洋强国和交通强国战略。2014 年国务院发布了《关于促进海运业健康发展的若干意见》（国发〔2014〕32 号），提出建设海运强国的国家战略目标。我国在涉及船员方面已经形成了由海洋强国和交通强国两个国家顶层战略和海运强国子战略所组成的体系。该战略体系与"21 世纪海上丝绸之路"倡议共同决定了船员这一海洋活动的直接参与者将扮演更加重要的角色。

从近年来中央和国家层面多次对涉海领域进行重要战略部署说明，一方面，国家涉海建设任务的紧迫性，实现从海上大国向海上强国的转变任务非常艰巨；另一方面，国家涉海发展脉络越来越清晰，海洋强国和交通强国分别是我国强国总战略的组成部分，而海运强国则是海洋强国和交通强国的组成部分，是海洋强国和交通强国的先行领域。

目前我国船员发展现状还无法与国家大力发展海洋与航运的未来需求相匹配。我国船员发展历经起伏，正面临关键节点，一些紧迫问题亟须解决，需要探索适合我国船员权益保障的途径。

三、船员困境成因分析

（一）海上工作固有特点导致职业风险高

自古以来"行船跑马三分险"，航海被视为冒险者的事业，而且人们往往将之与一些惨痛事故相联系，例如 1912 年"泰坦尼克号"沉没；1999 年"大舜号"事故以及 2014 年韩国"世越号"沉没等，不由让人对航海心生畏惧。近年来，随着航海科技的进步和船舶配员的减少，海上事故所造成的人员损失已经大幅度减小，但仍无法杜绝，恶劣海况和碰撞是导致海上人员伤亡的主要原因。2019 年国际海上保险联合会（IUMI）报告称，2018 年全球事故报告数为 900 起，通过 IUMI 保险理赔的全损船舶艘数创 20 年最低，为 21 艘，2019

---

① 习近平在中国共产党第十九次全国代表大会上的报告 [EB/OL]. [2019 - 11 - 11]. http://cpc.people.com.cn/n1/2017/1028/c64094 - 29613660.html.
② 13 个强国战略包括：制造强国、科技强国、质量强国、航天强国、网络强国、交通强国、海洋强国、贸易强国、社会主义文化强国、体育强国、教育强国、人才强国、强军战略。

年我国共发生水上交通事故（含内河）137 件，死亡或失踪 155 人，沉船 46 艘。① 在恶劣环境下，船员还需具备过硬的心理素质，远洋船员常年在海上漂泊，与社会隔绝，容易引发因心理问题导致的刑事犯罪。

另外，由于海上船舶具有封闭性，一旦发生传染病就很容易扩大为群体疫情。2020 年的新冠肺炎疫情使船员承受了巨大损失，部分国家甚至对未发生疫情船舶上的船员也采取了限制下船等措施，引起了国际社会的重视。2020 年 4 月，国际劳工组织（ILO）和国际海事组织（IMO）与欧洲联盟委员会发布声明，海员应被正式承认为关键工人，呼吁各国政府免除对其的旅行限制，在船员承诺控制感染的前提下，可以不受阻碍地加入或离开船舶。目前已有英国、西班牙和菲律宾等国家承诺不会因疫情使船员受到不公正待遇。

还有一些文化和习惯层面的因素起到了叠加作用，在全部是中国船员的船上，会习惯性地积攒伙食费用于改善生活条件，很多船舶公司也基本不配备专职服务人员，有人形象地比喻，中国船员会把船上的酒吧变成食堂，而外国船员会把食堂变成酒吧。中国人这种节俭习惯使海上的工作和生活更加枯燥与艰苦。

（二）获得与付出不匹配导致社会认可度降低

20 世纪 70 年代，国际远洋船员的月收入平均为 115 美元，而当时国内人均收入较低，那时船员大多是专业院校的高才生，每年船员还有免税大件指标，可以轻松买到当时人人渴望的彩电、冰箱等物品，船员作为高收入行业令人羡慕。② 近年来，随着陆上工资水平的提高，船员待遇优势被弱化。根据国家统计局 2020 年公布的数据显示：③城镇非私营单位就业人员年平均工资为 90 501 元，每月约 7 542 元。而根据 2020 年 8 月海员工资行情参考，一名散货船普通水手月工资约 9 300 元人民币，按照一年在船工作 8 个月计算，④ 普通船员的年收入约为 74 400 元，不仅比陆地劳动者的收入要少，而且还要忍受

---

① 交通运输部海事局. 2018 年我国水上交通安全形势分析 [J]. 中国海事，2019（5）：14.
② 刘宇雄. 船员生存解读 [J]. 珠江水运，2014（7）：10.
③ 国家统计局. 就业总量持续增长，就业结构调整优化 [R/OL]. [2020 - 04 - 05]. http://www.stats.gov.cn/ztjc/ztfx/ggkf40n/201809/t20180912_1622409.html.
④ 据中国船员建设工会 2011 年《船员劳动关系现状》报告，中国船员平均在船每年 8.7 个月。

海上高风险和恶劣的工作环境。2001年，曾有调查显示，远洋船员的职业声望排名在第58位，[①] 排在农民、厨师之后。社会地位低下不仅让船员退出了公众择业的视线，而且也导致不少船员更愿意寻找职业声望更高和体面的工作。

（三）现有法律和机制对船员权益保障不足

中国船员权益保障主要依据《船员条例》，近年来，我国还先后修订和制定了船员注册、培训、考试、发证、值班、服务以及船员外派等十多个部门规章和配套文件，为船员队伍发展提供了基本的法治保障，但这些法规和文件较少涉及船员的利益保护。当前对船员权益保障是套用陆上有关劳动法律法规。当船员遇到纠纷尤其是发生工伤时，需经过烦琐的劳动仲裁和劳动实体法裁判程序，虽然海事法院可以对船员的劳动争议进行管辖，但在实践中并未明确劳动仲裁的排除适用。另外，包含涉外因素的船员纠纷也没有形成有效的解决机制。从机制上看，涉及船员方面的部门有：交通海事、人力资源和社会保障、商务、海关移民、卫生等，存在一定程度的部门职责交叉和空白，例如，对船员劳动权益保障涉及海事部门和社会保障部门，但由于社会保障部门对海上情况不了解，海事部门又没有劳动执法权，事实上形成船员劳动权益事权的空白，近期两部门虽然发文就船员权益管辖进行明确，但由于没有在法律层面上确认，故效果不明显。职责交叉方面，对海事部门发现的危害船员人身和生产安全的违法及犯罪行为，由于存在移送对象和程序上的双重困难，无法及时给予纠正，相关案件止于各部门间推诿。由于我国对船员实行多元划分，远洋、沿海、内河、外派船员分割管理，导致难以实施统一的权益保障。还有对船员的特殊优待，例如减免税费、就业公平、陆上休闲活动配套等还有较大改进空间。

（四）航海科技进步影响

科技对航海活动一直起到巨大的推动作用，从早期人力船到以煤为燃料的铁壳船，动辄需要几百甚至上千名船员共同协作才能保证船舶航行。今天以内

---

① 高级船员弃船上岸为哪般［EB/OL］．［2020-04-06］．http://3y.uu456.com/bp_6jvft255vh7u3cm9al78_1.html.

燃机为主要动力的钢质巨轮只需要几十名甚至十几名船员就可以操作，航海活动早已脱离劳动密集型的产业模式。未来，随着人工智能无人船的推广应用，对船员的需求会进一步下降，船员队伍规模的减缩将是必然趋势，但这一趋势也受相关客观条件限制，一是从规律上看，智能无人船取代有人操作船不会立即实现，有人船仍将是很长一段时间内的航运主角。二是在一些区域，例如，通航密集的沿海以及内河复杂航路上有人船无法被替代。三是目前智能无人船也并不是真正无人化，航海人才仍将发挥作用，正如南安普顿大学教授在2017年9月的伦敦国际航运会议上所言，"对船舶的操作指挥只是将平台转移到其他地理位置，未来的船员可能成为岸基人员""不懂航海的人难以把握智能船舶发展的发展方向"。① 四是所有高科技有赖于稳定的外部环境，保留适当规模的船员资源以备战争等特殊情况的发生尤为重要，所以船员职业并不会消失，现阶段，国家对船员的扶持仍有必要加强。

（五）多因素相互作用

除了技术进步可能带来的行业退化无法避免外，其他方面都可以一定程度纠正且与船员权益相关，例如，船员职业风险方面导致的职业选择偏好。我国尚未进入发达国家行列，仍有大量贫困人口渴求生活条件的改善，船员职业对这些人有一定的吸引力。其他方面，有些与权益保障直接关联通过完善权益保障措施、明确部门分工和职责就能产生效果，还有些因素较为间接，例如，通过提高船舶技术和船员培训标准可以达到减少海上事故的发生，从而避免船员人身财产权益的损害。此外，需要社会多方面共同努力培养航海文化，提高船员的社会地位，使船员可以更有尊严的工作和生活等。

目前我国船员发展所面临的困境实际上是多种因素相互作用形成的，由于航海风险、海上生活单调、社会隔阂等职业固有缺陷导致船员社会评价低和船员数量萎缩，而国家之前所采取的应对措施是降低船员准入门槛，实施培训扩招，但带来了培训机构因考虑效益片面追求数量，导致培训质量降低的后果。低素质船员是无法走向国际市场的，所以，只能在国内市场进行恶性竞争，并造成国内船员市场不平衡和部分职位饱和，同时也导致船员待遇、就业机会等

---

① 吕红光，尹勇，曹玉墀. 智能船舶背景下复合型航海人才培养［J］. 航海教育研究，2017（4）：10.

权益受损，在这一过程中，公权力对船员权益的保障存在缺失，导致社会评价进一步降低，由此产生恶性循环（见图1-3）。

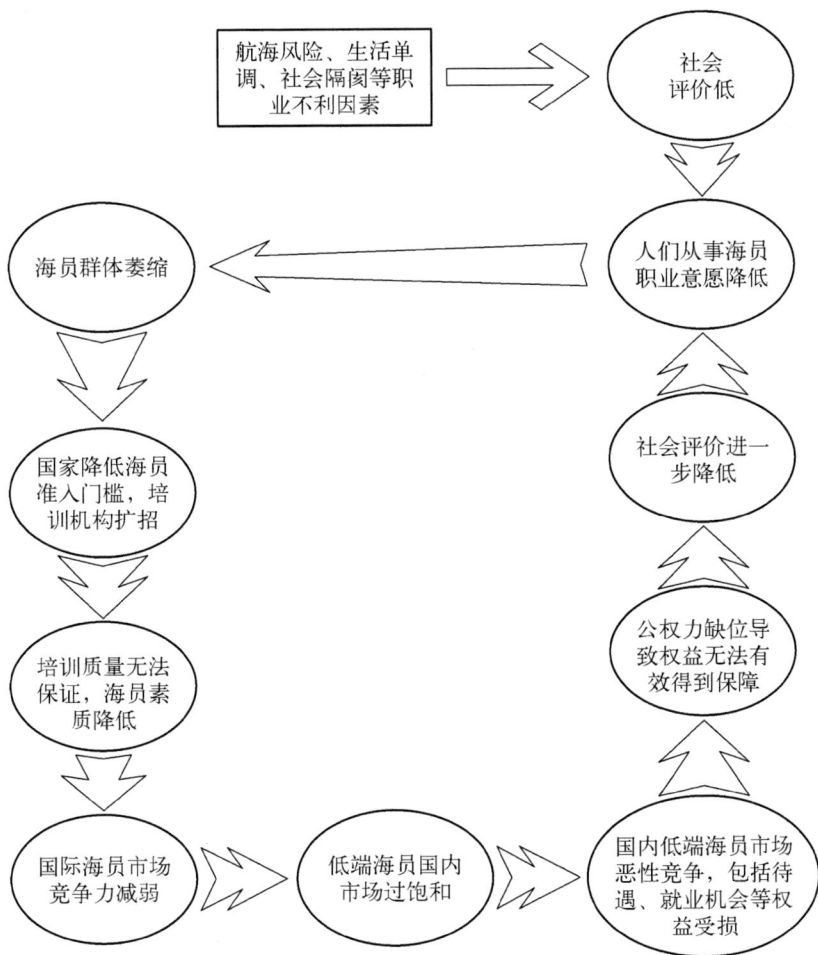

图 1-3　船员发展恶性循环示意图

船员衰落趋势有其客观性，本书所讨论的完善船员权益的保障措施的目的是为了避免由于船员数量断崖式下降而对国家社会经济产生重大、不可控的安全风险。

第二章　船员群体权益保障困境问题的提出

第一节　概念的界定及检视

一、船员与海员概念界定

实践中，"船员"和"海员"概念经常混用，经对中国知网统计，自 2013 年 7 月—2020 年 6 月，以"船员"为关键字的博硕士论文为 110 篇，以"海员"为关键字的博硕士论文为 575 篇。现在绝大多数文章对船员和海员的概念并不进行严格区分，另外，在现有规范性法律文件中，所采用的称谓也不统一，例如在《船员条例》《中华人民共和国海船船员健康证书管理办法》和《中华人民共和国海员外派管理规定》中就用了三种不同称谓。《辞海》中也给出了模棱两可的海员定义：原指海船上工作人员，即对海船驾驶人员、水手、轮机人员、客货运输服务人员的通称；今泛指从事水上运输的船员，有时还兼指港口的某些工作人员。[①] 可见，无论在学界还是主管部门，对海员和船员概念界定不明确。在《海商法》的修改中，对该法所包含的船员范围也出现了一定争议。海上工作的海员与只在国内河流湖泊或港内作业的船员在法律环境、工作生活标准和资质要求等方面都有很大的不同，将其纳入一个概念中存在较大弊端。由于学界并没有在船员和海员界定上形成权威意见，所以，本书在梳理现有观点的基础上对船员进行界定。

（一）船员的界定

目前可以查到对船员最早的称谓可追溯 1911 年邮传部尚书给光绪的《筹

---

① 辞海［G］.上海：上海辞书出版社，2002：1351.

办商船学校折》的奏折，"以建设商船学校为船员之需，意实在此"。船员的概念比较复杂，目前学界对船员概念的描述大多从两个角度展开：一是是否将船长归入船员。笔者认为这种考虑在当下并无实际意义，因为人类早期航海时，由船舶所有人担任船长参与航行的情况如今已非常态，此外，随着信息科技的发展，船长的权力已被削弱，相关指令可以由陆上实时传达到船，需要船长及时果断作出决断的时代已经不复返了。近几十年，欧美船员逐渐被亚洲和东欧船员替代，英美法中船长和船员二元化制度的航海传统基础已经发生动摇，① 近年来，美国法律对船员劳务合同也改变了只能由船长和船员签字的规定，改为由船舶所有人（管理人、经营人）、船长和船员三方共同签字。② 二是从船员资格条件上进行判断。司玉琢教授在《海商法专论》③ 中认为，界定船员需同时具备三个条件：取得船员资格；受船舶所有人聘用或雇用；服务于船上。目前该观点对船员的判定标准中属于通说，比较符合我国船员实际情况，但随着航运市场多元化的发展，出现了一些特殊情况，例如目前部分沿海和内河的中小型货船采用家庭自营或合股经营的形式，一些船东或股东在所属船上也承担一些工作，故他们并不存在受雇情形，无法对应"受船舶所有人聘用或雇用"情形。王秀芬教授从船员法的角度认为船员应为航行于特定区域的商业船舶上工作的船员，④ 为未来制定船员法提供了思路。

　　国内法律法规对船员的定义主要体现在《海商法》和《船员条例》中。《海商法》第 31 条规定："船员，是指包括船长在内的船上一切任职人员。"船长与船员合并立法符合现代航海实际情况，但《海商法》第 31 条和《船员条例》第 4—5 条对船员条件认定的侧重点有所不同，《船员条例》第 4 条主要从资质管理角度规定："条例所称船员，是指依照本条例的规定经船员注册取得船员服务簿的人员，包括船长、高级船员、普通船员"。第 5 条则对申请船员服务簿应具备的条件进行限定，包括年龄、健康情况、相应的培训考试要求等。《船员条例》回避了对船员本质属性的回答，而偏重于船员形式要件的满足。相较而言，《海商法》对船员界定要更为宽泛一些，更侧重于劳动关系，

---

① 美国 1984《商船船员保护和救济法》规定："船长是指挥船舶的人。船员是指具有资格并受雇或工作于船上的人员（科研人员、航海学校指导员和航海学生除外）"。

② 46 U. S. C § 10302 (a). Subtitle II, Part G. [EB/OL]. [2020 - 09 - 09]. http：//uscode. house. gov/view. xhtml? req=granuleid；USC-prelim-title46-section10302&num=0&edition=prelim.

③ 司玉琢. 海商法专论 [M]. 北京：中国人民大学出版社，2015：95.

④ 王秀芬. 船员之法律概念辨析 [J]. 社会科学家，2010 (11)：85.

例如是否受雇及实际在船工作等。实践中有可能出现《船员条例》和《海商法》对船员认定不一致的情况，例如目前对小型旅游艇船员、海事部门并不签发服务簿。对船员的培训是近年要求的，之前未经发证的老船员以及目前并未持证但实际从事船上工作的人员按法规要求无法纳入船员行列，这部分船员身份由于不被法律法规认可，有可能在权益方面无法享受船员应得之待遇。另外，对于虽经船员注册，但未实际从事或已不再从事船员职业的人员也列为船员范畴的规定与实际也存在问题。最后，《船员条例》对外籍船员没有涉及，随着航运业开放的深入，外籍船员参与国内航运市场已经成为趋势。

笔者通过查阅部分语料库了解到在国际条约文件中已很少使用"船员"的称谓，而更多使用"海员"一词，目前较为统一是采用"seafarer"，而早期的海事公约则多采用"seaman"一词。① 根据不同的角度还可以对船员进行分类：一是以和受聘单位关系的稳定性角度可以划分为单位自有船员和自由船员，其中单位自有船员和所在单位可能是以聘用的方式签订合同，船员与单位的关系类似单位与陆上职员的关系，也可能是以较为长期稳定但通过连续多个短期合同维系劳动关系。由于社会保障部门没有针对船员与用人单位合同性质进行专门统计，尚无法掌握自有船员和自由船员的具体数据，但从笔者接触的相关信息判断，目前自由船员比例应占主要部分，而且有扩大趋势。自由船员的特点是没有长期稳定的、具有依附关系的单位，通常是一个合同期结束后再选择另一个合作单位，用人单位与船员完全是平等的自由选择关系。在目前我国法律框架下国家法律对其权益保障程度较小，其权益也容易受到侵害。二是以可适任的航行区域划分，根据《发证规则》第6条（持证人适任的航区分为无限航区和沿海航区）和《内河船舶船员适任考试和发证规则》相关规定，可将船员主要分三类，即无限航区船员、沿海航区船员和内河船员，这三类船员证书不能通用，持相应证书的船员只能在规定的航区任职，由于任职区域不同船员所处的法律环境也有所不同，对权益保障也有不同影响。三是按船舶大小吨位进行划分，等级如一等（3 000 总吨以上），二等（500 总吨—3 000 总吨）或小型船船员等。四是根据工作的不同种类和用途的船舶划分。船员职业是比较专业化的工作，在一些特殊船上任职需要经过特殊培训，相应船员也可分为

---

① 王秀芬. 船员之法律概念辨析 ［J］. 社会科学家. 2010（11）：83.

油轮船员、集装箱船员、客滚船船员、旅游船船员等。另外，根据在船上不同工作岗位和职位划分，船员也可分为船长、大副、轮机长、水手等。实践中对船员分类上的混乱重叠状况对船员整体权益保障不利，导致一方面增加了对船员研究的复杂程度，另一方面，由于人为将船员分为多种类别，行政主管部门习惯于分类管理的方式致使对船员整体的割裂程度加深。在我国，船员身份能被主管部门承认是其获得公权力保障的基础。

笔者认为不宜将船员的含义限定过窄，应以宽泛为宜。通过比较各国船员定义，大多是将船舶作为关键的限制要素，建议可尝试将船员界定为：具有相应的资质并受雇或工作于船上的人员。该定义较为宽泛，接近《海商法》中对船员概念的定义，但在具体适用上应同时参考日本船员立法[①]的排除适用模式，即在不同的规范性法律文件中，根据立法目的对特定对象排除适用为宜，即在不否认具备相应资质并在船舶上工作或服务人员的船员身份前提下，在不同规范性法律文件中作出有针对性地排除适用。

（二）海员的界定

海员称谓是舶来词，最早可追溯 1914 年 9 月在温哥华召开的中国船员大会，当时参考日本的叫法，采用"中华海员公益社"名称，即中国海员工会前身。在规范性法律文件中，部分采用海员称谓，例如《海员外派管理规定》《海员证管理办法》和《海员船上工作和生活条件管理办法》等，只有《海员船上工作和生活条件管理办法》第 58 条对海员进行了界定，海员是指受雇于从事商业活动的中国籍海船上工作、实习和见习的任何人员。显然该定义将大量外派船员排除在外，并不全面。我国对《1978 年海员培训、发证和值班标准国际公约》（以下简称《STCW 公约》）进行转化时，对应的法规是《海船船员适任考试和发证规则》，对比《STCW 公约》和发证规则名称，由"海员"变为"海船船员"，可以认为我国是将海员视同于"海船船员"。《STCW公约》第 3 条规定："本公约适用于在有权悬挂缔约国国旗的海船上工作的海员"。《STCW 公约》将适用的船舶作为界定海员的主要因素，与大部分海事

---

① 日本《船员法》将船员定义为：在日本船舶上或依国土交通省令规定的日本船舶以外的船舶上服务的船长、船员及预备船员。前款规定的船舶不含下列船舶：① 总吨不满 5 吨的船舶；② 只在江、河、湖、港区航行的船舶；③ 总吨不满 30 吨的渔船；④ 前三项之外的船舶职业及《小型船舶法》中规定的小型船舶、供体育娱乐用的快艇、摩托艇等，其船舶目的、期间、形态等都不具有船员劳动特殊性的船舶，由国土交通省另行规定。

公约的规定一致。① 《STCW 公约》对适用海船定义为：海船指除了专门在内陆水域中或者遮蔽水域②所适用的区域以内或与此两者紧邻的水域中航行的船舶以外的船舶。国际海事公约均以活动水域范围作为判断海船的主要标准，部分公约还进行排除性规定，例如《国际海事劳工公约》第 2 条规定："本公约不适用于渔船、简单构造船、军事船舶"。由于我国法律文件中更多使用"海船船员"，所以"海船"的认定也成为"海员"认定的关键，根据《发证规则》第 59 条规定，海船"是指航行于海上以及江海直达的各类船舶，但不包括军事船舶、渔业船舶、体育运动船舶和非营业性游艇"。

我们可以看出，国际公约规定的"海员"与我国立法定义的"海船船员"存在一定区别：一是在水域范围划定上，我国规定要更宽泛一些，包括所有海域及部分与海连通的江河，而公约中的"海员"对遮蔽水域以内范围进行了排除，例如港口范围内作业拖轮上的船员不属于公约规定的"海员"范围，但属于我国"海船船员"的范畴。二是在排除适用的海船里，尽管每个公约排除适用船舶不尽相同，但相较而言，我国规定排除船舶类型要多于公约规定，例如体育船舶和非营业性游艇被排除海船范围，但公约并没有类似要求。同时为了解决某类人员是否属于本公约所涵盖人员的情况，公约要求成员国主管当局在出现疑问时应当与相关船东组织和船员组织协商后作出决定。三是在我国，对海船的界定在水域范围上根据实际进行了变通，即将江海直达船舶纳入海船的范围，这对发展内河沿岸经济具有一定积极意义，但随着市场环境越来越规范，江海直达船舶政策也受到质疑，由于其模糊了内河与海上船舶的建造标准，有可能使不符合海船标准的内河船到沿海进行活动，同时这类船上船员配备数量和培训标准也较海船有所降低，能否胜任海上航行令人怀疑。现有数据显示，由内河船到海上作业所导致的事故居高不下，仅 2018 年上半年，我国就发生海事事故 38 起，沉没船舶 15 艘，死亡 26 人，③ 内河船到海上航行作业已经成为海上交通秩序的重大安全隐患和海事安全监管的难点，中国海事局

---

① 《国际海事劳工公约》第 2 条 1 款（f）："'海员'一词系指本公约所船舶上以任何职务受雇或从业或工作的任何人员。"
② 关于"遮蔽水域"的界定没有统一的国际标准，具体取决于各个成员国的地理或地质情况，根据中国船级社（CCS）《钢质海船入级规范》中的相关描述，遮蔽航区是指沿海航区内的海岸与岛屿、岛屿与岛屿围成的遮蔽条件较好、波浪较小的海域，且该海域内岛屿与岛屿之间、岛屿与海岸之间距离不超过 10 海里或具有类似条件的水域。
③ 根据中国海事局内部报告选取相关数据。

在 2018 年 3 月还专门下发《关于强化内河船舶非法从事海上运输行为惩治措施的指导意见》，采取措施防止内河船到海上作业。

部分学者还将外派海员作为研究对象，由于学界并未对这一概念进行研究，故形成了一个误解，需要澄清的是，所谓外派海员是指从事劳务外派（派到外籍或港澳台地区籍船舶上）工作的海员，实际上外派工作只是海员职业生涯的一个片段，对于没有固定劳动关系的自由海员来说，无论是在中国籍船上工作还是到外籍船舶工作，都是其职业生涯自主理性选择的结果，对船员外派期间的权益保障更重要的在于对船员整体的制度设计，这不仅依赖于国际法的保障，而且也需要对国内法和冲突法进行完善，以提高公权力在涉外领域的管辖或干涉能力。

由于我国没有对船员、海员、海船船员等进行明确的区分，故存在混用的情况。一般认为，海员与内河船员均是船员的下位概念。内河船员顾名思义指在内河（含江河、湖泊、水库）船舶上工作的船员。海员与内河船员无论在工作环境还是生活状况方面均有较大不同，海员一年中大部分时间是连续在海上度过，而内陆船舶船员长时间不间断在船的情况并不普遍，海员还由于其工作具有国际性，不可避免地受国际法的影响，而内陆船员主要受国内法规制，所以，对船员与海员进行界定和区分是有必要的。

部分国家尽管不完全是海上航运，但法律文件中仍采用"海员"（seamen）的称谓，例如美国 1984 年出台的《商船船员保护和救济法》（Merchant Seamen Protection and Relief Act）中第 103、105 和 106 章中分别对"国外和跨洲航行""沿岸航行"和"捕鱼航行"等情况进行规定，统一采用"海员"（seamen）的称谓。

（三）本书的观点

本书主要采用"船员"的称谓，一方面，是因为从权益的保护角度看，无论是内河船员还是海船船员都存在一定共性；另一方面，在我国相关文件中普遍使用"船员"或"海船船员"称谓，而国际公约由于多涉及海上而采"海员"称谓，由于语境的不同，无论采用"船员"或"海员"称谓，在论述范围扩大时不可避免地会存在混用情况，所以综合考虑，本书主要采用"船员"称谓。由于内河船员构成较为复杂，船员劳动雇佣关系、工作环境以及法律适用方面均存在较大差别，除非特别指出，否则内河船员并非本书主要讨论的对象。由于渔船、军事、非机动船、体育和非商业性游艇等海上船舶上人员由于不具备一般意义的研究价值，故也不在本书的讨论范围。在本书主要讨论中，"船员"含义与海事公约中"海员"含义基本一致，且主要为群体意义上的概念。另外，本书所指船员主要指从事船员职业的人员，对于那些虽未注销注册，但实际已不从事船员职业的则不在本书所指船员概念范围内。为与公约表述一致或特指，本书个别章节也使用"海员"的表述。

二、船员权益概念界定

法律上"权利"与"利益"是两个相联系的概念，将其结合在一起就是权益，学界对权益理解也是见仁见智。作为本书的研究核心之一，有必要对相关概念进行梳理与界定。

（一）权利

权利的内涵丰富，且随着时代的变化不断发展。为便于理解，一般需结合它的相对概念——义务一起理解。"对权利主体来说，它总是一种利益或必须包含某种利益。而义务则是负担或不利。"[①] 西方学者普遍认为，现代权利的概念源于人权，1776年美国《独立宣言》中宣扬人人生而平等，拥有"生命、自由和追求幸福的权利"，1789年的法国《人权宣言》把天赋人权归纳为自由、财产、安全和反抗压迫，但现代理论更倾向于权利是一种实证性的，而人权由于其内涵是人之所以为人而应自然享有的权利，所以，认为人权具有先验的道德属性，笔者也认同人权虽然并非实然权利，但由其精神和理念延伸出的政治、经济、文化等众多领域的具体权利却是实然的，可以把人权看作其他权利的本源。

截至目前，关于权利的学说主要有以下几种：一是资格说，即权利主体行动、占有或享受的资格；二是主张说，即把权利理解为具有正当、合法、可强制执行的主张，例如，主张对某物的占有、停止侵害等；三是法力说，即法律赋予了权利主体享有、维持或改变一定利益的力量，而义务是对这种法律强制力量的服从，法力说的价值在于其揭示了权利背后隐含着的公权力；四是利益

---

① 张文显.法理学［M］.北京：法律出版社，2007：161.

说，该说认为权利是法律或道德所承认或保护的利益。利益说"使人们注意到了权利背后的利益"。[①] 不同角度的权利展现了不同的侧面，但综合相关学说可以大体对权利有一个整体的认识，即所谓权利，可以理解为需要法律或道德认可的一种资格、能力、利益或自由，并通过公权力保障其实现。另外，权利还有不同的分类，例如从维护目的出发，可分为公权利和私权利；从义务主体出发，可分为对世权和对人权；从来源出发，可分为原权利和派生权利等。随着我国社会进步，具体权利的种类呈现不断扩展的趋势，例如《民法典》明确了若干具体人格权。[②]

现代权利的核心在于对公权力的限制以及对私权利的保障，即使为了公共利益也不应对个人权利造成过度侵犯，这种义利观既需要培育，同时也是我国法治建设的主要任务。

（二）利益

马克思认为利益应特指物质利益，"思想一旦离开利益，就一定会使自己出丑"。[③] 马克思将物质与精神思想对立统一的利益观深刻影响着我国学者，有学者认为，"利益是人们受客观规律制约、为了满足生存和发展而产生的，对于一定对象的各种客观需求"。[④]

英国功利主义学者约翰·S. 穆勒（John S. Mill）最早提出人的利益不仅有物质的，而且还有精神的，其名言"宁做一个不快乐的苏格拉底，胜于做一只快乐的傻瓜"形象说明了人的精神层面利益的重要性。德国古典社会学者马克斯·韦伯（Max Weber）在《新教伦理与资本主义精神》中通过系统论述，将利益分为物质利益和精神利益两类。美国心理学家亚伯拉罕·H. 马斯洛（Abraham H. Maslow）提出了人本主义心理学，融合了精神分析心理学和行为主义心理学，其在 1943 年发表的《人类动机的理论》一书中提出了需要层次论，提出了两个假设：人要生存，他的需要能够影响他的行为，只有未满足的需要能够影响行为。马斯洛对精神需求的深刻分析更加促进了精神利益理论的成熟。一般认为，利益是指人类用来满足自身欲望的一系列物质、精神需求

---

① 罗斯科·庞德. 通过法律的社会控制 [M]. 沈宗灵，译. 北京：商务印书馆，2010：231.
② 《民法典》第 127 条："法律对数据、网络虚拟财产的保护有规定的，依照其规定。"
③ 马克思恩格斯全集（第 2 卷）[M]. 北京：人民出版社，1957：167.
④ 付子堂. 法律功能论 [M]. 北京：中国政法大学出版社，1999：56.

的产品。对于利益的评价，大多数学者是从正当性的角度加以区分，但正当性是一种价值判断，具有主观因素，并随时代不同而发生变化。也有部分学者认为对利益应进行综合衡量，例如群体利益与个体利益相比具有"权重"上的优先性。① 在如何预防类似"多数人暴政"上有不少关于利益位阶的讨论，有的学者认为，权利和利益存在一定关联，在德国法学家鲁道夫·耶林（Rudolph von Jhering）看来，权利就是受到法律保护的利益，利益的范围要大于权利。很多学者也把权利和利益结合起来，"权利是利益的法律外衣，利益是权利核心结构，拿掉利益，权利便丧失了财富和资源，成为无用的、虚假的空壳"。② 权利和利益最明显的区别在于利益对主体来说，利益是一种实际的所得，既可以主动诉求，也可以被动接受。无论在什么样的国家和社会，利益总是客观存在的，而权利则受国家和社会法治程度的影响，例如，我国曾由于过分强调集体利益绝对优先而导致个体权利被忽视甚至被牺牲，且权利更多地表现出需要通过主动为之才有可能实现，并与义务相对出现。另外，利益在价值评价上较为中性，甚至有时是负面的，容易"在现实生活中自发地演化为一种利己主义，而且是一种非常粗俗的，带有非道德主义色彩的利己主义"，③ 而权利则要符合法治和社会主流价值观。

（三）权益

"权益"一词是近代才出现的，最早出现在经济学领域，主要指资产，目前已成为法律概念，例如我国《侵权责任法》中第2条规定："侵害民事权益，应当依照本法承担侵权责任"。从文义上理解，权益是权利和利益的合集，前者是法定利益，后者是法律没有规定的应然利益。"权益"一词的出现是因为有些利益并不适合或尚未由法律确定，但由于存在合理性与正当性等原因，也确实需要法律保障，例如一些尚未具体化的自然权利或新兴权利等。实践中，如何确定权益边界仍然存在一定模糊地带，甚至学界在对"权益"一词使用时也常常在法定权益（权利）和法律未明确规定的应然利益之间跳跃。④ 为解决这一难题，目前涉及权益的法律文件多采用列举形式予以明确，例如，我国

---

① 蔡琳. 论"利益"的解析与"衡量"的展开 [J]. 法制与社会发展, 2015 (1).
② 王启富, 马志刚. 权利的法律结构分析 [J]. 中央政法管理干部学院学报, 1999 (5): 1.
③ 高家伟. 论行政诉讼原告资格 [J]. 法商研究, 1997 (1): 3.
④ 刘芝祥. 法益概念辨识 [J]. 政法论坛, 2008 (4): 99.

《侵权责任法》中将民事权益归纳为生命权、健康权等,[①]《消费者权益保护法》《妇女儿童权益保护法》等法律也有相关规定。一般认为,权益范围的外延大于权利,包括权利和法律虽尚未明确规定但应予保护之利益,所以,权利与权益在法律保护的范围内具有一致性。

(四)本书对船员权益的界定

本书论及的船员权益是针对船员这一特定群体所涉及的权益,由现有法律法规所列明的船员权利和从应然角度船员拥有的各类合理利益所构成。法律文件中所列明的船员权利主要体现在《船员条例》和《MLC2006 公约》及配套的国内法律文件中。公约归纳了船员的四项基本权利,[②]以及其他延伸权益,由于我国对《MLC2006 公约》无保留地接受,故这些权利已纳入我国法律保护。尚未被法律所列明的合理利益则更多涉及人权法下的具有自然法意义的权益,例如,不受公权力过度侵犯、获得政府的帮助、拥有诉求表达的渠道等。

对于船员权益的界定,先前大多数学者将其与劳动法项下的劳动权益混用,笔者认为,很难简单化地将船员权益进行归类,如果从部门法的角度划分,船员权益除了劳动法项下的权益之外,至少还包括以下方面。

(1)安全法项下的权益。安全法是调整规范一定的人身关系、财产安全的关系等,为各类安全法律主体设定资格、分配权利义务、确定责任的实在法。[③]安全法与劳动法在职业安全领域有所交叉,但其与劳动法最大的区别在于两者的研究角度和方向不同,劳动法是以劳动者,即船员为研究视角,以工作环境适应船员为出发点。[④]而安全法在海上则是以船舶和环境的安全为研究中心,统筹考虑对船舶和环境安全的影响。作为劳动法项下的权益保障和安全法项下的权益保障,无论在国际组织还是国内机构中都属于不同的部门,国际上关注产业职业权益的主要为国际劳工组织,而涉及船舶和海洋环境安全的专门机构为国际海事组织,在国内亦然,分属人社部门和海事部门。

---

① 《中华人民共和国侵权责任法》第 2 条规定:侵害民事权益,应当依照本法承担侵权责任。本法所称民事权益,包括生命权、健康权、姓名权、名誉权、荣誉权、肖像权、隐私权、婚姻自主权、监护权、所有权、用益物权、担保物权、著作权、专利权、商标专用权、发现权、股权、继承权等人身、财产权益。
② 四项基本权利包括:获得符合安全标准的工作场所;获得体面的船上和生活条件;公平的就业机会;享受健康保护、福利等社会保障。
③ 朱燕,王猛.论安全法学科建立的几个基本问题 [J].华北科技学院学报,2011 (2):74.
④ 陈仕勇.用安全法学观点剖析海上职业安全和健康管理 [J].中国海事,2013 (2):13.

（2）其他社会法项下的权益。船员的工作时间与陆地工作不同，船员工作周期是船上工作时间加上不在船的休息时间组成，其中有将近半年以上的时间并不在船上，而是为了下次长期航行做心理和身体上的准备以及补偿家庭生活缺乏的关爱，非在船时间与劳动关系并不紧密，船员这段时间甚至是没有劳动关系的，但却是船员职业中必不可少的环节。与劳动权益需直接与劳动相关联不同，船员非在船期间的权益属于其他社会法下的权益。

（3）国际法项下的权益。对于在国际航行船舶上的船员，其船舶国籍、受雇船东、航行区域等都存在涉外的因素，权益被侵害时国内法保护有限，有时需要依靠国际法和有关国际组织的协同努力（例如船员的安全保障等），所以，国际法下的权益也是船员权益的来源。由于我国法律门类划分将海商法划归国际法，故本书所论述的国际法项下权益是指除海商法保护外的国际法权益。

（4）海商法项下权益。涉及船员遣返、船东安全责任、优先权、海上救助等权益受海商法保护。

（5）包括行政法及刑法项下的权益。一方面，对于严重威胁或损害船员人身安全等重要权益的行为，国家需要运用行政手段甚至刑事手段进行保护和纠正。另一方面，此项下权益还包括国家有关机关在采取行政行为或司法行为时要充分考虑船员的权益，在提供足够便利的同时，不得对船员合法权益造成损害。由此可见，围绕船员的权益保护，虽然劳动权益占有重要成分，但船员权益绝非单一属性。正是因为船员权益构成的复杂性，《MLC2006公约》也只是通过把船员具体权益分散在多个标题中列举形式提出。

综上，本书对船员权益的界定为：所有由法律法规规定的船员权利和尚未规定但应予保护的利益所组成。在构成上包括：安全法、劳动法、国际法、行政法等项下之权益。由于船员权益分散于各领域，难以穷尽列举，故有必要做整体研究，通过以公权力为主线将船员权益串联起来进行观察和研究，是从整体上把握船员权益问题认识的有益尝试，并且在公权力运行方式上引入软法模式来探究各类公权力对船员权益的作用和影响，以期有助于未来船员权益保障立法和政策的制定和方向把握。

（五）本书对船员权益保障的检视

本书论及的船员权益保障不包括船员通过自力实现的保障，也非船员个体之间的互助保障，主要指含有公权力因素的主体对船员权益的保障。这些主体既包括国家公权力主体，例如，各级立法、行政和司法机关等，也包括社会公权力主体，例如行业协会、工会等。尽管国际公权力通常在国内并不直接发生作用，但会明显对国内各主体产生影响，故属于本书的研究范围。另外，对于个别大型法人主体，由于其制定的内部规则对行业有一定示范作用，所以，本书在一定程度上也会涵盖。

另外，从公权力作用的角度分析，可将船员权益保障分为四种情况：一是在权益保障薄弱的领域，公权力通过积极介入达到保障目的，例如对船员税收的优惠和家属随船等权益，公权力主体可主动采取制定法规政策达到保障效果。二是当船员权益受到损害时，公权力通过积极干预，使船员权益得到恢复，例如航运公司不按要求配备船员给船上人员安全生产带来威胁时，公权力对违法行为进行纠正，使航运生产恢复安全。三是部分领域在公权力介入后作用有限甚至是负面作用，则需要公权力逐步退出，例如公安部门发放《船民证》、检疫部门体检的要求等造成了船员的额外负担。四是在公权力保障船员权益的行使方式上也不是一成不变的，部分领域通过软法模式会比硬法模式具有优势，从主体上看，国家公权力主体让位于社会公权力主体也需要更符合保障权益的内在要求。

第二节　当前硬法对船员权益保障的不足

一、船员领域硬法建设现状

从软法研究者角度来看，传统意义上的法律，即由有权机关制定，通过国家强制力直接保障的规范性文件可称作硬法。近年来，我国船员硬法建设取得了较为明显的进步，初步形成了涵盖船员大部分事务的硬法体系，按是否与船员事务直接相关，可将此类硬法做以下划分。

（一）专门规定船员事项的硬法

1. 法律层面

《海商法》《海上交通安全法》《海洋环境保护法》等这些法律中涉及船员内容的并不多，其中《海商法》主要是对船员、船长资质及船长职责作出原则性规定。《海上交通安全法》《海洋环境保护法》主要从行政管理的角度，对涉及海上安全和环境保护事项对船员的航行和作业操作作出规定。

2. 行政法规层面

2007 年生效的《船员条例》较为系统地对船员注册、任职、培训、职业保障以及提供船员服务等事项进行了规定。《内河交通安全管理条例》与《海上交通安全法》相配套，主要对内河水上交通安全进行规范。

3. 部门规章层面

为配合《船员条例》实施，交通运输部先后在船员注册、培训、考试发证、值班、服务、外派等方面制定了十几部部门规章，包括《船员服务管理规定》《外派船员管理规定》《海船船员船上培训管理办法》等。

4. 国际海事条约层面

尽管我国宪法并未正面回应已接受国际条约在国内的法律地位，[①] 且相关国内法律也没有对国际条约的实施作出规定，但在冲突解决和适用等环节，包括《民法典》《海洋环境保护法》《涉外民事关系法律适用法》等均有明确规定，司法领域当前直接援引包括海事条约的国际条约作为判决的依据也较为常见。[②] 所以，国际条约已经成为国内法的重要渊源之一。在船员海事公约中，硬法主要包括本书界定为软法之外的、有明确要求履行实体权利和义务的条款。

（二）部分涉及船员事项的硬法

虽然这些硬法并不直接规定船员事项，但与船员的生活工作存在间接联系，包括法律层面的《劳动法》《劳动合同法》《社会保险法》《出境入境管理法》等，涉及船员劳动权益和进出境管理等事务；行政法规方面有：《卫生检疫法实施细则》《对外劳务合作管理条例》，对船员进出境检疫和劳务外派活动进行规范；部门规章方面有：《沿海船舶边防治安管理规定》等涉及包括船员

---

① 一般认为，给予条约以什么样的国内法效力取决于每个国家的宪法。黄斌琴. 条约在国内法院的适用问题研究 [D]. 武汉：武汉大学博士学位论文，2013：37.
② 黄斌琴. 条约在国内法院的适用问题研究 [D]. 武汉：武汉大学博士学位论文，2013：79.

在内的水上工作人员的治安登记管理。

二、硬法在船员权益保障方面的不足

尽管船员管理硬法体系已初步形成，但随着船员和航运市场的发展，传统硬法管理模式缺陷日益凸显。

（一）立法方面不足

1. 部分硬法内容无法适用船员领域

我国现行硬法大多是按照陆上环境和情况进行设计的，一般不会考虑海上的特殊情况，例如，将之套用于船员领域不仅无法适用，而且还会造成对船员权益的损害。例如我国《刑法》对交通肇事罪的入刑标准，以 3 人死亡和 30 万元财产损失为起刑点，而航运本身就带有高风险和船舶高价值的特点，海上的交通事故达到上述标准非常容易，实践中将上述标准应用于船员并不鲜见，对船员队伍的发展非常不利。还有，我国《劳动合同法》中规定了劳务派遣合同，直接导致船员领域催生了很多船员中介组织，而且这些组织的营利性被合法化，根据《MLC2006 公约》的规定，由于船员的特殊性，船员国应建立非营利性的中介组织。在我国，营利性中介组织的存在损害了船员权益，而且在这些合法中介组织背后还有大量非登记注册的"黑中介"组织，给船员造成了较大损害。

2. 硬法需求与立法资源不足矛盾突出

由国家立法资源的稀缺所导致的问题主要体现为：一是涉及船员的硬法大多集中在层级较低的部门规章层面。目前没有关于船员的专门立法，最高位阶只有行政法规层面的《船员条例》，其余为交通运输部的规章。二是立法覆盖的船员领域不全面，例如，对船员专门的社会保障、相关主体信用管理等方面的规定存在空白。三是现有法律规范无法及时得到修订或废止，适应不了复杂的社会发展变化，硬法呈现出滞后性。当前中国社会处于转型期，也加剧了硬法在供给上严重不足的矛盾。

3. 部门立法造成法律间不协调

由于交通海事、人社、移民、公安、检验检疫等部门均有涉及部分船员管理的职责和相关规定，部门间立法交叉、冲突和空白不可避免。从交通运输部内部看，船员事项主要由海事与交通（港航）管理两个部门负责，存在一定程度上的职责交叉和硬法规定上的冲突，例如对引航员的归口管理在港航部门，但日常监督却在海事部门，内河船员的培训和发证也存在由地方交通部门和海事部门分别管理的情况。

4. 缺少统筹致使立法分散

由于没有立法上的顶层设计，导致对船员立法呈现一事一立的碎片化状态，人为地将船员从不同角度划分为远洋、沿海、内河、外派等船员，这种多元立法不利于对船员整体的管理和权益保障，且随着分类管理越来越细，还增加了立法的不协调以及执法层面的困惑，例如，《海上交通安全法》和《内河交通安全管理条例》要求船舶、浮动设施的船员配备必须符合海事部门规定，但目前海事相关法律规定对 5 米以下的船舶和旅游景区的水上游乐设施等又要求各地自行制定。

5. 缺乏对船员权益保障方面的考虑

由国家公权力主导的硬法无论在立法层面还是执法层面体现的都是一种刚性规定，缺乏对船员权益保障方面的足够重视。由于硬法首先需要维护社会关系的稳定和有序，所以，其更多的功能是为特定的社会活动划定底线和边界。长期以来，船员被视为被管理对象而非服务对象，在社会上缺少对船员足够尊重和权益方面的考虑，例如，我国《船员条例》《海船船员适任考试和发证规则》《船员违法记分办法》以及船员外派类文件等更多地体现强化管理的目标指向和刚性规制，设定了大量的行政处罚、行政强制和取消行政许可等手段，很少涉及船员权益保障、群体发展以及协调对话机制等人性化和柔性的考虑。同时由于缺少立法过程中必要的互动、民主协商，以及船员代表立法层面的代言，导致船员的权益诉求无法在立法层面得到反映，更加剧了硬法忽视船员权益的趋势。

（二）硬法在实施上的局限

1. 实施成本高

为保障硬法实施，需要国家设立相关执法部门和司法部门，以及大量的公职人员维持机构的运转，财政支出成本巨大。近年来，中国行政化趋势明显，根据 2008 年国家统计局公布数据显示，由财政供养人员为 3 946 万人。2015 年《经济参考报》透露，到 2014 年年底，中国财政实际供养人数已超 6 400 万人，并且每年还在以 100 万人的速度递增。① 另有媒体估算，到 2015 年年底，中国财政供养人数至少为 8 000 万人，如果该推测属实，则中国供养比约为 20：1，社会成本高企。同时，船员通过司法途径解决纠纷也需要一定的时间和财物投入。通过硬法实现社会治理，国家和社会所付出的资源成本因素不可忽视。

2. 调整手段单一

硬法调整手段主要为事前许可和审批、事中的检查，以及事后的制裁。相对而言，由于近年来国家取消了大量的事前许可和审批，事后的制裁在硬法调整中所占比例更多，对于违反硬法的行为，无论行政处置或司法处置的手段都相对单一，主要是针对财产、人身或能力等，缺乏弹性。一些相对灵活但更能体现处罚与教育相结合的手段，例如事前的职业引导教育、船员信用管理、强制社会服务等则难以通过硬法体现。

（三）治理效果提升不明显

在船员管理领域，国家颁布了大量法律法规和规章，涵盖从培训、资质取得到上船工作等主要环节，硬法的管理刚性已经趋于饱和，但在严格管理下，船员素质提升不明显，因船员因素导致的海上事故率居高不下，简单地通过加大硬法的管理力度已难以取得明显效果。硬法管理最主要的问题在于将船员视为被管理人员而采取预防和制裁性的手段，缺少对船员足够尊重和权益方面的考虑，例如，《船员条例》《船员违法记分办法》等体现的都是强化管理的目标指向，对违反行为设定了大量的行政处罚、行政强制措施和取消许可等刚性规制手段，不仅无助于船员的共同体意识的形成，而且也降低了社会对船员的认同，使其更加边缘化。而对于故意违法者，海事部门在日常执法中也深刻体会到，硬法规制效果是十分有限的，管理思路需要改变。

---

① 中国有多少人在吃财政饭　2014 年数量达 6 400 万［EB/OL］.［2020 - 09 - 09］. http://finance. sina. com. cn/china/20150918/101023285641. shtml.

（四）其他方面的不足

1. 导致权力异化倾向

一方面，硬法机械刚性的规定有时会出现操作上的困难，例如，一些个体船主雇用不合格船员较为普遍，但对其执法较困难，从而造成权力寻租空间。另一方面，现有硬法所规定的权责分配主要局限于国家机构范围的封闭空间，无法实现通过社会公权力和国家公权力之间的制约，对权力异化的倾向现象缺少社会监督机制，容易产生不符合客观实际的"恶法"。

2. 不利于船员社会组织的成长

一些领域并不适合硬法直接介入规制，而更适合采取自治、标准化和非强制等手段和方式。目前由于国家公权力在船员各领域深入介入，也间接导致了公权力作用难以发挥，船员社会组织也难以成长。根据《MLC2006》的规定，船员的集体合同应由船员组织、船东组织和国家主管部门三方共同签署，但目前代表船员一方的是国家的工会组织，其独立性和代表性存在缺陷，在集体谈判中难以充分维护船员权益。国内真正全面代表船员利益的社会组织尚未成长起来，国际船员社会组织也无法进入国内，像国际运输工人联合会（ITF）等工会组织尚未与我国建立正式联系。

由于硬法在保障船员权益上存在一些难以克服的不足，新兴的软法理论为有效解决船员权益保障问题提供了新的思路和方法。

第三章 船员权益保障
相关软法理论

第一节 软法的本体理论

对公权力而言，其行使的方式有多种，以法治而非人治的方式是依法治国的追求目标。在我国，以往公权力主要通过硬法规制发挥作用，但由于硬法存在一些不足，导致其社会治理的效果受到局限。随着软法研究的兴起，通过软法的方式规制公权力逐渐成为可能。将软法理论与船员权益保障相结合，通过理论指导实践，无疑对船员领域的法治建设具有深远意义。

一、软法概念、特征及基本构成

（一）软法的概念

软法（soft law）发端于国际法学，与国际组织的形成密切相关，最早可以追溯至 100 多年前的国际商会示范性规则。20 世纪 70 年代，由于人权及环保领域大量文件的出台，软法在国际上得到了法学界的逐步重视。国际软法产生的直接原因是一些国际条约需要通过增加非强制性内容来扩大国际共识，最终达到使国际公约尽快通过的目的。根据弗朗西斯·施尼德（Francis Snyder）对软法的经典描述，软法是"原则上没有法律约束力，但是却有实际效力的行为规则"。① 软法现象广泛存在于人们的社会生活中，目前学界将软法区分为国际法和国内法。

在国际法语境下，由于早期一些研究学者认为软法有可能被权力主体所利

---

① Snyder. Soft Law and Institutional Practice in the European Community [M]. London：Kluwer Academic Publishers，1994：198.

用，故主张"软法非法"；① 还有的学者持"软法虚无主义"观点。② 随着欧盟软法实践的成功和大量国际公约软法性条款的应用，理论界已经很少再质疑国际软法的法律属性。

在国内法语境下，主流观点倾向于"软法亦法"，对软法概念的描述基本没有跳出施尼德定义的范畴，例如，罗豪才先生认为，软法是指"不能运用国家强制力保障实施的法规范体系……其实施不依赖国家强制力保障，而主要依靠成员自觉、共同体制度约束、社会舆论、利益驱动等机制"，③ "是一种法律效力结构未必完整，无需依靠国家强制保障实施，但能够产生社会实效的法律规范"。④ 还有学者认为，"法的特征使软法的定位得以确立"。⑤ 虽然学者大多认同软法具备法律属性，但如何准确界定软法，认识却并不统一，其中有些倾向值得警惕：一是泛软法主义，即只要具有约束力，无论显性的或隐性的都是软法。⑥ 这一观点的缺陷较为明显，例如无法区分法律与道德、文化之间的区别。法律不可能约束思想，但道德可以。将软法外延无限扩展，会对软法研究造成根本性损害。二是不可定论，认为软法是一个只能意会不可言传的概念。⑦ 法学研究作为一门社会科学，是社会关系和思维活动的反映。软法作为新兴理论，需要进行各类观点的展示与冲突，这是所有法学理论走向成熟的必然过程。一般来说，传统概念上由有权机关制定，并通过国家强制力保障实施的规范性文件称作硬法，而与之相对，一些能起到一定规制作用，但并非属于"硬法"范畴的成文规范，可以归到国内软法范畴。

---

① 该学者认为"软法"从本质上看是有缺陷的，其缺乏坚实的理论基础，在国家实践和司法实践方面少有支持，传统的法律二元划分可以起到软法作用，软法与法治理念是相冲突的，甚至无存在必要。

② 该观点认为，只有国家制定、认可，并且是依托国家强制力作为最后保证的法律才是真正意义上的法。由于软法没有法律约束力，所以不是法。

③ 罗豪才，宋功德.认真对待软法——公域软法的一般理论及其中国实践 [J].中国法学，2006（2）：24.

④ 罗豪才，宋功德.软法亦法——公共治理呼唤软法之治 [M].北京：法律出版社，2009.

⑤ 姜明安.软法的兴起与软法之治 [J].中国法学，2006（2）：27.

⑥ 例如代表人物梁剑兵的观点，其将软法分为十二类，包括国际法；不确定的规则和原则；作为硬法半成品的某些法律渊源；法律意识与文化；道德规范；民间法；国家机关政策性文件；程序法；宣告性质的法条；可裁量性条款；法律责任难以追究的法律；党的政策等。参见梁剑兵.软法律论纲——对中国法治本土资源的一种界分 [G] //罗豪才.软法与公共治理.北京：北京大学出版社，2006：341.

⑦ 学者王申认为，软法深刻反映西方后现代主义思潮的影响，后现代主义本身的不可言说与不可表达等模糊性特征，使得对软法描述也显得特别困难。参见王申.软法产生的社会文化根源及其启示 [J].法商研究，2006（6）：72.

　　笔者比较倾向于罗豪才的定义，但需要将其不依赖国家强制力保障修正为不直接依赖国家强制力保障，即软法规范是不直接依赖国家强制力保障实施，而主要依靠成员自觉、共同体制度约束、社会舆论、利益驱动等机制实现的法律规范体系。之所以强调不直接依赖国家强制力保障是因为在现实社会生活中，人们还无法得出社会公权力更具理性的判断。目前尽管国家公权力并不直接介入社会公权力领域，但从应然角度来看，仍需要国家公权力作为社会公正的底线，否则，像船员无端被公司投诉上黑名单、学生受不合理处分、职工受不公正对待等问题将由于没有救济渠道而无法实现个体与社会的公平和公正。

　　法律作为社会科学并非一成不变，而是会随着时代的变化而不断变迁，以立法为例，从社群行为法则到国家出现后对立法权的垄断，再到由于公权力分化及社会组织等其他主体参与立法，立法呈现出从分散到集中，再到形成一定程度分化的发展变化。软法理论再次改变了人们对传统"法"的认识。研究软法应该回到那个永恒的主题——"法是什么"，法的概念仍处在不断发展中。法学是一门理论与实践相结合的科学，"应该随着社会实践的变化对法的概念进行修正，满足社会发展的需要"。① 在我国，法律是国家意志的体现，由国家制定或认可，并依靠国家强制力保证实施的社会规范，② 该观点可归于分析实证法学派的观点。在法的发展进程中，分析法学派一直受传统自然法学派和后起的社会法学派的两大主流法学派的挤压，例如"活法"（Living Law）③ 概念的提出扩大了法的范围。"民主国家的法本身不能推导出'国家强制力'与'国家制定'这两个要素"。④ 在实践中，一方面，公众期望参与公共治理的社会责任感强烈，对社会公正秩序和个人自由追求更加深切，信息网络技术发展也为公众参与公共治理提供了条件。另一方面，国家单一主体治理日渐衰落，公权力滥用现象时有发生，管理效率低下且政府公信力逐渐削弱。为适应现代社会发展，传统法学理论需要重大突破。更多社会事务不仅可以通过国家

---

① 尚杰.国际软法问题研究［D］.长春：吉林大学博士学位论文，2015.
② 张文显.法理学［M］.北京：法律出版社，2007：106－110.
③ "活法"最早由奥地利法学家埃利希（Ehrlich）提出，后经美国法学家庞德（Pound）进一步发展。"活法"有以下特点：一是强调法的社会效果，指出在追求社会秩序的过程中法已成为社会秩序本身；二是活法是丰富的规则系统，不仅包括国家法，而且还包括道德、宗教、习惯、政策、社会组织和次群体规则、司法规范等；三是活法是一种在现实生活中实际支配人们行为的制度、行为过程以及其他诸多非规则性法。总之，活法理论强调法的社会效果和功能，但由于活法过于宽泛，导致理论研究无法得到突破，而"软法"的提出，从某种意义上讲也是对"活法"理论的一种纠偏。
④ 罗豪才.软法的理论与实践［M］.北京：北京大学出版社，2010：4.

强制力保障，而且还可以依靠内部自治、舆论压力、信用评价等手段实现规制。软法在名称中虽然有"软"，但很多情况下其效果并不软，例如，在社会信用管理方面，通过降低个体或组织信用评价手段，可达到减少或限制交易机会、增加行为成本的效果。另外也可以通过软硬结合的方式使之具有硬效果，例如仲裁活动中的司法保障。一方面，在现代社会公共治理中，软法的存在是一个客观现象，要实现公共治理的法治化和"善治"目标，不能不研究软法；另一方面，公共治理也不能仅依靠软法不依靠硬法，宪法之下的软硬法混合模式才是公共治理的恰当模式。①

（二）软法的特征

虽然软法形态各异，但作为法律的一种基本表现形式，其与硬法一样都具有法律的共性特征。同时软法作为与硬法相对应的范畴，还表现出一些个性特征，通过对软法特征的认识可以更好地理解软法。

1. 软法表现出法的共性特征

有学者认为，法因其公共性而区别于私人契约，因其普适性而区别具体行为，因其提出规范性要求而区别于对现实的描述，因其拘束性而区别于政治宣言，因其实施要诉诸外部公共权力而区别于内心的道德规范。法的这些共性为硬法与软法所共享。②

（1）侧重反映其他共同体的公共意志。软法在不与国家意志相抵触的前提下，反映其他共同体的公共意志，主要表现在政策引导、社会自治，行业自律、权力裁量等领域。如果硬法因其国家意志的血统而自然拥有一种似乎不言自明的正当性，那么，软法制度的安排则需要通过普遍认同的方式来谋取正当性。③

（2）不针对特定个体。就法律的普适性而言，软法不针对特定个体，但与硬法有明确的时间、空间、对人、对事四个普适性基本要素必不可少的特点相比，软法四要素未必齐全，同时不同软法的"普适"程度差异较大，范围大小

---

① 罗豪才.软法的理论与实践［M］.北京：北京大学出版社，2010：2.
② 罗豪才，宋功德.认真对待软法——公域软法的一般理论及其中国实践［J］.中国法学，2006（2）：24.
③ 罗豪才，宋功德.认真对待软法——公域软法的一般理论及其中国实践［J］.中国法学，2006（2）：24.

和时间长短都不统一。

（3）侧重于为主体的行为选择提供导向。就法律的规范性而言，软法侧重于为主体的行为选择提供导向。与硬法抽象地设定一套明确的行为模式不同，软法通过描述背景、设定指标、宣示立场、规定目标、确认原则等方式要求主体为或不为某种行为，而在对主体行为引导的同时也是对权利和义务进行配置，二者之间的区别主要在于对行为细节的关注程度及行为选择规范要求的强弱。

2. 软法的个性特征

（1）软法制定方式富有弹性。与硬法创制需要遵循严格的法定程序相比，软法推崇柔性治理和综合治理。例如软法需要经过多方协商，或通过国家有关机构及自治组织认可，或通过确定标准，或体现为共同体的内部自治规范等。软法这种特征也决定了其创制主体的平等多样性以及过程的开放性。

（2）软法的实施不直接依赖国家强制力保障。软法更多依靠其社会性来实现其所主张的公共意志或社会共识。首先，社会舆论、信誉评价、同行监督、利益诱导、道德自律等方式是实现软法规制的主要方式，无需依赖国家专门机构实施。其次，自治性软法目标的实现主要运用社会公权力对共同体内部成员进行奖励或制裁。最后，软法更多以对硬法提供可替代措施、指南和解释文件等形式出现。一般来说，软法虽然不直接依赖于国家强制力，但国家强制力却可以发挥间接保障作用。另外，从应然的角度看，依据软法所做的决断或因软法的实施而受到不当损害的，仍有必要通过国家强制力予以保障或纠正，所以，国家强制力是否直接发挥作用也是判别软法的特征。

（3）软法体现非司法中心主义。软法不仅包括成文规则，而且还包括其执行和实施机制。与硬法坚持司法中心主义不同，软法不排斥司法适用，但司法适用并非软法实现效力的唯一方式。与司法的事后制裁导向不同，软法更注重过程的控制，例如，通过报告制度、风险控制、评估机制、标准确立、公示制度、仲裁调解等实现规范公共关系的目的。

（4）软法的位阶并不明晰。与硬法侧重反映纵向关系不同，软法更侧重反映其他公共意志之间的横向平行关系。这种现象的背后是由于社会复杂性决定的，社会共同体并不能严格区分出上下层级，而是相互渗透和交错，这也导致了软法无法像硬法那样可以明确区分出位阶，而主要呈现出模糊的状态。

（三）软法构成的基本单位

罗豪才认为，软法由部分国家法规范和全部的社会法规范共同构成。[①] 由于软法表现形式多样，其称谓也不统一，包括纲要、章程、标准、规程、指南、建议、规定、宣言、备忘录、通函、规划、手册，以及各类的示范法、指导法、扶持法等，[②] 所以，判断某种规范是否软法不仅要看其名称，而且还应从其特征进行考察，其是否直接依靠国家强制力保障，综合考虑法规范的性质和效力的程度，在二者容易混淆时，还有必要从基本的层面去衡量和判断。理想的硬法规范应是拥有完整逻辑结构的同时还具有假定、行为模式和法律后果。而逻辑结构是并不完整的法规范，例如假定上没有设定具体情形、行为模式没有明确"禁止"或"应为"、法律后果缺失或是积极性的，则这些法规范除去因立法瑕疵造成的以外，大部分都是立法刻意的安排。由于法规范与法律条款并非一一对应，甚至一个逻辑结构完整的法规范有可能分散在不同法律中，所以，在国家法中判断一个法规范是否完整需要在整个法规范体系视野中寻找。从这个视角看，我们有时很难再简单说哪部国家法是纯粹的硬法或软法，正如一些学者认为，"软法还包括法律、法规、规章中没有明确法律责任的条款"。[③] 由于本书主要从船员权益的视角对软法进行应用层面的研究，为便于论述，不会在法规范层面展开讨论，在涉及现有法律时，也主要根据软法成分的比重和起到的作用程度进行概括性的描述。

二、软法的分类

一些学者对软法分类有不同看法，例如罗豪才认为，软法"可以分为国家机关制定的规范、国家机关与社会公众共同制定的规范、社会团体自主制定的规范。在我国，还包括执政党制定的政策性规范"。[④] 姜明安认为，软法主要为社会团体和国际组织所制定。宋功德认为，软法可以分为由国家制定或者认

[①] 罗豪才，宋功德.软法亦法——公共治理呼唤软法之治 [M].北京：法律出版社，2009：300.
[②] 罗豪才，宋功德.认真对待软法——公域软法的一般理论及其中国实践 [J].中国法学，2006 (2)：17.
[③] 姜明安.软法的兴起与软法之治 [J].中国法学，2006 (2)：26.
[④] 罗豪才.公域之治中的软法 [J].中国法律，2006 (4)：6.

可的软法与其他公共机构制定与认可的软法。综合上述观点，笔者从国家公权力、社会公权力和国际公权力三个维度将软法分为：国家软法、社会软法和国际软法，这种考虑更接近软法背后权力运行的本质，其中国家软法和社会软法为国内软法范畴。本书对国内软法和国际软法在研究角度上存在一定区别，对国内软法而言，由于相关理论尚未成熟，故更多体现在软法成分较大的某一领域进行应用层面的论述，但在国际软法范畴，由于软法实践已经相对成熟，形成了较为完善的公约软法立法技术，所以，在国际软法内容中着重对立法技术和作用进行关注。在大部分情况下，软法并非只在一种公权力支配下运行，而是由国家公权力、国际公权力和社会公权力中三者或两者共同作用下产生的混合软法，本书将根据三类公权力在其中主导作用的软法类型在相应软法部分进行讨论。另外，部分学者还主张根据规范的内容不同将软法分为实体软法和程序软法。[①] 相对而言，学界对程序性软法的研究尤其缺乏，本书在这一领域的研究为探索性质，所谓程序软法是关于软硬法中关系程序上权利与义务的规定，主要由非国家司法机关实施或主要依据内部规则（指引文件）实施的，例如民商事仲裁、调解等程序。

（一）国内软法

1. 国家软法

国家软法的制定主体是国家机关，在国家软法中起主导作用的是国家公权力。与硬法制定主体有严格的法律要求不同，国家软法的制定主体更加宽泛，不限于《立法法》中所规定的有权机关和部门，其范围将扩大为能对外发布文件的大部分国家机关，像司法机关发布的案例指导意见，行政部门的行政行为的裁量标准和要求，以及各党政机关对外公开发布的公共政策等，这些"国家法"[②] 之外的规则，常以方案、指南、意见、办法、标准等形式对外发布。同时，由于软法与硬法并非完全割裂，部分软法则以硬法的配套规定存在或通过软法进行前期探索引导，而在条件时机成熟时通过硬法予以确认。相较而言，国家软法与硬法在制定主体上存在一定重叠，而且有立法权的国家机构或部门

---

① 严红.国际商事仲裁软法探究 [J].社会科学战线，2016（10）：202.
② 国家法与硬法一样，被一些学者用来作为软法参照物，从这点上说，国家法与硬法有相同内涵，即由享有立法权的国家机关制定，作为人们的共同行为准则，以国家强制力保证其实施。参见翟小波."软法"及其概念之证成——以公共治理为背景 [J].法律科学，2007（2）：3-10.

也会发布软法文件，由于是国家公权力主导，其实效性明显，有时将二者完全分开并不容易。涉及船员领域的国家软法主要有以下类型。

（1）组织类软法。涉及船员的部门划分及其职责是否明晰合理将对船员的权利义务产生重大影响。在涉及部门划定和职责划分方面，我国有《宪法》《全国人民代表大会组织法》《国务院组织法》《法院组织法》等硬法，但具体涉及国务院各部门职责、各部门之间和部门与地方的职责界定方面，软法占据了主要比例，主要由中央编制委员会的发布①或以部际、部门与地方之间协定等形式确定。② 中央编制委员会在我国定位特殊，2018 年 3 月发布的《深化党和国家机构改革方案》③ 重新将其划归口中央组织部管理，由其发布的文件无法在国家硬法体系中定位。由于这些文件协议没有依据法律程序经国家立法机关制定或认可，也不通过国家司法保障，所以，更符合软法特征。另外，组织类硬法与一般法律有明显不同：一是大多是宏观的规定，④ 例如 1982 年的《国务院组织法》只有 12 条，主要涉及部门岗位职责和一些程序性原则要求，并无违反的法律责任或程序保障等一般法律所具备的结构。二是从某种角度来看，国家也是一种集合共同体，其内部职责类规则类似于软法体系自律。三是自成体系，一般不直接涉及社会其他主体的权力和义务。由于此种组织类硬法和软法存在某种内在的联系，导致两者具有类似的特征。党的十八大以来，国家法治建设愈加完善，国务院机构大范围调整会通过人大的审批决定，⑤ 并形成了相对成熟的通过"三定"规定⑥确定组织职责的做法。本书将部分组织类规范划归为软法，并非对此类规则的最终定性，主要是对国家机构和部门职责类规则软法的属性进行研究。

（2）公共政策。第二次世界大战后，公共政策学在西方逐渐成为跨学科、

---

① 例如《中央机构编制委员会办公室关于中华人民共和国海事局（交通运输部海事局）主要职责和人员编制的批复》（中编办字〔1998〕40 号）对海事局的职责进行界定。
② 例如《农业部、交通运输部关于水上交通安全管理分工问题的通知》（〔1989〕农（渔政）字第 19 号）对渔业船舶的安全监督管理和港口水上交通安全秩序的管理分工进行了明确。
③ 深化党和国家机构改革方案 [EB/OL]. [2018-10-16]. http://www.12371.cn/special/shjggg/.
④ 学者梁剑兵在其所定义的 12 种软法中，将只有实体性权利宣言而无相应程序保障的法律归为软法的范畴。参见梁剑兵. 软法律论纲——对中国法治本土资源的一种界分 [G] //罗豪才. 软法与公共治理. 北京：北京大学出版社，2006：341.
⑤ 《第十二届全国人民代表大会第一次会议关于国务院机构改革和职能转变方案的决定》于 2013 年 3 月 14 日批准通过。《第十三届全国人民代表大会第一次会议关于国务院机构改革方案的决定》于 2018 年 3 月 17 日通过。
⑥ "三定"规定是中央机构编制委员会办公室对国务院所属各部门的主要职责、内设机构和人员编制等所作规定的简称。

综合性的新研究领域，① 并成为独立学科。学科主要研究目的是通过理顺国家与社会和市场关系，为解决复杂多变的现实社会和市场问题提供新的视角。戴维·伊斯顿（David Easton）认为，"公共政策是对全社会的价值做有权威的分配"，② 很好地揭示了公共政策与社会利益的关系。另外，西方公共政策研究关注与法律之间的联系，其政策研究中很重要的部分就是思考立法和行政权在政策制定时候的互动，③ 说明了公共政策与法律具有类似的社会规范作用。

2000 年前后，国外先进理论与中国政策实践相结合，初步形成了具有中国特色的公共政策学科，④ 公共政策学进入中国后快速发展，与法学已经形成了广泛交叉的局面。对公共政策和法的关系有广义和狭义两种认识。广义说认为，凡是为了解决公共问题，涉及公共利益的制度都可视为公共政策，⑤ 甚至有学者认为法律可以被看作公共政策的组成部分，法学是公共政策学的子学科，⑥ 该论点对公共政策的定义由于过于宽泛，故没有得到普遍认可。狭义说认为，公共政策是除国家法外具有一定效力的规则和制度，并构成了非正式的法律渊源，国内学者多引用埃德加·博登海默（Edgar Bodenheimer）的观点，认为公共政策主要是指尚未被整合进法律之中的政府政策和惯例。⑦ 狭义的公共政策定义与软法定义高度契合，已经被纳入软法视野研究。"公共政策作为软法是中国当下社会活动中重要的规范，对社会生活各领域起到实际规制作用"。⑧ 狭义说也是本书研究公共政策的出发点。公共政策与法律有着密切的联系，一方面，政策可以通过法律实现固化，公共政策在硬法领域占有一席之地。另一方面，公共政策也成为软法的重要组成部分。将公共政策纳入经软法扩展的法学范畴已经具备了初步条件。

公共政策是"政策"的一种。一方面，截至 2016 年，我国含有"政策"一词的法律共计 88 件，法律条款 247 条，⑨ 例如《宪法》中提到"中国坚持

---

① 龚志祥.民族政策过程及实证分析［M］.北京：中央民族大学出版社，2010：13.
② 戴维·伊斯顿.政治体系——政治学状况研究［M］.马清槐，译.北京：商务印书馆，1993：5.
③ 赵德余.实施公共政策：来自跨学科的声音［M］.上海：上海人民出版社，2013：3.
④ 舒泽虎.公共政策学［M］.上海：上海人民出版社，2005：16.
⑤ 周永军.公共政策的法律理解与司法运用［J］.金陵法律评论，2012（春季卷）：45.
⑥ 刘小吾.解读公共政策［J］.湖南社会科学，2009（4）：185.
⑦ 江再国.试论公共政策［J］.宁波大学学报（人文科学版），2004（1）：111.
⑧ 张睿.软法与公共政策［G］//罗豪才.软法的理论与实践.北京：北京大学出版社，2010：160.
⑨ 彭中礼.政策概念的法规范分析［J］.安徽大学学报（哲学社会科学版），2016（3）：116.

独立自主的对外政策",原《民法通则》第 6 条规定:"法律没有规定的,应当遵守国家政策"等,这说明"政策"在我国法律体系当中是一个重要的法律概念。另一方面,何为"政策"在法律文件中没有说明,法学理论研究也刻意回避。改革开放后,基于历史教训,学者认为,"中国的法理学研究是在'制定法'层面展开的……'政策'被坚定地排除在法理学研究领域以外"。① "政策"一词的广泛应用和政策在法律层面研究的空白是不正常的。对于政策含义,有学者认为"政策乃政府选择作为或不作为的行为",② "国家政权机关、政党等社会政治集团为了实现自己所代表阶层的利益与意志,以权威形式规定在一定的历史时期应该达到的奋斗目标、遵循的行动原则、完成的明确任务、实行的工作方式等"。③ 由此可以看出,政策具有广泛外延。在我国,执政党政策作用更加明显,体现在国民社会生活的方方面面。④ 但在法学研究中,政策主要指由国务院和其所属部委制定的国家政策,⑤ 其中国家公权力是国家政策的主导力量。

在国家政策中侧重于公共领域和利益的又被称为公共政策,可以认为,公共政策是由公权力主导的公共机构为实现公共目标而制订并实施的各类规定办法等。⑥ 公共政策对社会的存在、运行和发展起到导引、协调、控制、分配的作用。⑦ 公共政策涉及决策、实施、评估等过程,在方式上也更关注官僚模式和社会动员模式的结合与互动,在权力运作和民意之间寻找契合点。公共政策从内容上分为:经济政策、文化政策以及船员政策等;从适用范围看,有国家政策、地区政策或行业政策等。尽管公共政策逐渐受到理论界的重视,但以法律视角研究公共政策,将其与公权力运行、实现社会治理等相结合的研究并不多。单从学科发展的角度看,实现学科融合、去繁入简也是当前打破学科间藩篱的内在需要。

(3)行政裁量控制文件。"行政法的精髓在于裁量"。⑧ 行政裁量是指国家行政机关在其职权范围内,基于法理或事理对某些事件所做的酌情处理的行

---

① 吕明. 政策是什么——对我国法理学研究"去政策化"现象的反思 [J]. 法学论坛,2010 (3):26.
② 王曦阳,王伟杰. 浅析公共政策内涵的视角变迁 [J]. 公共管理,2006 (8):10.
③ 陈彬. 渐进的法治应当辩证看待政策的准据作用 [J]. 中国政党干部论坛,2017 (1):63.
④ 张睿. 软法与公共政策 [G] //罗豪才. 软法的理论与实践. 北京:北京大学出版社,2010:137.
⑤ 彭中礼. 政策概念的法规范分析 [J]. 安徽大学学报(哲学社会科学版),2016 (3):116-117.
⑥ 王曦阳,王伟杰. 浅析公共政策内涵的视角变迁 [J]. 公共管理,2006 (8):10.
⑦ 胡宁生. 现代公共政策学——公共政策的整体透视 [M]. 北京:中央编译出版社,2007:25.
⑧ Charles H. Koch. Judicial Review of Administrative Discretion [J]. George Washington Law Review,1986 (5).

为，而自由裁量权是指在行政事务的处理上，法律法规仅有原则性要求而无明确规定，只提供了多种选择或可供选择的一定范围，由行政部门进行抉择的权力。软法可以通过设立裁量基准、遵循先例、制定自律规范等方式规范行政裁量行为选择，发挥硬法无法达到的主导性作用。① 行政自由裁量控制理论的前提基础是认可行政自由裁量的存在，允许行政机关拥有自由裁量权，目的是为了解决硬法僵化滞后所带来的困扰。行政裁量既包括具体的行政裁量行为，也包括类似于抽象行政行为的软法——裁量基准及其配套办法。由于行政裁量基准并非正式的规范性法律文件，也不具有对外效力，只是约束内部执法行为的参考标准，所以，其具备软法基本特征，属于软法范畴。

2. 社会软法

虽然社会软法的主导力量是社会公权力，但国家公权力和国际公权力也会在社会软法中起到保障、引导的作用。讨论社会公权力的前提是对公共行政主体多元化的认可，以往行政法通说认为行政主体主要是国家行政机关与法律授权组织，但随着公共行政在世界范围涌起，传统行政法观点受到挑战，"传统行政法理论最大的缺陷在于其只关注国家行政而冷落社会行政，主体上只注重国家授权的组织形态而忽视基于社会自治而形成的多元化主体"。② 由于传统行政法理论的理论缺陷无法应对社会权力主体多元化所带来的实践挑战，需要更新传统行政法中的相关概念，由国家行政向公共行政③转变，故"公共行政"在本书也并非传统法学理论中与立法、司法所对应的狭义行政含义，而是指公共管理社会化的一种方式，具体指公共管理和服务主体由政府与社会共同治理的方式，也有学者将这种行政称为社会公共行政，④ 公共行政在本书涵盖了社会主体通过社会公权力制定、实施社会软法的相关内容。

对于执政党内部规范，尽管有学者认为其属于软法范畴，⑤ 但在我国政治体制下，这些规范由于具有制定程序严格、有类似的审判机构（纪检监察机关）等特点，笔者认为上述特点与软法特征并不完全符合，故本书论述不涉及

---

① 宋功德. 行政裁量法律规制的模式转换 [G] //罗豪才. 软法的理论与实践. 北京：北京大学出版社，2010：128.
② 余凌云. 行政主体理论之变革 [J]. 法学杂志，2010 (8)：34.
③ 张继恒. 非政府组织的行政主体地位研究 [D]. 南昌：南昌大学博士学位论文，2016：32.
④ 石佑启. 论行政法与公共行政关系的演进 [J]. 中国法学，2003 (3)：55.
⑤ 罗豪才. 软法与公共治理 [M]. 北京：北京大学出版社，2006：89.

执政党内部规范。涉及船员领域的社会软法主要表现为以下几类。

（1）信用类软法。将文明社会发展为信用社会是法治的重要目标。[①] 近年来，在中国经济建设取得巨大成就的同时，社会诚信的状况却面临巨大挑战。信用缺失已经成为危及社会根本的"公害"。部分船员持伪造适任证书任职、伪造船上工作资历或违反合同约定不认真履职等失信问题也屡见不鲜。

"信用"一词起源于经济学领域，市场经济本质上是信用经济。[②]《牛津法律大辞典》将信用定义为：信用"指在得到或提供货物或服务后并不立即而是允诺于将来给付报酬的行为"。随着研究的深入，信用已从经济学领域延伸至社会学领域，并相互影响。[③] 信用至少包含三层含义：一是道德范畴内，是社会主体日常交往中应诚实守诺的行为基本准则。二是在经济活动中，是一种建立在偿付承诺基础上，使义务人无须即刻付出金钱就能获取服务或钱物的能力。三是在法律层面，是依法可实现的利益期待，若违反将承担相应的法律责任。

在社会领域，通过国家公权力进行全面介入既不现实，也会由于私权固有的警惕性而降低国家公权力的努力效果。国家公权力管制不应是构成社会信用体系的主体，而应当是私主体在社会经济活动中形成的信用关系。[④] 在社会信用建设方面，硬法和软法均发挥着独特的作用。具体来说，硬法主要从原则框架要求、职责分工和个体权利保障的角度体现。例如《民法典》第5—7条规定，民事活动应当遵循自愿、公平、等价有偿、诚实信用的原则。2013年国务院发布的《征信业管理条例》以及各部门发布的相关领域的信用规定[⑤]则细化了信用主管部门职责及对失信对象的惩处。国家软法主要在产业规划、理念引领、目标确定等方面通过一些配套指导性文件发挥作用，例如，国务院于2016年发布《关于加强个人诚信体系建设的指导意见》及配套软法文件。社会软法主要在实践中对个体产生影响，例如铁路公司对失信旅客的售票服务限制，以及金融业对失信客户的金融服务限制等，社会主体正逐渐成为信用建设的重要力量。

---

① 张力.信用社会的软法治理——以赔礼道歉的法制化为视角 [J].河北法学，2013（2）：14.
② 廖永安，谭曼.以信用立法推进社会信用体系建设 [N].光明日报，2018－02－19（3）.
③ 宋清华.信用管理概论 [M].北京：中国财政经济出版社，2010：45.
④ 谢旭.突破信用危机——当前中国信用问题的理论探索与解决方案 [M].北京：中国对外经济贸易出版社，2003：2.
⑤ 交通运输部于2017年5月发布了《海事信用信息管理办法》。

（2）标准类软法。随着全球一体化的不断深入，没有哪个国家可以闭门发展，而标准则是企业间、国际行业发展的通用"语言"。标准方面的国际组织主要有：国际电工委员会（IEC）和国际标准化组织（ISO）。根据 ISO/IEC 定义，标准是指为满足一定目的，经协调一致并由公认机构批准，涉及材料、产品、流程、服务，并包含要求、细节、指南或特性，可供反复使用的一系列文件。① 标准已经深入人们社会生活的方方面面，从最初的工业拓展到包括农业、服务业和政府公共服务等领域。标准化向我们展现的已经不只是由具体商品所构成的物质世界，而逐步演变成为一种现代社会治理的理念和方式。②

2018 年修订生效的《标准化法》对标准进行了重新划分，包括团体标准、行业标准、企业标准、地方标准和国家标准，其中，国家标准分为强制性和非强制性两类，除了强制性国家标准外，其余全部是推荐性标准。另外我国许多领域直接采用国际标准，所以，国际标准也是我国标准体系中的组成部分。强制性国家标准只在符合"对保障人身健康和生命财产安全、国家安全、生态安全以及满足经济社会管理基本需要的技术要求"③ 条件下才能被制定，国家公权力在标准领域被一定程度地限缩，目前在国家标准化管理委员会公布的各类标准数量共计 14 万余件，其中行业标准最多占 44%，团体标准作为新的标准类型呈指数级增长。2018 年 1 月—10 月 1 日就实现了从 0—3 850 件的跨越，而强制性国家标准只有 1 962 件，占公布标准数量的 2.3%，上述还不包括更多无需备案的企业标准。

标准符合软法特征：一是标准已经成为社会治理的重要手段，其"强制性与推荐性结合"模式与法规范的"软硬法兼施"表现高度契合；二是标准的制定过程没有经过严格的立法程序；三是在标准的制定和实施中主要不体现国家中心主义，而是通过社会主体制定和实施；四是标准虽然不是硬法，但却在社会生活中起到了显著的规制作用，但在保障上，除了强制性标准，其他并不需要国家强制力直接保障。由此可以判定"标准化是软法和软治理的一种具化，是软法的表现形式"。④

与软法硬法的关系类似，标准也呈现出强制性标准与推荐性标准可以相互

---

① 参见 ISO 官方网站定义 ［EB/OL］. ［2019 - 10 - 17］. https：//www. iso. org/standards. html.
② 林良亮. 标准与软法的契合——论标准作为软法的表现形式 ［J］. 沈阳大学学报，2010（3）：42.
③ 参见 2018 年《标准化法》第 10 条.
④ 林良亮. 标准与软法的契合——论标准作为软法的表现形式 ［J］. 沈阳大学学报，2010（3）：39.

补充和转化的特点，推荐性标准的效力会在一定条件下向强制性转化：一是推荐性标准被相关法律文件引用，则该推荐性标准具有相应的强制约束力；二是推荐性标准被企业进行了自我声明公开的，企业必须执行该推荐性标准；三是推荐性标准被合同双方作为产品或服务质量依据的，该推荐性标准对合同双方具有约束力。

单就强制标准本身而言，其强制性属性的来源主要来自引用它的法律法规，其本身并不经法律程序制定和生效，也没有制裁性规定，不属于硬法，但由于强制性标准由国家强制力保障，与单纯软法区别明显，另外企业标准不具有公共性，所以本书对软法标准的认定限于除强制标准、企业标准和军事标准以外的其他推荐性标准。

将标准纳入软法范畴具有重大意义：一是一直以来，标准长期游离于法律范畴外作为独立的社会治理机制，对其发展无疑是不利的；二是二者在社会治理目标上是统一的，通过软法理论可以较好解释标准的运作机制，将标准纳入法律范畴，并更加有利于其发展；三是软法也可以通过涵盖标准而扩大其适用范围，对于目前尚处于割裂状态的社会治理诸多方式和手段来说，这无疑向着法治统一方向又迈进了一步；四是从理论指导实践的角度看，运用软法理论可以解决标准化过程中存在的相关问题，故有必要将标准视为软法的重要渊源之一，以此共同推动中国软法和标准化理论研究与实践。

（3）程序软法。与硬法一样，软法不仅包括具体实体规范，而且还包括明显有别于硬法的程序规范，主要体现在纠纷解决机制方面。纠纷解决机制是指争议当事人用以化解和处理纠纷的手段和方法。传统纠纷解决机制分为公力救济、社会救济和私力救济三种，其中，公力救济分为司法救济和行政救济；社会救济包括调解和仲裁；自力救济包括交涉、协商等其他方式（见表 3-1）。

表 3-1　纠纷解决机制的传统分类

纠纷解决机制	公力救济	司法救济
		行政救济
	社会救济	调　解
		仲　裁
	私力救济	交涉、强制

随着替代性纠纷解决机制（Alternative Dispute Resolution，ADR）① 理念的引入，目前学界已确立以是否经诉讼程序作为标准将纠纷解决机制分为经诉讼和非经诉讼两类。国内有学者认为，"ADR 是指在法庭审理之外通过仲裁和调停等形式由第三人参加自主解决纠纷的方法"。② ADR 具有当事人高度自主、程序灵活、开放包容、不依据现有法律法规、通过 ADR 所达成的协议和裁断不具有直接法律约束力等特点，③ 我国 ADR 包括：仲裁、调解、协商、和解等方式。④ 由此可见，大部分 ADR 方式具备软法特点，已有学者敏锐地将程序软法与 ADR 联系起来研究，认为"软法不仅表现为静态的法规范，而且还表现为动态的公共治理手段"，⑤ 与诉讼相比，仲裁、调解等程序软法符合软法所推崇的非司法中心主义的纠纷争议处理方式，与"硬法"的法院裁判、行政复议等机制相对应。⑥ 这些具有软法特征的程序性规则，有学者称之为"程序软法"⑦ 或"社会司法体系"，⑧ 本书倾向于"程序软法"的称谓。由于双方和解没有公权力介入而不具有法之共性，故不属于程序软法。另外，尽管调解在我国广泛应用，但笔者有如下考虑：一是调解在我国形式过于繁杂，包括行政调解、司法调解、人民调解等；二是学界对调解在解决社会纠纷方面仍存在疑虑，例如会增加额外的社会成本，一些矛盾只是暂时被掩盖，难以体现公平、公正等；三是对本书而言，调解在解决船员纠纷方面的作用并不明显，故本书只将民商事仲裁中的海事仲裁加以重点论述。

海事仲裁主要依据仲裁机构自己制定的仲裁规则，这些规则是软法的一种表现形式。1958 年联合国通过的《关于承认和执行外国仲裁裁决公约》（简称《纽约公约》）为国际社会提供了一个普遍接受的承认及执行外国仲裁裁决的体系。缔约国的仲裁裁决可以在 159 个国家的法院得以申请和执行。《纽约公

① 国内对 ADR 理解并不一致，广义理解包括诉讼在内，狭义理解不包括诉讼在内，本书取狭义理解。
② 陈攀，贾连杰.从美国的 ADR 看我国诉讼调解的困境与出路［J］.河南省政法干部管理学院学报，2000（1）：88.
③ 杜闻.论 ADR 对重塑我国非诉讼纠纷解决体系的意义［J］.政法论坛（中国政法大学学报），2003（3）：152.
④ 李小萍.浅论 ADR 在我国的本土化［J］.法制与经济，2010（4）：31.
⑤ 何伦坤.劳动争议调解实效的软法求解［J］.理论探索，2013（3）：119.
⑥ 徐靖.软法的道德维度——兼论道德软法化［G］//罗豪才.软法的理论与实践.北京：北京大学出版社，2010：78.
⑦ 严红.国际商事仲裁软法探究［J］.社会科学战线，2016（10）：201.
⑧ 柳玉祥.社会司法体系构建研究［J］.法治现代化研究，2017（1）：142.

约》对各国立法和国际软法理论与实践均产生了非常重要的影响，也使得通过海事仲裁手段在全球范围内保障中国船员权益成为可能。

我国自 1986 年加入《纽约公约》以来，仲裁理念逐渐与世界接轨。我国仲裁制度根据主导主体不同主要分为两大类：一类为国家公权力主导的行政仲裁，① 这些仲裁由于受国家公权力干预程度大，自治程度低而无法归入软法范畴；另一类属于由社会公权力主导的民商事仲裁，其中包括海事仲裁。由于仲裁活动主要依据仲裁机构的仲裁规则、相关指导性文件和当事人意思自治开展，例如《中国国际经济贸易仲裁委员会证据指引》《中国海事仲裁委员会仲裁规则》等，这些文件非国家立法机关制定，仲裁活动的开展也主要依靠仲裁机构的组织实施和当事人意思自治，符合非司法中心主义的软法特征，属于程序软法的范畴。

船员纠纷可能涉及海事仲裁，海事仲裁是商事仲裁在海商、海事领域的延伸，是双方当事人约定以仲裁方式处理海事、海商、物流以及其他契约性或非契约性的争议。② 确切来说，海事仲裁是软法与硬法共同发挥作用的领域，将海事仲裁进行解构，可以分为规则依据、实施和执行三个层面，在规则制定层面上既有硬法规范的《仲裁法》，也有上述软法规范的仲裁规则等，"硬法为软法的制定提供依据、划定界限，软法在硬法的框架内享有足够的空间"。③ 仲裁机构作为社会组织在不违反法律规定的界限内，依据仲裁规则进行高度自治的裁决活动，而在所依据的实体规则中，本国或外国法的采用主要由纠纷当事人的合意决定，裁决过程并无国家公权力的介入。在执行层面，若发生拒绝执行达成的协议等情形，当事人可申请司法保障，但与一般司法程序不同，司法在仲裁领域的介入有限，主要表现为：一是被动介入，只有在当事人申请时司法才有可能介入；二是司法审查一般不涉及仲裁裁决的实体内容，而只根据裁决中的形式内容及仲裁过程是否满足规定而作出执行、不予执行或中止等裁定；④ 三是司法所保障的不是国家公共利益，而是当事人的私权利和仲裁中社会公权力的实现。而司法的介入也呼应了本书上文所主张的国家公权力是维护

① 行政仲裁是我国特有的制度，主要由行政机关担任仲裁主持者。1994 年《仲裁法》实施前，我国的行政仲裁涉及包括经济合同等诸多领域，目前我国仅保留了劳动、人事和农村土地承包三种行政仲裁。参见王欢.行政解纷机制研究 [D].长春：吉林大学博士学位论文，2008：103.
② 韩立新，袁绍春，尹伟民.海事诉讼与仲裁 [M].大连：大连海事大学出版社，2007：207.
③ 罗豪才.软法的理论与实践 [M].北京：北京大学出版社，2010：356.
④ 我国《仲裁法》第 58 条列举了六种可裁定撤销仲裁协议的情形。

社会正义的最后一道防线的论点。

由于仲裁的公断性和执行上有明确的司法保障，一般理论界将仲裁称为准司法机制，但该称谓回避了对仲裁属性的界定。笔者将仲裁归为程序软法，有助于明确其法律定位。根据罗豪才的分类，仲裁可归为有硬法背景的软法。① 对于船员尤其是外派船员而言，通过海事仲裁维护其权益相较其他纠纷解决手段具备一定的优势。实践中，我国仲裁活动中的行政干预不同程度的存在，不仅体现在我国特有的行政仲裁上，而且在民事仲裁中行政色彩也较重，近年来仲裁法学界一直呼吁加快仲裁的去行政化，还仲裁活动更大的自治空间。

（二）国际软法

软法最早发端于国际法的环境、人权、商贸等领域，国际软法理论体系相对成熟，而且在欧盟范围内，由于"开放协调机制"（Open Method of Coordination）的引入，通过软法推进共识和协调行动也被广泛应用。国际软法在理论和实践的进步是国内软法研究逐渐受到关注的重要原因。国际软法属于国际法范畴，其中起到主导力量的是国际公权力。② 纵观国际法发展的历史，国际公权力甚至国际法本身走过了一条崎岖的自证之路，与当下的软法状态较为相似。一般认为，国际法源自古罗马的万民法，但从今天的认识看，其应更接近于"比较私法"领域，而非当下对国际法所界定的属于公法领域。现代国际法以格劳秀斯（Grotius）的《战争与和平法》为起点，其发展并不平坦，最大的挑战来自奥斯丁（Austin）的实证法理论，③ 他认为正当意义的法律应当是实证法，是主权者发布的需要其他成员服从的命令，国际法即使违背也难以采取惩罚措施，故引发了对法认识的广泛讨论。法律的模式并非一成不变，不同的历史、文化与社会环境形成了不同的法理念，也导致目前有普通法、大陆法、宗教法等不同分类。如果单纯以分析实证法理论去衡量，国际法确实无法满足法律的标准，同样，如果我们以硬法的标准去衡量软法同样可得出软法非法的结论。"只有跳出以一国法律特征来判断国际法的狭隘立场，才

---

① 罗豪才从软法与硬法关系，将软法分为有硬法背景的和独立于硬法而存在的软法。参见罗豪才. 软法与公共治理 [M]. 北京：北京大学出版社，2006：9.
② 国际软法也会涉及国际的社会公权力，但相较于国际公权力并不占主导，所以不是本书主要论述内容。
③ J. Austin. Lectures on Jurisprudence or the Philosophy of Positive Law [M]. London：John Murray，1911：5.

能更准确地理解国际法"①的论断同样也适用软法，笔者认为，只有跳出以国家为中心的观念才能更好地理解软法。

此外，我们还需要思考法在应然与实然上的意义，因为在法的应然与实然之间存在灰色地带。国际法和软法一样并非没有国家公权力的参与，但国家公权力的表现形式是不同的，传统硬法是国家公权力通过直接制定并保障实现法的价值，而在国际法和软法中，国家公权力在参与制定和保障实施上更多是起到了指导、促进、参与和协调等作用，介入程度有限。软法与国际法不仅在特征上与传统法理论差别较大，而且二者渊源也极为密切，软法最早就是在国际法中发端，并逐步发展起来的，国际法"弱法"②的特点也与软法特征相近。从趋势上看，软法不仅突破了国际法领域，而且还延伸至国内法领域，契合了国内社会治理理念的发展，引起学界关注。今天，已经很少有人再会质疑国际法的法律属性，透过国际法看软法将会帮助人们更好地理解软法。国际软法不具有传统法律约束力，不受条约法的严格规制，③但可以通过社会舆论监督、组织纪律、国家信誉等方式产生间接效果，具有"软约束力"。④国际软法的存在有其必然性，对传统国际法来说，由于受国际政治和权力博弈影响，有些条约长期不通过，为促进公约早日生效，增加其弹性和指导性，形成最大限度的共识就成为了必然选择。

国际软法呈现多样化的特点。⑤有学者认为，国际软法多采用模糊或建议性的词语将权利义务弱化，通常表现为宣言、原则、指南、准则、通函、标准、建议、决议、声明、行动计划、技术通告、行动纲领等。⑥罗豪才认为国际软法还表现为"在硬法文本中，同时存在鼓励性、指导性、建议性、自由裁量性软法部分"。⑦综合学者意见，笔者认为国际软法主要表现为：一是国际法主体制定的缺少法律约束力的条约文件，例如《世界人权宣言》《亚太地区港

① 何志鹏. 在政治与伦理之间：本体维度的国际法 [J]. 浙江大学学报（人文社会科学版），2012（5）：82.

② 大多数国际法依靠国家自觉、自主、自愿履行，自身并无强制措施，也没有统一的监督体制和强制性的裁判机制，被学界称为弱法。参见何志鹏. 在政治与伦理之间：本体维度的国际法 [J]. 浙江大学学报（人文社会科学版），2012（5）：85.

③ D. J. Harris. Cases and Materials on International Law [M]. Sweet & Maxwell，2004：62.

④ 卢玉立. 对"软法是不是法"之讨论的思考 [J]. 法制与社会，2012（9）：64.

⑤ 何志鹏，尚杰. 国际软法的效力、局限及完善 [J]. 甘肃社会科学，2015（2）：129.

⑥ 尚杰. 国际软法问题研究 [D]. 长春：吉林大学博士学位论文，2015：18.

⑦ 罗豪才，宋功德. 认真对待软法——公域软法的一般理论及其中国实践 [J]. 中国法学，2006（2）：5.

口国监督谅解备忘录》等；二是国际组织或国际会议的决议、决定、通函、声明等；三是国际非政府组织制定的跨国协议，例如《跟单信用证统一惯例》和国际标准委员会制定的各类标准化协议等；四是广泛存在于国际条约中的软法规则，例如《MLC2006 公约》中的非强制性的 B 类导则等。近年来国际软法实践趋向成熟，形成了较为完善的软法立法技术。

在国际海事领域，软法已经得到广泛应用，并形成了鲜明特色，其主要演变路径主要体现在以下方面：一是逐渐与现有海事公约的硬法条款相结合，并成为公约不可或缺的一部分。不少海事条约都将建议性的、非强制性的软法部分单独成章编制，例如关于海上事故调查，IMO 于 1997 年制定了非强制性的软法文件《国际海事调查规则》，在实践应用成熟后，IMO 又于 2008 年对其修订，新文件为《海上事故和事件安全调查国际标准和推荐做法规则》，并将其纳入《SOLAS 公约》第Ⅺ-1/6 条款中。新纳入的内容仍然具备非强制的软法特性，但由于其成为公约的一部分，部分内容还起到了部分推荐和替代做法，并明确了公约目标，细化分解了部分履约任务等作用和效果，故使得各缔约国在履约时将之纳入优先考虑，从而使这些软法内容具备了某种程度的"硬化"效果。二是逐渐转化为硬法。IMO 于 2005 年制定了《IMO 强制性文件实施规则》，该文件鼓励成员国自愿申请对履行公约效果进行审核。由于实施效果好，IMO 于 2013 年又将该规则进行修订，将自愿审核机制变为强制性机制。同时根据规则要求，一并对六大海事公约进行了修订，为强制性审核提供了法律依据。目前海事领域国际软法的新发展还没有引起我国学界的充分重视。

笔者对海事领域国际软法的论述主要集中于海事公约中的软法部分，其原因主要有以下几点：一是软法内容并入现有海事公约已经成为海事公约制定和修订的通常做法，而目前学界尚未对这种软法现象深入研究；二是现有海事软法文件数量众多种类繁杂，而其中对船员权利义务有重要影响的软法文件内容都已经在海事公约的不断修订中得到了体现，所以，专门对这些软法文件进行整理研究的意义不大；三是在海事公约中大量纳入软法将使得公约的性质发生一定变化，成为软硬结合的混合法模式，这对我国的立法技术有着重要的借鉴意义。

三、软法是改善公权力服务社会个体的有效模式

在国家大力推进法治建设背景下，社会治理理念和管理体制逐步发生转

变,理论界对公权力行使方式、性质和作用也在反思。近年来,在国际法领域下发端并在国内法领域勃兴的软法为公权力的运行开拓了一个更为广阔的发展空间。将更多的公权力纳入法治化运行轨道,既可以确保在适当的法律范式下使公权力运行受到适当规制,又能发挥其在权益保障上的积极作用,这将是软法最大的价值。公权力是权力体系的组成部分,在理解公权力之前,有必要对相关概念进行梳理。

(一)权力与公权力

就权力而言,学者们的理解各有不同,归纳起来,主要有关系说、能力说、手段目的说等。"关系说"认为权力是一种社会关系,是指任何主体能运用其拥有的资源,对他人发生强制性的影响力、支配力、促使或命令、强迫对方按权力者的意志或价值标准作为或不作为。① "能力说"的代表马克斯·韦伯(Max Weber)认为,权力是某种社会关系内的一个行动者可以不顾抑制而实现其意志的能力,而不论这一可能性所依赖的基础。② "手段目的说"的代表霍布斯(Hobbes)认为,权力是其获得某种将来具体好处的手段。③ 虽然对权力的界定众说纷纭,也难以准确界定,但可以从各论述中把握"权力"的某些特征,例如,支配性、强制性、排他性等。真正使权力概念有实践上的意义还需要依托加在其前面的定语,例如经济权力、军事权力和政治权力;④ 立法权、司法权、行政权;⑤ 软权力、硬权力⑥等。可以说,从不同的角度看,对权力的修饰语似乎是无穷的。

公权力是权力的组成部分之一,对于公权力概念的理解主要有:社会契约说、社会交换说、社会冲突说等。社会契约说代表洛克(Locke)认为,人们拥有自然赋予的权利,在国家和政府出现后,通过"契约"放弃部分自然权利交给社会,社会成了仲裁人,用不变的法规来公正地对待一切当事人。⑦ 该学

---

① 郭道辉.社会权力——法治新模式与新动力 [J].学习与探索,2009(5):137.
② E.博登海默.法理学——法律哲学与法学方法 [M].邓正来,译.北京:中国政法大学出版社,1999:257.
③ 贾海涛.论霍布斯的权力哲学及其历史影响 [J].哲学研究,2007(10):65.
④ 迈克尔·曼.社会权力的来源(第一卷)[M].刘北成,李少军,译.上海:上海人民出版社,2007:3.
⑤ 孟德斯鸠.论法的精神 [M].孙立坚等,译.西安:陕西人民出版社,2001:151.
⑥ 软权力与硬权力由美国学者约瑟夫·奈提出,软权力通过文化、意识或政治优势来对国际规则和国际政治决定产生重大影响的能力,而硬权力一般指国家的传统权力,例如军事实力、经济实力等。
⑦ 洛克.政府论(下篇)[M].瞿菊农等,译.北京:商务印书馆,1964:5.

说提出的理论假设很好地阐述了公权力来源的正当性。社会交换说的代表布劳（Blau）在《社会生活的交换与权力》中认为，社会权力产生的前提是一些人向其他人付出了服务和报酬，由于不能用同样的方式偿还，故只能以被统治作为报答。[①] 该学说以部分表层现象来观察权力本质，具有片面性。社会冲突说主要为社会主义学者所推崇，他们认为由于私有制的形成，人们被分为统治阶级和被统治阶级，国家权力成为统治所必需的暴力工具。该学说从全新的角度探究了公权力的初始起源，但在当前世界范围内阶级矛盾普遍缓和的大背景下，权力的合法性问题并未触及，需要进一步深入研究。

我国对公权力的关注是在改革开放后，相关研究大多是对国外理论的评述和转引，随着时间推移，接受"契约说"观点的学者逐渐占据主流。早期学者们对公权力认识并不全面，部分学者将公权力等同于国家公权力，甚至认为社会公权力属于"私权力"范畴，[②] 这种认识是片面的。例如，高校对学生实施的管理，其权力的来源是国家法律授权和学校自治，学校以严苛的处分为手段，对处于不平等地位的学生依据法律和学校章程实施管理属于公权力范畴。进入 21 世纪后，学界对公权力的认识更加深入，社会公权力和国际公权力逐渐被学界关注。根据学者姜明安对公权力的定义，公权力是人类共同体（国家、社团、国际组织）为生产、分配和提供"公共产品"（安全、秩序、环境、公共交通等）而对共同体成员进行组织、指挥、管理，以及对共同体事务进行决策、立法、实施、监督等活动的权力。[③] 公权力由于存在膨胀和异化的倾向，有可能给公共利益和私权利带来损害，通过软法模式，在一定程度上会对公权力的缺陷进行弥补，从而更好地对社会个体实现保护。

公共权力也是目前学界使用较为广泛的一个概念，在大部分研究中，对公权力和公共权力并没有严格界定，这可以认为是同一概念的不同称谓。也有部分学者认为公权力与公共权力并非等同的概念，公共权力是公权力与社会自治权的集合，公权力专指国家公权力，公权力是公共权力范畴下的子概念。[④] 笔者认为，通过合理界定公权力及其构成可以很好地将公权力体系解释清楚，没有必要通过设定新的名词将公权力概念体系复杂化，本书公权力概念采用国内通说。

①　郭星伟.论公共权力的起源、异化与回归［D］.西安：西北大学硕士学位论文，2008：2.
②　周启柏.公权力与私权利关系的法理学思考［J］.西安外事学院学报，2007（1）：77.
③　姜明安.行政与行政诉讼法［M］.北京：北京大学出版社，2005：33.
④　李余华，丁汪洋.公共权力范围之重构及其意义［J］.齐齐哈尔大学学报，2014（9）：15.

（二）公权力的表现形式

公权力在不同领域存在不同形式的表现，从大的方面看，按照公权力的存在领域不同，学界将公权力区分为国内公权力和国际公权力。[①] 国内公权力分为：国家公权力和社会公权力，[②] 公权力项下还有细分，例如国家公权力可分为：行政、立法和司法三大公权力，社会公权力和国际公权力其下也有制度规定、实施和制裁的相关权力。从公权力来源看，这三类公权力有所不同，根据通说，国家公权力直接源于公民权利的契约让渡；社会公权力的来源分为两部分，一部分是社会组织内部成员的让渡，另一部分是对国家公权力撤退所形成的权力空间的补位，而国际公权力由于主要主体为国家和国际组织，其权力并非直接源于自然个体，而是源于国家权力的部分让渡。

1. 国家公权力

根据"契约说"理论，[③] 国家公权力是一个国家范围内成员的私权力让渡后的形成，并以强制力保证实施的管理国家事务和社会公共事务的权力。中华人民共和国成立后的一段时期，我国学界对公权力的研究基本限于国家公权力，国家公权力成为公权力的代名词，直到改革开放后，公权力分化理论的出现。孟德斯鸠（Montesquieu）曾言："一切有权力的人都容易滥用权力，这是千古不变的经验。"[④] 由于国家公权力对公民影响最大，对国家公权力的限制一直是困扰人们的难题，从亚里士多德（Aristotle）的政体三要素论到洛克的立法、行政、外事分权，再到孟德斯鸠的立法、行政、司法分权以及西方国家的分权制度实践无不是基于对国家公权力的担忧和警惕之下。有学者指出，"立法权、行政权、司法权也许并未穷尽一个国家所有的公权力形式，也未必是所有国家都必须遵循的理想的公权力结构模式，但它无疑是公权力最基本的形态"。[⑤] 目前中国并不认同西方的分权理念，但承认其中合理的因素，强调

---

① 袁曙宏等.公法学的分散与统一 [M].北京：北京大学出版社，2007：199.
② 姜明安.行政法与行政诉讼法 [M].北京：北京大学出版社，高等教育出版社，2007：6.
③ 关于权力本源，曾有人认为权力源于上天和神灵的授予，无法转移而专属于君主及其后嗣，即神授说。近代西方多数学者认为，权力源于社会成员之间的社会契约，源自所有社会成员的公意，即民授说。阶级说认为权力源于阶级斗争。本书采用民授说理论。
④ 孟德斯鸠.论法的精神 [M].孙立坚等，译.西安：陕西人民出版社，2001：183.
⑤ 胡建淼.公权力研究——立法权·行政权·司法权 [M].杭州：浙江大学出版社，2005：3.

在党的领导下的立法、行政和司法合作分工关系。

党的十八大以来，中国社会治理方式发生了明显变化，一方面，对内强化了内部的监督，通过加大反腐力度，防范权力异化；另一方面，通过简政放权，缩减政府的管理和干预，不断扩大市场和社会作用，逐步扩大社会自治管理领域，从某种程度上说，形成了国家公权力的外部分权，即由国家公权力一家独大转变为国家与社会相互分工的状态。

我国国家公权力具备以下特征：一是强制性。国家公权力与其他公权力的区别在于，国家公权力主体是拥有各类国家暴力工具的垄断权威机构，[①] 与其他公权力相较，国家公权力的强制性程度最大，使其他公权力在某些情形下都在一定程度上依靠国家公权力的保障。二是优先性。当其他类型的公权力与国家公权力发生冲突时，国家公权力在一定程度上具有优先性，这是因为其他两个公权力是由国家公权力让渡形成所决定的。三是涉及范围广。国家公权力位于公权力的核心位置，而且在一些关键领域，例如，政治、刑事司法、行政管理等方面由国家公权力专享。在公共领域，国家公权力并不存在禁区。

2. 社会公权力

一般认为，社会公权力出现最早，根据马克思主义法学理论，在原始社会部族内部约束其成员的就是社会公权力。国家出现之后，国家集权程度不断加强，原始社会公权力逐渐让位于国家公权力，直至被取代。社会并非逻辑推理的产物，而是与"国家这种特意建立并受人领导的组织"相区别的"完全不受人的愿望支配的力量和结构"。[②] 对何为社会公权力，目前学界对社会公权力的理解多从国家与社会二元角度进行，即对社会公权力的理解要依托于国家公权力概念。有学者认为，社会公权力是指由国家行政机关或法律法规明确授权的组织以外的其他群众性自治组织或部门行使的、对一定范围内的社会公共事务进行管理和服务的职权。[③] 还有学者认为，社会公权力是国家之外的社会组织以"准公共产品"供给为目的，以社会利益实现为宗旨，对组织成员所产生的影响力与支配力。[④] 笔者倾向于第二种定义，因为困扰社会公权力

---

① 徐靖.论法律视域下社会公权力的内涵、构成及价值 [J].中国法学，2014 (1)：96.
② 弗里德里希·冯·哈耶克.经济、科学与政治——哈耶克思想精粹 [M].冯克利，译.南京：江苏人民出版社，2000：291.
③ 袁曙宏，韩春晖.社会转型时期的法治发展规律研究 [J].中国检察官，2006 (4)：22.
④ 徐靖.论法律视域下社会公权力的内涵、构成及价值 [J].中国法学，2014 (1)：96.

的问题之一就是如何在一个微观或特定范围内界定社会公权力和私权利，而第二种定义由于"准公共产品"概念的引入，使得社会公权力更符合其本质内涵。

（1）社会公权力特征。首先，是社会公权力的主体为社会共同体。作为社会公权力的首要特征，其权力主体特征是非国家性，虽然有学者认为这一界定并不严谨，^① 认为非国家性有可能会混同私权利属性，但这一担忧是没有必要的，私权利存在空间有限，在讨论公权力的语境下，私权利的排除也是不言而喻的。从国家直接运用国家公权力实现其管理目标转变到"通过多元主体参与合理配置国家与社会之间的公共事务范畴以最大限度实现公共利益"。^② 具体而言，主要表现为：一是组织自主管理性。社会公权力在组织上具有自主性，内部实行自我管理，一般不受政府直接管理，但可能受其监督。二是成员非公务性。主体成员在管理组织事务时无国家公务员身份。三是非由国家财政拨款。社会公权力主体运作经费一般不来自财政拨款，而主要通过募捐、会费、政府部分资助来解决。四是特定的社会组织活动范围具有特定性。社会公权力主体存在的领域通常具有一定的专业性，或为特定领域的人们提供服务。社会公权力主体在表现形式具有多样性，例如，社会团体、基金会、民办非企业单位、社会中介组织、非参公事业单位、基层群众性自治组织、政党、政协、行业协会等。

其次，是社会公权力的来源非法定性。这里的非法定性是指非直接源于或授权法律规定的权责。另外需要指出的是，权力涉及的领域并不是区分社会公权力和国家公权力的充分条件，因为某些领域由社会公权力来实施可能更具有可操作性或合理性，但这并不意味着不能由国家公权力涉足，而这些社会公权力发挥作用的领域也许就是以往国家公权力让渡而由社会公权力来填补的。理论界对社会公权力的来源主要有三种不同观点：一是授权说。认为只有国家立法授权和支持才是社会公权力的正规来源，公权法定是公权力行使的基本规则，"对公权力，凡法无明文规定（授权）的，不得行之"。^③ 二是契约说。该学说认为，社会公权力是一种基于契约而形成，源于其内部成员一致的同意。该学说与权力来源的"契约说"一脉相承。社会公权力组织是人们为了一定的

① 刘佩东.论社会公权力的法律规制［D］.长春：吉林大学硕士学位论文，2014：14.
② 姜明安.行政法与行政诉讼法［M］.北京：北京大学出版社，高等教育出版社，1999：2.
③ 刘作翔.迈向民主与法治的国度［M］.济南：山东人民出版社，1999：175.

利益或目的组合在一起，让渡了自己的某些权利和自由，在组织内形成了一定的公权力，组织代表人可以利用公权力进行必要的管理、奖励或处罚。三是综合说。该学说认为"授权说"与"契约说"都有些过于绝对化，主张社会公权力的来源渠道应包括法律授权、政府委托和契约，但有学者认为授权说值得推敲，①经授权的权力虽然由社会公权力主体实施，但只是国家公权力的临时性转移，行使主体的转移并不影响或者改变国家公权力的实质。相对而言，笔者更倾向于契约说，因为权力无论是否来自授权都不是社会公权力的必要条件，社会公权力和国家公权力并非绝对对立，在某一时期和某种条件下是可以相互转化的。从社会的良性发展角度看，公权力出现的目的是为了人类更好的生活、拥有更好的秩序和自由，而所有的公权力都有膨胀异化、恣意侵犯私权利的倾向，只有将权力来源设定为全体成员的让渡才有可能对公权力的控制具备充分的法理正当性。

再次，是社会公权力的内容具有与国家公权力的对应性。国家与社会的二元划分以及社会组织的长足发展使得社会公权力与国家公权力具备了相类似的架构，形成了"准立法权""准行政权""准司法权"。"准立法权"主要体现在对内部成员进行有效管理，根据成员的共同意志和契约形成内部的基本组织规范、行为规范、奖惩规范、评价规范、争端解决规范等内部规范性文件。需要说明的是，这里的社会组织成员并非必须通过申请、加入某个具体的组织而成为该组织的成员，也可能是在符合或具备某种身份条件时就已经受该组织的公权力约束了。例如，并非每个船员都要加入海员工会，但海员工会出台的一些政策制度的效力却有可能及于所有船员。"准行政权"主要指对组织成员日常管理和奖惩的权力。"准司法权"主要指组织内的纠纷解决权力，主要包括仲裁和调解两种方式。仲裁具有很强的自治性，是当事人在自愿基础上达成协议，将纠纷提交第三者审理，由第三者作出对当事人具有约束力的纠纷解决制度，当事人经仲裁达成的协议具有法律效力，无正当理由不得违反或解除。调解在我国是一项具有特色的纠纷解决机制，部分调解，例如法院调解虽然在执行上具备一定的法律强制性，但大部分调解属于自愿性质。根据《人民调解法》规定，调解是指通过说服、疏导等方法，促使当事人在平等协议上自愿达成调解协议，解决民间纠纷的活动。

---

① 刘佩东.论社会公权力的法律规制［D］.长春：吉林大学硕士学位论文，2014.

最后，是社会公权力自治程度的有限性。社会公权力因组织体成员契约协议而产生，一般是在国家公权力已退出或尚未涉及或不便涉及的领域发挥作用，多以自行制定的内部规范性文件或标准等形式予以体现，例如，村规民约、行规行纪、行业标准、政党规章等。一般而言，社会公权力只对组织内部产生约束力，由于社会公权力自治规范是成员合意达成的规范，是自愿的权利让渡，故相应的就有自愿承担某些义务或责任。社会公权力的自治并非绝对，而是一定条件下的有限自治。一是受国家法律法规的限制。任何公权力都要在宪法和法律的约束下运行，不得与国家法律相抵触。例如，在宪法和法律的保留范围内，社会公权力是不能介入的，这些范围包括：社会经济基本制度、人身自由限制①和《立法法》第8条所涉及的十一项法律保留事项等。二是内部自治规则所设定的限制。社会公权力本质上是人民保留的社会自治权，源于社会成员基于共同群体利益之需而达成的合意，这种合意主要通过社会公权力组织规则予以体现。② 因此，出于共同利益"合意"的要求，不能背离社会公权力组织规则行使自治权。

（2）社会公权力的法律价值与意义。社会公权力除了具有以上特征，还有独特的法律价值与意义。

首先，有利于权力制衡。英国哲学家波普尔（Popper）曾说过，国家是一种必要的罪恶。这里隐含的意思是，国家掌握的是国家公权力，而这种公权力在维护国家利益的同时，有可能会侵犯其他主体的权益。而解决国家公权力"恶"的办法，只有权力制衡这条路径。尽管权力制衡的方法有很多，但现有的制度选择主要有两个：一是在国家公权力内部进行拆分，形成权力制衡；二是在国家公权力外培育其他公权力，最终形对国家公权力的有效制约。社会法学理论主张在国家公权力的外部培育可以对国家公权力施加影响，甚至产生制约的社会公权力。"在保守主义的信仰中，一个永恒的前提就是一个国家的中间结构，在个人主义和国家主义的浪潮之中，应有生存的权力，这种权力是由历史和社会发展所赋予的"。③ 笔者认为权力制衡是系统性的，采用任一选择都有一定的局限性，虽然在公权力内部进行拆分的理论较为成熟、有效，但因其囿于国家公权力大框架下，故对社会和广大公民来说仍是一个难以进入的、

---

① 张千帆. 宪法学导论——原理与应用 [M]. 北京：法律出版社，2004：463 - 626.
② 徐靖. 论法律视域下社会公权力的内涵、构成及价值 [J]. 中国法学，2014（1）：95 - 96.
③ 罗伯特·达尔. 民主理论的前言 [M]. 顾昕等，译. 北京：东方出版社，2009：223.

相对封闭的体系，国家公权力在反映社会需求方面存在不足，而通过培育社会公权力则受限于一个国家范围内民主意识的进步和民主法治建设的水平，因为从现代民主国家来看，社会公权力源于国家公权力的让渡，具有一定的弱势性，所以，社会公权力能够产生制衡国家公权力的效果只有在发达的民主法治国家才有可能实现。

通过社会公权力制衡国家公权力的方式手段主要包括：一是权力监督，例如通过执政党监督、舆论监督、行使选举权监督等方式。二是通过权力参与、公民和社会组织通过投票、意见反馈、民意调查、专家意见等方式直接参与国家立法、行政和执法过程中。三是通过权力分配，将越来越多的权力从已被国家公权力吞噬的领域中分离出来，回归社会自治，从而改变国家权力过分集中的局面。

其次，促进民主法治水平。美国学者科恩（Cohen）认为，"民主的实质是社会成员参与社会的管理，它就是自治"。① 社会公权力作为现代权力体系的重要组成部分，以其特有的运作方式彰显民主法治价值。在国家法治架构的高阶形态"公众参与型"中，社会公权力产生于国家与社会的二元化进程中，是对传统权力结构模式的突破，国家不再是权力和社会治理的唯一主体，社会组织或群体作为新的权力主体发挥着重要作用，社会公权力甚至可以参与国家政治意志的表达，在公共领域与国家公权力实现合作、互补及制衡。"一个多元且独立于国家之外的市民社会是民主不可或缺的条件，无论谁倡导国家和市民社会的统合都将危及民主生命。没有社会制约的国家权力总是危险的，是对专制主义的放纵"。② 事实上，只有多元化的社会力量参与国家权力的分配，才能构成法治的和谐。

再次，有助于对权利进行保障。"自然法在自然状态中起支配作用。自然状态中每一个人都有处理自己的人身或财产的无限自由……人们既然是平等和独立的，任何人不得侵害他人的生命、健康、自由或财产"。③ 权利与权力存在对应关系，权力既是权利的保护神，也可能成为侵害权利的作恶者。对公民权利的保障不仅是国家公权力的责任，而且也是社会公权力的责任。

---

① 科恩.论民主［M］.聂崇信等，译.北京：商务印书馆，1998：273.
② 约翰·基恩.市民社会与国家权力形态［G］//邓正来等.国家与市民社会——一种社会理论的研究路径.上海：上海人民出版社，2006：122.
③ 洛克.政府论（上篇）［M］.刘晓根，译.北京：北京出版社，2012：71.

社会公权力对公民权利的保障分为两方面：一是对组织内部成员权利的保护。社会公权力主体不仅应在其组织规则中宣示成员组织内享有的权利，而且在组织运行中也应该以本组织成员的权利实现为宗旨。二是对组织体系外部的某些权利保护，社会公权力追求的重要目标是公共利益，而对公民权利保障是所有公权力的基本使命，此种保护是一种公域保护，也是对国家公权力保护公民权利的有益补充。这种公权力保障主要通过权利救济和可能及于组织外成员的约束力来实现。通过调解和仲裁实现权利救济，使社会纠纷在通过国家公权力解决之前以较温和的方式合理解决。对组织外个体产生的约束力，例如，中国海员建设工会代表所有中国船员与政府和船东签署的《中国船员集体协议》约束力并不限于工会会员，对非会员的船员也会产生积极的作用。以往在船员领域，我国长期奉行以政府主动管理为主，通过大量管理型行政立法和命令对船员各领域进行规制，而忽视了社会自我约束和调解，往往达不到好的效果。通过软法和社会公权力的综合治理将对改善我国船员群体状况发挥积极作用。

与西方国家相比，我国社会公权力还不发达。社会组织①的产生是同国家与社会、国家与市场分化过程同步进行的，而且中国社会组织类型并不限于《社会团体登记管理条例》所确定的类型，因为一些社会组织，例如青年组织、妇女组织并不需要登记。目前在我国可以对船员权益产生或能够施加影响的社会组织主要包括以下组织。

一是工会系统组织。由中国海员建设工会全国委员会（简称海员工会）、地方各级工会以及航运或船员服务机构的企业工会等。二是相关的行业组织。例如中国船东协会、中国引航协会、中国交通运输协会等；地区性质的，例如青岛船长协会、上海航运交易所等。三是部分在我国设立分支机构的国际非政府组织，例如国际船级社协会、救助协会、一些班轮公会等。另外，还有其他社会组织，例如标准化委员会等。在上述社会组织中，既有政府力量主导成立的，也有民间自主成立，还有多种力量通过"混搭"方式组建的，但或多或少都能够行使一定的社会公权力②而对船员权益产生

---

① 不同的语境对社会公权力主体的称谓并不统一，例如"民间组织""民间团体""非政府部门""非政府组织"等。本书统一称之为"社会组织"。
② 严格来说，有的社会组织也可以行使一部分国家公权力，例如《注册会计师法》第9条授权注册会计师协会可以进行注册管理。

影响。

与国家公权力一样，社会公权力从根本上也是源于人民的赋予，[①] 所以，国家公权力与社会公权力从整体上看没有谁赋予谁的问题，[②] 只是让渡与被让渡的关系，这也是大多数国家由利维坦阶段[③]向民主政治转变时的必然选择。在我国法治建设步入"深水区"的进程中，国家与社会的"分权"与"还权"是同时进行的，且变化较为频繁。在很多领域，国家公权力与社会公权力相互交织，虽然有时国家会通过立法确认社会组织享有一些权利，但并不完全是授权性质，大部分依然属于国家公权力的让渡或是对社会组织自主权的确认，这时应该考察权利的本质。

3. 国际公权力

国际公权力与国内公权力相互影响。随着全球化趋势的不断深化以及交通、通信等领域科学技术的发展，国家之间的距离逐渐在缩小，加拿大学者马歇尔·麦克卢汉（Marshall McLuhan）在《理解媒体人：人的延伸》一书中提出了"世界村"的概念。国家间的关系不断加强，整个人类的命运已经紧密地联合在一起，国际公共事务需要在国际社会中寻求合作解决，而其中发挥秩序与作用的权力则是国际公权力。联合国前任秘书长安南（Annan）曾说："国家主权，正在全球化的影响下被重新定义"。[④] 近年来，环境污染、温室气体、能源等问题已成为需要全球共同面对和努力解决的问题，因此，各国经协商建立了包括联合国在内的多个国际组织，并赋予这些组织一定的权力，以协调解决国家间纠纷及全球性或区域性问题。承认国际公权力存在的目的也是为了使所有主权国家在这个相互依赖度不断加深的环境中和谐相处，共同拥有和平发展的权利。

与国家公权力源于宪法不同，国际公权力源于国家或国际组织之间的协议来实现国家公权力在国际领域的让渡。非政府组织间也存在社会公权力。由于国际上并无居于国家上位的立法、行政及司法机关，所有的国际事务和纠纷解

---

① 王莉.社会团体行使公权力中的法律问题初探［J］.浙江学刊，2005（6）：185.
② 目前国内对社会公权力的来源主要有：法律授权说、契约说和混合说。本书采契约说的观点。
③ 霍布斯的国家学说认为，"利维坦式国家"是依照主权者的意志而非依照某一套理性的规则行动。参见霍布斯.利维坦论国家［M］.张妍等，译.长沙：湖南文艺出版社，2011.
④ 安南.全球安全面临的挑战［N］.参考消息，1999 - 12 - 28.

决都是建立在平等、"合意"的基础上，国际法在效力上明显弱于国内法。[①]有学者认为，由于各国政府没有能够在一切情形下确保国际法规则的强制执行，因此，与国内法的强制执行相比，国际法是较弱的法律。[②] 随着时间推移，国际法也在发生着变化。一是随着联合国等国际组织的作用越来越突出，尤其是安理会在国际安全上发挥着越来越大的作用。二是国际法院等一些国际司法机构在近几十年来通过了一些重要判例，影响力不断扩大。[③] 三是在一些技术领域，例如海事领域，国际公权力通过制度上的安排能够保证公约的实施。上述因素共同导致国际公权力效力逐渐加强。

国际公权力并非像社会公权力那样可以独立甚至先于国家存在，国家可以根据自身需要进行权力的保留，在一定条件下通过退出、中止已加入的国际条约来摆脱国际公权力的束缚，所以，国际公权力存在一定的局限性。国际公权力的效力在不同领域并不平衡，在海事领域，国际公权力效力比较明显，围绕船员的国际公约有：《船员培训、发证和值班标准的国际公约》（简称《STCW公约》）、《国际海上人命安全公约》（简称《SOLAS 公约》）、《MLC2006 公约》。国际公权力在执行方面，一是由强制审核机制发挥作用；二是 PSC 制度也有效保障了各类海事公约的实施，违反公约要求的行为会在所有缔约国范围内被要求纠正，违法信息也会被通报。以我国为例，交通运输部海事局是我国海事履约的主管机关，与国际海事组织（IMO）和东京备忘录的其他成员国一起忠实履行着海上安全的检查工作，共同为航行安全和海洋清洁发挥作用。

（三）软法对公权力的改善作用

1. 有助于实现权力之间的制衡

软法蕴含着民主的内涵，追求治理主体的多元化，有学者在反思民主本质时指出，"决策做出前的协商是关键，只有票数，但无沟通和交流，这称不上是真正的民主实践"。[④] 民主有助于对国家公权力进行约束和监督，同时还可

---

① 曾涛. 国际法弱法论评析 [J]. 政法论丛，2005（4）：8.
② 詹宁斯·瓦茨. 奥本海国际法 [M]. 王铁崖，译. 北京：中国大百科全书出版社，1987：330.
③ 国际法院近二十年来裁判的著名案例包括：1993 年波斯尼亚-黑塞哥维那共和国诉南斯拉夫联盟共和国违反《灭绝种族罪公约》；2014 年澳大利亚和新西兰等诉日本捕鲸业者非必要捕捞动物等。
④ 约翰·罗尔斯. 政治自由主义 [M]. 万俊人，译. 南京：译林出版社，2000：228.

以起到扩大社会公权力的作用，从权力制衡的角度看，这本身就是法治要求。由于船员领域相对封闭，国家公权力缺乏有效制衡，造成了主管部门发布船员文件频繁冲突的问题，故应对国家公权力予以规范。

2. 有助于公权力在规制下运行

尽量使公权力在法律框架内运行是法治的核心要求，但由于多方面的原因，部分国家公权力以及大量的社会公权力并没有纳入法的范畴，例如船员管理部门有通过国家公权力制定规范性文件的权力，但行政执法中的自由裁量权以及社会组织自治权等均没有得到规制。通过加强对软法的研究和应用可以使这些公权力纳入法律范畴，这也是船员领域法治化的内在要求。另外，通过扩展法范畴边界也可为法的发展进步开辟更为广阔的空间，激发出更大的发展潜力。

3. 有助于增加公权力的适应性

公权力并不会因为采用软法模式而削弱其权威，反而会由于行使方式和参与主体的多样化增加其适应性。通过软法模式，船员管理部门在进行立法、执法和服务等行为时，将会以更加民主、灵活和可协商的软法特征发挥作用，这样可以扩大社会认同，在行使过程中也会减小阻力，取得治理效果。

（四）公权力与软法存在一定对应性

国家公权力、社会公权力和国际公权力在软法运行模式上分别体现为国家软法、社会软法和国际软法，虽然存在对应关系，但这种对应并非绝对，例如根据法律授权一些社会组织行使的部分权力，笔者认为，虽然这些权力表面上是通过社会公权力行使管理权责，但其依据法律所制定的章程文件属于法律授权的内容，本质仍应为国家法范畴，例如《注册会计师法》和《律师法》等法律中对注册会计师协会和律师协会等社会组织授予了资质认证和奖惩管理等职责；国际软法也对各国社会组织提出了一定要求和建议，需要由社会公权力来实现国际软法部分规定，例如《MLC2006公约》中的软法部分"导则B2.7.1"提出，船东组织和海员组织的代表应参与配员水平争议解决机制的运作。同理，《海事公约》软法部分中提出的涉及缔约国义务建议的是由国家公权力来实现国际软法的要求等。

第二节　软法与硬法的界分及相互关系

一、软法与硬法的界分标准

软法与硬法的区别可以分别从形式和实质两个角度观察。通过修正罗豪才的软法定义，即能否直接运用国家强制力保证实施是划分软法与硬法的形式标准，[①] 软法与硬法之间并非完全的泾渭分明，由于强制力保证、法律规范所要实现的公共目的性等方面的不同，有可能导致不同的定性结果。而法规范效力上的强弱则是软法与硬法划分实质上的标准，而这种效力差距主要表现在法律规范的公共性广度和刚性上。

值得注意的是，国家公权力介入所导致的对软法判断上的干扰。对于国家公权力是否应隔绝于软法尤其是社会软法的自治领域存在不同认识。实践中，国家公权力（一般表现为司法权）没有普遍介入社会自治领域并不意味着应然。笔者认为，国家公权力作为公正的最后保障，不应存在禁区，这是由于现阶段我们还无法得出社会公权力较国家公权力更具理性的结论，如果在社会公权力恣意时，国家公权力只是旁观，则社会公正将会受到威胁。在考虑国家公权力介入因素对社会软法判断时，应从三个方面统筹考虑，即介入的前提、干涉内容和介入程度。首先，需要考虑国家公权力介入是否由于社会公权力失灵导致；其次，应考虑公权力所干预的是涉及当事人实体权利义务还是仅是程序上的裁定；再次，在程度上，应考虑是直接做出处罚、强制措施，还是作为社会公权力决断的最终保障手段。在海事仲裁中，仲裁活动主要是仲裁机构依据属于软法的本机构仲裁规则进行，但如果仲裁结果不被遵守或出现违反仲裁程序等情况，则只能依靠司法介入进行纠正，但一般司法的介入只是对仲裁结果有效与无效作出裁定，并非介入具体的实体权利义务分配中。再如，学校对教职员工和学生的内部管理和处分是实施软法的行为，但如果出现严重侵犯基本人权的情况，司法旁观将导致对公正的严重损害。但对于软法，国家公权力并非直接发生作用，而只是作为最后的保障，并应受到严格限制。

[①]　罗豪才，宋功德. 软法亦法——公共治理呼唤软法之治 [M]. 北京：法律出版社，2009：297.

二、硬法与软法相互关系

硬法是保证国家、社会和国际秩序稳定的基石，具有不可替代的地位。软法作为社会治理的一种方式，能在一定程度上有效弥补硬法的缺陷。实践中，软法和硬法之间存在如下关系。

（一）更替转化

更替转化主要体现为硬法和软法的相互取代。硬法取代软法主要体现三方面：一是随着硬法的逐步完善，在原先硬法尚未触及或社会公权力尚不成熟的领域，国家公权力会通过硬法逐步取代不成熟、不规范的软法规则，例如，目前正在修订的《船员培训管理规则》，将原先属于行业自治领域的船员在船培训纳入其中，对航运公司规定相应义务。二是在涉及重大公共安全和公共利益的领域，硬法会主动介入，例如，全国人大常委会决定修改《民事诉讼法》和《行政诉讼法》，建议由检察机关提起公益诉讼的制度将有望解决由于社会组织不健全、民间索赔无法操作，致使公共利益受损无法补偿的困局。2018 年 6 月 26 日，广州海事法院一审宣判彭某权 4 人因非法捕捞渔业资源连带赔偿生态修复费用、环境污染产生的经济损失及鉴定评估费等合计 700 多万元，成为首个检察机关公益诉讼案例。三是有时软法会作为硬法的先行规定，经过反复试错与调整，在条件满足时，软法规定会成为制定硬法的渊源。在软法对硬法的取代方面，由于现阶段国家公权力呈整体收缩趋势，还权于社会将是一段时期内的主流，在国家公权力撤退的领域，社会公权力及私权利将会有效补充。例如，2016 年全国人大常委会对《海上交通安全法》进行修改，停止了船舶进出港口需要由政府主管部门签证的做法，将船舶航行自由权还给社会，船舶进出港口行为将由企业自主决定。两者相互更替转化，兼顾了回应性与稳定性。

（二）互为补充

在现实生活中，硬法和软法共存并形成互补的现象是普遍存在的。① 软法

---

① 骆旭旭.构建国际经济新秩序的法律工具选择——以国际软法与硬法的互动为切入点［J］.华侨大学学报（哲学社会科学版），2013（2）：70.

与硬法主要以两种方式实现互补：一是在特定领域内软法和硬法各自发挥作用，共同促进行业健康发展。例如在信用领域，国家公权力通过制定一系列软法和硬法规范进行信用建设，硬法有《纳税信用管理办法（试行）》（国家税务总局公告 2014 年第 40 号）、《海关企业信用管理暂行办法》（海关总署第 237 号令）；软法有 2017 年国务院发布的《关于建立完善守信联合激励和失信联合惩戒制度加快推进社会诚信建设的指导意见》（国发〔2016〕33 号），引导社会信用体系建构。另外，一些社会资信评估机构已经发挥重要影响，例如，阿里巴巴公司的蚂蚁信用平台已经初具规模，铁路总公司依据《限制铁路旅客运输领域严重失信人购买车票管理办法》（铁总客〔2018〕59 号）对失信旅客限制售票服务。硬法和软法共同促进了中国信用社会体系的形成。二是软法为硬法提供补充和解释。软法对硬法的补充和解释一般体现为对法律法规的配套解释、修订说明或政策解读等，也包括各部门为落实法律法规出台的部分软法性质的规范性文件，例如海事部门为落实《行政处罚法》而出台的指导性文件《海事违法行为行政处罚裁量基准》（海政法〔2017〕691 号）等。

（三）互相协同

软法与硬法协同关系在国际法领域中体现得更为明显。国际法中的软法部分已经被认为是软法的重要组成部分，[①] 并在国际法实践中得到广泛应用。在国际法中，软法既可以单独的文件形式出现，例如《世界人权宣言》《SOLAS 公约第Ⅱ-2 章的统一解释》（MSC98 通函）等，也可以在一个法律性文件中以一定形式表现。在 21 世纪制定和修订的大部分海事和劳工公约中，通常以硬法条款和软法条款共存的形式呈现在一个法律文件中，两类条款形成了平行且对应的协同关系。在国内法中则主要体现了对社会的调整过程中，通过软硬兼施的混合法机制对当今复杂的社会关系进行调整，意味着抛弃以往"命令—强制"模式的单线思维方式，而更加注重协商与民主。[②]

（四）相互冲突

法律冲突并非软法或硬法所特有的。软法和硬法间的冲突主要表现在两

---

① Lyune Jurigielewicz. Global Environmental Change and International Law [M]. University Press of American, Inc. 1996：146.

② 罗豪才. 软法与公共治理 [M]. 北京：北京大学出版社，2006：9.

方面：一是新的硬法进入原先软法规制的领域所引起的冲突，例如我国《宪法》规定，将所有行使公权力的人员纳入监督，原先以自律为主的其他党派团体和村组织等章程规约中与监察法相抵触的部分内容无效；二是由于软法理性不足导致的与硬法的冲突。在形式上，软法没有立法监督、司法审查等合法性监督审查机制，政策惯例多源于自发生成，专业标准创制的技术门槛也使得法律监督在实质介入上存在困难。另外，软法在各环节都可能存在各种非理性因素，例如，创制动机上的假公济私、依据上的无中生有、目的上的含糊其辞、主体上的越位缺位、执行中的人治因素、权责分配上的不对称，等等。总之，软法的理性不足与对其研究长期缺失导致的制度设计上的不完善有关，未来如何将其创制与实施置于宪政与法治框架下、遵循民主法治原则将是软法研究学者的首要任务。非理性软法的存在不仅有损于硬法的权威与实效，而且还为权力滥用提供了契机。[1]

当前，软法与硬法的良性互动是主流，也正在逐渐被学界和实务界重视。加强对软法的研究和优化，使之更加符合中国当前的法治原则和精神，全面提高软法的理性程度将是其正式被纳入法之范畴、得到广泛认可的关键。

上述涉及的公权力理论和软硬法的界定实际都是从传统公法视野上的观察，目的是为了使本书理论体系和知识架构相对完整，下文将对公法相关理论进行阐述。

第三节 公法相关理论

对船员权益进行保障的关键是公权力能够适当介入并发挥积极作用。在法治中国建设背景下，随着社会治理理念和管理机制的转变，理论界对公权力本身行使方式、性质和作用也在反思，公权力相关理论正在发生深刻变化。将更多公权力纳入法治化运行轨道，以及在什么样的法律范式下确保公权力在受到规制的前提下，在船员权益领域起到应有的积极作用是本书试图解决的问题。软法理论的出现为公权力运行的模式提供了一个更具发展空间的选择，也为通过软法的模式解决国家和社会治理问题为人们开拓了一条思路。虽然软法并非

公法专属，但由于与公法的天然内在联系，对公法的影响更为深刻，同时由于公域软法带有私法领域中协商、自治等成分，故为本来就充满争议的公私法划分增加了不确定性，同时，公权力及公法由于软法的引入并不会因为增加了弹性而削弱其权威，反而增加了适应性。

一、公法历史沿革

通过公权力对船员权益进行保障所维护的并不是个别船员的利益得失，而关系整个群体的发展，乃至国家和社会的公共利益。一方面，由公权力主体通过行使公权力，满足公共利益的需要，这些要素结合在一起符合传统意义上公法的范畴。另一方面，将公权力作为研究对象是无法回避公法的，因为公法以公权力的存在为前提，公权力是公法的着眼点，本质上，公法是规范和控制公权力的法，① 公法和公权力存在共生关系。

（一）西方公法历史沿革

公元前 2 世纪，古罗马时代法学家乌尔比安（Ulpianus）将法律进行公私二元区分，他在《学说汇纂》一书中写道：法律有的造福于公共利益，有的则造福于私人。公法常见于宗教事务、宗教机构和国家管理机构之中。② 查士丁尼（Justinian）在《法学总论》里进一步明确了这一划分，"法律学习分为公法与私法两个部分。公法涉及罗马帝国的政体，私法则涉及个人利益"。③ 在公法的演进过程中，早期对公法的划分主要还是基于学习和研究的目的，甚至是为了将公法划定为研究"禁区"而不去触碰的目的而存在，④ 这也导致公法研究并不发达。在西方，公法的发展以 17 世纪为分水岭，"之前是以公法观念为主要载体，之后则是以公法理论为主要载体。"⑤ 在经历了中世纪漫长的沉寂后，许多知识和制度已经偏离了古罗马时期的初念，17 世纪后，缘于欧洲大陆"人民主权"的产生及影响，公法逐步受到关注，之后在与天赋人权和社会契约等宪政思想相结合的自然法学推动下，公法研究逐渐步入正轨。

---

① 姜明安. 论公法与政治文明 [J]. 法商研究，2003（3）：63.
② 彼德罗·彭梵得. 罗马法教科书 [M]. 黄风，译. 北京：中国政法大学出版社，1992：9.
③ 查士丁尼. 法学总论——法学阶梯 [M]. 张企泰，译. 北京：商务印书馆，1996：5-6.
④ 勒内·达维德. 当代主要法律体系 [M]. 漆竹生，译. 上海：上海译文出版社，1983：59.
⑤ 袁曙宏. 现代公法制度的统一性 [M]. 北京：北京大学出版社，2009：12.

　　在德国，公法理论开始从政治学领域中剥离出来，与私法、教会法等一起成为大学教育中的一门独立学科。19 世纪中后期，法国的法学教育开始分为公法与私法。英国对公权力和以公共利益为借口实施人权干预一直持怀疑戒备态度，并反对法律的公私划分。公法理论存在断裂性发展特征，新的统治者会通过实施新的统治方式来改变旧的传统和法律，其中公法往往是变化最剧烈的，与相对稳定的私法传承相比，公法体系很难实现连续性。近现代以来，个人从旧的封建等级及人身依附关系中解放出来后，开始享有并珍视和捍卫个人自由，在个人自由为前提的条件下，有组织社会生活的实现涉及政治问题，而公法要义就是要解决和调和个人自由与社会秩序之间的关系。

　　对公法的研究在不同时期也存在不同学说，德国基本沿袭了依法治国的思想脉络，认为国家是"一群人在法律上的结合"，主张形式上的依法治国。① 形式上的依法治国是对康德理性主义和孟德斯鸠权力分立论在法律领域的全面建构。20 世纪后，以萧勒（Sceuer）为代表的德国公法学者对形式法治国理论进行了反思，重构起更加符合第二次世界大战后人民对正义追求的实质法治国思想；耶利内克（Jelinek）认为公法关系是"保有统治权的团体在其与对等的或隶属的人之关系"，从而更新了调整关系的统一标准；拉菲利埃（Laferriere）和贝泰勒米（Berthelemy）提出并发展了"公共权力"理论，其路径是将国家行为区分为权力行为和管理行为，而权力行为应当受公法规范。近年来，"公共服务学说"逐渐占据主流，狄骥（Duguit）认为，"如今公共服务的概念正在逐渐取代主权的概念而成为公法的基础"。② 奥里乌（Hauriou）则在上述两种理论基础上提出了"制度理论"，认为行政法应是这样的一种制度框架，使行政机关在其明确的权限范围内发挥"公共服务"的作用。③ 由于"戴雪误解"，英国在接受公法概念上经历了艰难的过程，从哈洛（Harlow）的坚决反对到凯恩（Kane）的有条件接受，如今，英国公法理论也认同在一些维度中公法对司法机关发挥着独特的作用。

（二）中国公法发展的路径

　　在中国，公法的发展与西方并不同步，封建社会中不存在公私法的划

---

①　陈新民. 德国公法学基础理论（上册）[M]. 北京：法律出版社，2010：9.
②　莱昂·狄骥. 公法的变迁 [M]. 郑戈，译. 北京：商务印书馆，2013：33.
③　莫里斯·奥里乌. 行政法与公法精要 [M]. 龚觅等，译. 沈阳：春风文艺出版社，1999.

分，只有刑法较为发达，对个体私权利忽视的传统一直影响至今。近现代以来，由于政治意识形态以及学习对标出现摇摆反复等原因，学术研究多次断代，在对中国传统社会、西方社会和苏联的多次批判和否定中，历史传统和西方文明中优秀的法治思想没有很好地在中国扎根生长，也导致长久以来中国社会法治资源和民众法治素养的不足。在中华人民共和国成立后很长一段时期内，由于受苏联法学观点的影响，我国法学界普遍否认在社会主义国家中有公法和私法的划分，并把这种划分看作资产阶级法学和资本主义法制的特有现象。学界一般将 1978 年《宪法》的颁布作为中华人民共和国公法发展的起点。笔者认为主要可分为四个阶段。

一是法制恢复阶段（1978—1985 年）。"文化大革命"之后，全社会都在痛定思痛。结束无秩序的法律荒蛮状态、恢复法制成为首要任务摆在法学界面前。党的十一届三中全会提出"有法可依、有法必依、执法必严、违法必究"的十六字法制宣言。1978 年《宪法》对十年"文化大革命"进行了较为彻底的批判，起到承前启后的作用，重新突出国家权力机关的地位，确立了国家工作重心从阶级斗争转向经济建设，此后中国进入"大规模立法时期"。① 其后的 1982 年《宪法》更是表达出全国各界的心声，并以"发扬社会主义民主、健全社会主义法制、完善国家制度、切实保障公民的权利"为主要指导思想，规定了平等权、政治权利与自由、宗教信仰自由、人身自由等方面的权利。这一时期的法律追求价值是以国家利益为本位的，制定的法律多以公法为主，人权保障并没有获得足够的重视，例如，罢工和自由迁徙等权利并没有得到体现。

二是建立与社会主义市场经济相适应的法律体系阶段（1986—1999年）。随着市场经济的不断深入发展，国家和个人利益发生了较大变化，需要在法律上重新调整，市场经济的内在规律也要求限制行政机关的过多介入，以 1986 年《民法通则》为标志，中国私法开始发展，《宪法》经历了多次修改，逐步理顺了政府与市场的关系，特别是"建设社会主义法治国家"在 1999 年写入《宪法》，完成了从"法制"到"法治"的转变。与此同时，公法建设也步入正轨，以控权为目标的一系列行政法，例如《行政诉讼法》《国家赔偿法》《行政处罚法》《行政复议法》《行政强制法》《行政监察法》

---

① 郭道晖. 当代中国立法（上）[M]. 北京：中国民主法制出版社，1998：883 - 884.

陆续出台。

三是彰显人权保障的阶段（2000—2012 年）。这一时期的特点是公私法制度建设从以数量增长转向以提高立法质量为主。2000 年《立法法》的出台较全面地规范了立法活动，包括各类规范性法律文件的权限范围、制定程序和冲突规则等，良法善治理念开始成为共识。随着 2008 年中国特色社会主义法律体系的基本形成，以宪法为引领，涵盖行政法、刑法以及其他部门法中的公法内容的公法体系框架搭建完成，建设法治政府已经具备现实基础。2004 年人权入宪是一个标志性事件，之后制定的《治安管理处罚法》更是突出了对人权的保障。2007 年《政府信息公开条例》保证了公民知情权。值得关注的是，个案对宪政进步起到了不可忽视的助推作用。

四是依法治国向纵深全面发展阶段（2012 年至今）。党的十八大以来，公法建设再次进入活跃期。随着世界范围经济形势低迷，中国经济增长速度放缓，需要进一步解放生产力，以简政放权、放管结合、深化服务作为全面深化改革的"先手棋"已成为这一时期的主旋律。立法重点转向生产安全、环境保护、食品安全等与民生密切相关领域。随着《民法典》的出台，人民法治素养也在稳步提升，人权原则、法治原则、分权原则、法律优先等深入人心。公法对中国法治进程意义重大，"法治重在公法之治"已经成为中国学术界和实务界的共识。

二、公法相关理论

（一）公私法的划分标准

学界对公私法的划分标准不统一，主要学说有："利益说""主体说""权力说"等。"利益说"最早提出，认为凡以服务于公共利益为目的的法律为公法，凡以保护私人利益为目的的法律为私法。"主体说"认为，法律关系主体双方或一方为国家或社会团体组织者的为公法，而法律关系主体双方都是私人的为私法。"权力说"认为，规定国家与私人间权力服从关系的是公法，规定私人间对等关系的是私法。[①] 一般认为，公法包括：宪法、行政法、诉讼法、

---

① 中国大百科全书编辑委员会《法学》编辑委员会等.中国大百科全书（法学）［G］.北京：中国大百科全书出版社，1984：80.

刑法、组织法、社会法、税收法、社会法、军事法等，① 而私法主要包括民法、商法等。

目前，公私法划分理论面临一定的挑战。一方面，随着现代社会生产力和市场经济的发展，各类问题也逐步显现，消费者权益保护、环境资源保护、社会保障、劳工保护等问题层出不穷，迫使国家从消极的"守夜人"转变为"干预者"，公权力在传统私法领域不断延伸，公法规范大量出现在传统的私法领域，出现了"私法公法化"现象，例如《民法典》对民事行为的限制等。另一方面，传统公法规范也开始大量运用私法的方式来处理法律关系，出现了例如公法契约、政府经营行为以及私法方式执行公法任务等现象，即"公法私法化"。② 再加上之前产生的介于公法与私法之间的经济法与劳动法（船员劳动关系和劳动保障），以及正在崛起的公域软法更具备私法中协商、自治等内涵，使公私法之间的融合渗透愈发深入，这一切都给公法理论的进一步发展带来了不确定因素。

（二）公法的价值

公法是权力的控制法。③ 法治的本质特征就是制约权力，依法治国的关键在于治"权"而非治"民"，其追求的目标就是权力与权利的和谐态势。最有效的法治不仅意味着对行政机构的权力进行制约，而且立法机构和司法机构也都要受到宪法的限制。④

首先，公法对权力的控制体现在对权力的分配和界定上。权力是中性的，其基本属性是命令与服从，既可以有效地维持社会的正常运行，又具有无限膨胀的弊端，故需要对权力进行拆分，建立"有限、分立和负责任的权力架构"。⑤ 法律制度中关于权力划分、权力主体是以公法形式表现的，例如宪法、组织法等，还有程序法中对各司法机关的权力分工与管辖规定等。权力与公法的对应是法治时代的基本事实。⑥

其次，公法还负责对权力进行监督和约束。分权是制权的前提，仅有分权

---

① 宋功德.中国公法的崛起与政治变革 [J].法制与社会发展，2004（2）：29.
② 郭明瑞，于宏伟.论公法与私法的划分及其对我国民法的启示 [J].环球法律评论，2006（4）：427.
③ 汪习根.公法法治论——公、私法定位的反思 [J].中国法学，2002（5）：55.
④ W. Ivor·詹宁斯.法与宪法 [M].龚祥瑞，侯健，译.北京：生活·读书·新知三联书店，1997：42.
⑤ 洛克.政府论（下篇）[M].叶启芳等，译.北京：商务印书馆，1981：35.
⑥ 谢晖.权力缺席与权力制约——当代中国的公法漏洞及其救济 [J].求是学刊，2001（1）：12.

还不够，还需要通过公法上的设计实现权力的制约。权力制约的法律形式主要有四种：以权力制约权力、以权利制约权力、以社会制约权力、以道德制约权力。以权力制约权力主要是公法的调整范围，包括权力的分配和监督。以权利制约权力是公法和私法的使命，但主要是公法发挥作用，因为我国私法存在的范围需要公法的规定和承认。以社会制约权力实际上也是权力制约权力的变化，只不过其中一个权力是社会公权力。以道德制约权力则受制于国民道德素质综合水平，目前以道德约束权力在我国的效果并不明显。

再次，公法还承担对权力滥用的矫正与制裁。公法设定了行政诉讼、国家赔偿、弹劾、罢免、监察等制度，为权力提供了责任形式和责任内容。需要防止的一个误区是过于强调实行自上而下的治理，要求公民守法而轻视公权力主体行为的合法性，由此所造成的权力失控将必然使国家的法治建设付出惨痛代价。

最后，公法可以引导公权力发挥正当作用。无论在立法还是司法领域，由公法所设定的程序和内容可以对个人滥用权力形成制约，从而保证良法和司法公正的实现。

（三）公法与人权的关系

保障人权和制约权力是法治统一体的两个方面，虽然法治目标有多个，但始终围绕人权的展开而存在。[①] 对人权无论做何种解释，其本质都在于国家、社会与个体之间关系（公权力与个体权利之间）的合理与和谐，这显然属于公法的规制范畴。公法对人权的保障是根本性的，在这方面，我国曾有过历史教训，由于私人财产权不被公法所认可，导致私人权利被侵害，私法也没有生长的空间，在今天的法治建设中，人们认识公法是法治的主因，是限制权力和保障权利之法，故在公法领域确立了权力法定和权利推定等人权保障的基本原则。除了为人权提供空间，公法还为人权的行使和救济提供了可操作的方式和渠道。落实到一项具体权利首先是授予该权利以法律地位、设计相关的法律制度，以及是否可以司法救济。可以说，任何一项人权都直接或间接地需要公法提供借以实现的法律手段。换一个角度看待公私法的区分，即从人权保障的角度来理解公法，个体可能受到两方面的侵害：一是来自其他个体的侵害；二是来自国家或社会组织的公权力侵害，而防范和纠正对个体人权侵害的法可以划

---

① 汪习根. 公法法治论——公、私法定位的反思 [J]. 中国法学，2002 (5)：56.

定为公法，这种理解更符合当今人权保障的宪政精神。

三、本书对公法的认识

对公法和私法的区分是一个理论上的重要假设，主要被大陆法系所传承，但从当前的公法研究来看，无论是国际还是国内，公法研究正面临着较大的困难和瓶颈。一方面，公法与私法的界限并非泾渭分明，随着经济社会的发展和人们认识的不断进步，在公法关系由对抗与控制转向互动与合作、公法利益基础由公益发展到公益与私益相结合的大背景下，尤其是自由主义兴起，私法相对公法呈现不断扩张的趋势，国家治理主导也由国家公权力扩展为国际公权力和社会公权力后，公法研究严重滞后，其对广泛存在的公法私法化、私法公法化和公私法融合等现象，以及一些被法律界逐渐认可的社会法等公私混合法，[①] 使公法与私法的界限愈发模糊起来。

另一方面，目前公法并不成体系，并没有跨行政法、刑法、诉讼法等法律部门的统一公法理论，"破碎的公法知识就像一面破碎的旗帜，虽然可以迎风招展，但它的权威性和象征意义已经失去。"[②] 针对这些问题，一些中国学者提出，"须有一种总体的公法理论，一门整体的公法学科来整合、承载并传承公法传统"。[③] 而在公法尚形成统一体系的当下，为解决传统公法在社会治理的僵化和新的法律关系不断出现调整的滞后，"软法之治"作为一种新理念逐渐被理论界所重视，公法领域的软法以更倾向于私法协商、非强制方式发挥作用，传统公法理论中"命令服从模式"面临严峻挑战。

---

① 拉德布鲁赫.法学导论［M］.米健，朱林，译.北京：中国大百科全书出版社，1997：77.
② 于立深.中国公法学现代化的方法论进路［J］.法商研究，2005（3）.
③ 袁曙宏.现代公法制度的统一性［M］.北京：北京大学出版社，2009：5.

第四章 船员权益保障的人权法理基础

第一节 人权是对船员权益保障的理论渊源

欧洲的大航海时代催生了近代船员，由于当时的航海活动多伴随海洋争霸和跨大洋奴隶贸易，船员成为列强海上军事力量的附属品。到了18世纪，英国民众还普遍把船员和奴隶看作帝国等级制度边缘、拥有成人体格和孩童思想的居民，不配得到宗主国的自由保证，[①] 对船员实行鞭刑或限制人身自由是惯例。无论是国际法还是各国国内法的实践，通过公权力的介入来矫正特定群体权利的缺失是通行做法，但针对单一群体动用公权力进行权益保障而不造成对其他群体的不公平对待，有必要从法理角度论述其正当性和必要性。

一、国际人权理论的发展和实践

（一）人权理论化进程

船员权益保障的核心是对船员人权的认可和尊重。所谓人权，一般是指人应享有的权利，但人权的内涵和外延各国学者各有主张，"可以说人权具有一张普洛透斯式的脸庞"。[②] 人权不仅是法学的研究对象，而且还与法学有更深层次的联系，人权需要通过法律具体化予以实现，而法律追求的主要目标和意义也是人权的实现，从某种意义上说，法律是人权的另一种表达方式。另外，人权也是哲学、政治学、管理学等学科门类的研究热点，呈现出多学科在人权

---

① 李茸，余江龙. 近代英国海员自由的考察 [J]. 安徽电气工程职业技术学院学报，2011（2）：99.
② 陶菁. 人权概念的语用学分析 [J]. 人权，2015（2）：33.

研究上的交集关系，这也决定了人权虽然看上去绚丽多彩，但又捉摸不透。人权有着强大的吸引力，尽管不同社会制度的国家对人权的观念不尽相同，但不可否认的是，人权具有很大的普适性，"人权是有可能让人类'跨越鸿沟'的，无论这些鸿沟是种族、性别、文明，还是其他"。①

人权观念的形成最早可以追溯古希腊和古罗马时期的自然法（natural law）思想，正如法国哲学家马里旦（Maritain）所言："人权的哲学基础是自然法"。② 自然法经自然权利理论发展，衍生出西方社会和国家制度产生重要影响的自由主义思想体系。16—17 世纪，近代人权理论逐渐体系化。人权概念首先由荷兰哲学家格劳秀斯在其名著《战争与和平法》③ 中提出，其用专章论述了人权，该书也成为西方人权学说的开创性著作。霍布斯（Hobbes）是自然法、自然权利和社会契约相关理论的承上启下者，④ 其认为在自然状态下使人孤独、贫困、短寿已成为常态，而结束这种自然状态的办法就是通过理性促使人们缔结契约、成立政府。⑤ 斯宾诺莎（Spinoza）在《神学政治论》中进一步强调了人权与人的依附关系，即"天赋之权即使由于自愿，也是不能割弃的"。⑥ 而将人权理论系统化的则是英国思想家洛克，他在《政府论》⑦ 中系统阐释了天赋人权、自由、平等、财产神圣、分权、人民主权等理念，是自然法对经典人权理论的系统论述，⑧ 他认为如果统治者以自己的意志满足私心，那就是暴政。自然法中人所享有的自然权利与现代人权理论具有相同渊源，菲尼斯（Finnis）教授曾指出，"人权是自然权利的现代用语"。⑨ 人权思想穿越厚重的历史和思维隔阂在今天得到反映，其核心是自由、效率、自由契约和财产神圣，核心问题是个体与政府（王权）公权力的关系问题。当今人权理论的主流源于康德（Kant）对自然法人权理论的批判继承之上，基于人的尊严的人

---

① 张黎衍. 跨文化人权交流：跨越鸿沟还是短兵相接？［J］. 人权，2015（1）：98.
② 马里旦. 人和国家［M］. 沈宗灵，译. 北京：中国法制出版社，2011：90.
③ 格劳秀斯. 战争与和平法［M］. 何勤华等，译. 上海：上海人民出版社，2017.
④ 苏秀. 人权概念在中国的起源和发展［D］. 济南：山东师范大学硕士学位论文，2014：8.
⑤ 霍布斯. 利维坦［M］. 黎廷弼等，译. 北京：商务印书馆，1985：94-122.
⑥ 斯宾诺莎. 神学政治论［M］. 北京：商务印书馆，1963：16.
⑦ 洛克. 政府论（上篇）［M］. 刘晓根，译. 北京：北京出版社，2012.
⑧ 古典人权理论是一种较为完整与体系化的人权理论形态。它相对于古代人权观念与现代人权理论而言，主要指17—18 世纪西方人权思想与人权观念所构成的理论体系。参见陈佑武. 中国特色社会主义人权理论体系的基本范畴［J/OL］.（2014-11）.［2018-09-01］. http://www.humanrights. cn/html/2014/4_1125/3108. html.
⑨ John Finnis. Natural Law and Natural Rights［M］. London：Oxford University Press，1980：198.

权论证范式，"人作为理性的存在，有能力超越自然法则的限制而纯粹按照自身所立的法则行动，即能够按照对于规律的观念或原则自己规定自己的行为，使单纯理性的法则成为现实，从而使自身超越于自然万物之上而具有人之为人的尊严"。①

《经济、社会及文化权利国际公约》（简称 A 公约）和《公民及政治权利国际公约》（简称 B 公约）都在序言中指出，"公约所承认的权利是源于人身的固有尊严"。西方主流的自由主义人权观到了 20 世纪中叶呈现了新的变化，主要表现为美国的"新自由主义人权观"（New Liberalism）的发展超越了传统自由主义的窠臼，从对自由的绝对推崇转而兼顾公平，不论是对少数群体进行特殊保护而导致对"反向歧视"的反思，还是宪法承认个人从国家获得福利的权利，都与传统自由主义人权观所一贯主张的机会均等有所不同。新自由主义观旨在揭示自由放任的资本主义所带来的非正义和各种弊端，试图缓解贫富差别和阶级对立。《美国生活的许诺》（*The Promise of American Life*）一书提出了三点改革方案：大企业国有化、建立强有力工会、有一个强大的中央政府，② 新自由主义部分影响罗斯福推行的旨在扩大内需、缓解经济危机的新政。在世界范围内，人权理论受到各类思想的影响，并在不断发展中，社群主义、新古典自由主义，以及与社会主义人权观都在影响对人权认识的方向和进程。

（二）人权的法律化进程

人权的法律化进程主要从三个层面展开：一是各国人权的宪法化；二是国际法中对人权的公约化；三是各区域组织人权的法律化和制度化。

在各国人权宪法化方面，1215 年英国的《自由大宪章》可以说是最早包括人权内容的宪法文件，该文件打破了千百年来王权在国家的绝对性统治地位，确立了以自由为动力、以分权为基础、以民主为形式、以法治为保障的新国家形态。1689 年，英国"光荣革命"后产生的《权利法案》宣告了王权的失败。1776 年美国《独立宣言》的诞生，其意义深远，其中所声明的人权理念以及个人与政府的关系不仅是美国宪法的精神来源，而且也影响了世界其他

① 严海良.人权论证范式的变革——从主体性到关系性［M］.北京：社会科学文献出版社，2008：61.
② 张纯厚.当代西方的两种新自由主义——政治新自由主义与新保守主义的对立［J］.政治学研究，2010（3）：110.

国家的宪法。1789 年法国《人权宣言》以全面性、准确性、概括性和体系化而获得了极高的评价，① 罗伯斯庇尔（Robespierre）称赞其为"一切民族的宪法"。② 1889 年日本《明治宪法》中"臣民的权利和义务"条款也被认为是亚洲国家第一个人权入宪的范例。③ 尽管该宪法人权内容与西方人权内涵还有一定距离，例如，人权的主体用"臣民"表达，人权内容也被置于"法律范围内"，体现了人权服从君权和法律的"有限人权体系"，但这是亚洲国家的人权概念从无到有的一次跨越。西方传统的人权观往往以先验性的"天赋人权"为出发点，经历代先哲的提炼和历史的沉淀，具有道德上的至高性，今天几乎所有现代民主国家都在宪法或政治宣言中突出人权的至高地位，以维护人权来获得执政的正当性；反之，如果漠视甚至否认人权则会招致广泛的批评和质疑。可以说，世界大多数国家宪法中的人权内容的思想源于洛克的自然权利学说理论。

在两次世界大战后，基于对战争严重破坏人权的反思，为了防止悲剧重演，各国采取了制度性安排以保障人权，人权理论在全球范围内得到广泛实践。人们认识到，人权只有与法治和制度结合才有实际意义，否则，只能止步于道德宣誓层面。1948 年 12 月 10 日，联合国大会通过了人类历史上第一部系统提出尊重和保障基本人权的国际软法文件——《世界人权宣言》，系统吸收了人类人权思想精华，为成员国确定了一系列人权标准，标志着人权正式成为国际法的内容之一。随后，在《联合国宪章》和《世界人权宣言》的基础上，联合国陆续制定了一系列国际人权公约，逐步建立起国际人权法体系，涉及权利涵盖了经济、社会、文化、政治和公民权利等各个领域，具体包括：反对种族灭绝、奴隶制、囚犯待遇、酷刑、种族歧视、种族隔离等方面的内容，同时对妇女、儿童、残疾人、少数人、迁徙工人、难民和其他弱势群体的保护也给予了关注。这些公约文件虽然没有给"人权"进行明确的定义，但人权被描述为"人人有资格享有本宣言所载的一切权利和自由，不分种族、肤色、性别、语言、宗教、政治或其他见解、国籍或社会出身、财产、出生或其他身份等任何区别"。④ 国际法中的人权理念与西方的人权理论并不完全相同，国际

---

① 徐显明. 人权的体系与分类 [J]. 中国社会科学，2000（6）：95.
② 罗伯斯庇尔. 革命法制与审判 [M]. 赵涵舆，译. 北京：商务印书馆，1976：153.
③ 田雪梅. 近代日本国民的铸造：从明治到大正 [D]. 上海：复旦大学博士学位论文，2011：16.
④ 《世界人权宣言》第 2 条.

法中的人权更多地体现了第三世界国家对自身发展和社会经济现状的关切，主张集体人权。1977 年，联合国大会 32/130 号决议通过了第三世界国家提出的《关于人权新概念的决议案》，创新性提出了国家主权、民族自决权、发展权等集体人权，即第三代人权。

在区域人权建设方面，目前欧洲、美洲和非洲都建立了较为成熟的人权区域法制体系以及制度性保障机制，制定了具有宪法性质的洲际人权公约，设立了人权法院、人权委员会或理事会等。欧洲以 1950 年《欧洲保护人权和基本自由公约》和 1961 年《欧洲社会宪章》为基本人权公约，辅以《保护国家的少数群体框架公约》等专项公约。在机制上设置有欧洲人权委员会和欧洲人权法院以及其他监督机制以保障人权法律的实施。美洲地区有两个人权法律条约：一是 1948 年的《美洲国家组织宪章》，配以专门成立的美洲国家人权委员会负责该宪章的执行和监督。二是 1969 年的《美洲人权公约》，并以此建立了新的美洲人权委员会和美洲人权法院。非洲有《非洲统一组织宪章》《非洲联盟基本条例》和《非洲人权和民族权利宪章》等法律文件，机制上有非洲人权和民族权利委员会、非洲正义和人权法院作为人权监督机构，履行人权监督职能。澳大利亚有《人权与机会委员会法》，并设置了人权委员会。亚洲尚未制定统一的人权法律，也未设定人权保障机构，与世界其他区域的人权发展相比存在一定差距。

（三）东西方对人权理解认识上的差异

相对于西方，包括我国在内的亚洲大多数国家，由于经济发展水平有限，更多倾向于关注经济、社会与文化相关的权利，他们对西方以个人为中心的人权理论体系并不完全接受。亚洲国家普遍主张集体人权，支持对人权的代际划分。[①] 大部分西方学者并不接受集体人权的说法，认为第二代和第三代人权所主张的生存权和发展权并非人权，而是政府应尽的义务和责任，是用权利话语来掩饰政治目的的尝试，易造成在强化政府和非政府组织权力的同时削弱个人

① 著名法学家卡雷尔·瓦萨克（Karol Vasak）提出三代人权的划分：第一代人权侧重公民和政治权利，致力于保护个人不受国家的侵犯。主要包括生命权、人身自由权，选择权等。由于这一代人权强调政府对公民的个人自由不进行干涉，又被称为"消极权利"。第二代人权主要侧重社会权利、经济权利和文化权利，主要包括就业权、受教育权、社会保障权、物质帮助权等。由于二代人权需要政府积极帮助，又被称为"积极的权利"。第三代人权指国家和民族的集体权利，主要指民族自决权和发展权。

的消极权利。① 但有一点具有共识，即人权的核心是个体与公权力之间的关系，在防止公权力对人权进行不当侵犯的同时，促使公权力在保障个体权利发挥积极作用。

20 世纪后期，随着西方国家新自由主义、② 社群主义③和"凯恩斯主义"④等思想的兴起，西方国家在一定程度上也赞同国家和社会应主动发挥一定作用，在提供福利、扶助弱势群体、创造公平等方面进行干预。此外，随着发展中国家经济实力的不断提升和社会进步，个人价值也越来越受到尊重。在世界范围内，东西方人权标准呈现出某种融合与趋同，更多的人认识人权是个人人权和集体人权的统一，民族自决权、发展权、国际和平与安全权、人类共同遗产享有权、环境权等集体权利已经或逐渐被认可。可以预见，人权将会成为现代法学研究的热点领域。

二、中国人权理论与实践发展

1991 年在中国发布《中国的人权状况》白皮书，向世界介绍我国人权发展成就，人权研究在我国开始起步。近年来，国内大多数学者认识到，现代人权思想是资产阶级在与封建帝制和专治统治进行斗争所传承下来的宝贵思想财富，虽然人权是舶来概念，但是与我国传统文化中所蕴含的民本主义、人道主义和大同精神有着相似的内容。近年来，中国出于自身历史文化和经济发展的特点，其内涵历经变迁，逐步形成了具有中国特色的人权观。中国的人权观属于相对普遍人权观，⑤ 承认人权的民族性和国别差异性。发达国家人们的生活水平和受教育程度高了，人们自然会更有兴趣和能力关心竞选等政治活动，而

---

① 杰克·唐纳利.普遍人权的理论和实践［M］.王浦劬，译.北京：中国社会科学出版社，2001：173.
② 新自由主义提出自由应该是制度框架内的自由，而不是放任自流。
③ 社群主义强调国家、家庭和社区的价值，倡导爱国主义，强调集体权利优先的原则。
④ 凯恩斯认为，市场中不存在一个能把私人利益转化为社会利益的看不见的手，经济危机和失业不可能消除，只有依靠看得见的手，即政府对经济的全面干预才能摆脱经济萧条和失业问题。因此，凯恩斯主张政府通过收入分配政策刺激有效需求来达到充分就业。为刺激社会投资需求的增加，他主张政府采取扩大公共工程等方面的开支，增加货币供应量，实行赤字预算来刺激国民经济活动，以增加国民收入，实现充分就业。
⑤ 人权的普遍性和相对性是当前学界争论的焦点之一，人权的普遍性是指人权和基本自由是一种应当被普遍尊重和遵行的价值，这种价值的存在和实现对于任何国家、种族和民族是没有区别的。而持人权相对性观点的认为，不同的历史和现实的差异决定了人权只具有相对的属性。而许多学者尝试将人权的普遍性与相对性结合，相对普遍人权承认不同文化和价值观的前提下尽可能地寻求相互接纳的共识。

发展中国家为了提高保障人权的整体水平，自然会把发展经济、提高人们的生活标准放在优先位置。这两点并不妨碍政府应对各类人权都予以重视，① "对多元文化和多样价值观的尊重本身就是对人权的一种保障"。② 中国人权观强调生存权和发展权是首要人权，③ 从中国历次发布的 20 份人权白皮书④中，我们可以看出中国人权理念的发展与变迁。1991 年中国首次发布《中国的人权状况》白皮书，强调了生存权，但没有提及发展权，对生存权的表述就是让人民"吃饱穿暖"。之后，一直到 2012 年的白皮书都是采用"生存权和发展权"表述，并单独成章，相关提法也逐步与国际人权法相统一，例如"公民权利和政治权利""经济、社会和文化权利"等用语分别属于人权代际学说中的第一代人权和第二代人权，"发展权"属于第三代人权中的"集体人权"。

2012 年，党的十八大之后发布的人权白皮书呈现出较为明显的变化，主要体现三方面：一是基于我国已经初步解决温饱问题的判断，人权白皮书的章节中不再表述为"生存权与发展权"，而主要强调"发展权"，并单独成章。二是回避了学术争论，弱化之前的章节编排中所体现的"三代人权"划分法，采取权利清单的模式，进行细项列举。三是体现了可持续发展理念与和协同发展理念，新增"环境权利"和"社会保障权利"等内容，中国的人权观更多体现了一种包容和务实（见表 4 - 1）。

2014 年之后，中国不再发表综合性的人权白皮书文件，而是在每个具体领域分别发表人权发展状况白皮书，例如，2016—2017 年陆续发布《中国人权法治化保障的新进展》《中国健康事业的发展与人权进步》《中国的减贫行动与人权进步》等文件。在 2016 年《发展权：中国的理念、实践与贡献》白皮书中对发展权进行了最新表述，提出"发展权是个人人权与集体人权的统一"，这可以理解为对原先认为发展权是集体人权认识上的进步。2017 年在《中国人权法治化保障的新进展》中，中国政府表明了正在为批准相关公约创造条件。2019 年，国务院发布了《为人民谋幸福：新中国人权事业发展 70 年》，系统回顾了中华人民共和国 70 年来人权事业的发展及对世界人权事业发展做出的贡献。

---

① 李步云.发展权的科学内涵和重大意义 [N].人民日报，2016 - 06 - 08 (18).
② 罗豪才.协力促人权　共筑"中国梦"[J].人权，2014 (3)：15.
③ 1995—2013 年，中国发布的人权白皮书均将生存权与发展权列为单独一章，并置于首位进行论述。
④ 中国人权白皮书 [EB/OL]. [2020 - 09 - 09]. http://www.humanrights.cn/html/special/20180228/.

表 4-1　中国人权白皮书章节变化表

2012 年之前人权白皮书章节	《2014 年中国人权事业的进展》白皮书章节
一、人民的生存权和发展权	一、发展权利
二、公民权利和政治权利	二、人身权利
三、人权的司法保障	三、民主权利
四、经济、社会和文化权利	四、公正审判权
五、少数民族的平等权利和特殊保护	五、少数民族权利
六、残疾人权益	六、妇女、儿童和老年人权利
七、人权领域的对外交流与合作	七、残疾人权利
	八、环境权利
	九、对外交流与合作

近年来，中国政府为改善人权做出了不懈努力，依法治国已经成为全国共识，人权保障具备了一定的法治基础，同时采取了诸多卓有成效的措施，例如，《刑法修正案（八）》和《刑法修正案（九）》相继废止了多项死刑。2007 年《物权法》确立了国家财产、集体财产、私人财产平等保护原则，2017 年《民法总则》强调对所有财产权利进行平等保护，明确规定："民事主体财产权利受法律平等保护"。2018 年 3 月，十三届全国人民代表大会第一次会议通过了新的《宪法修正案》，"序言"中增加了"推动构建人类命运共同体"表述。"构建人类命运共同体"理念最早于 2013 年提出，2017 年 2 月，该理念被写入联合国决议，随后又被陆续写入联合国人权理事会、联合国安理会、国际劳工大会等多份国际组织决议，[①] 得到了国际社会普遍认同。

尽管"人类命运共同体"的内涵仍在不断扩展，但人权作为具有普适价值的核心，关系人类共同利益，是人类的共同追求，符合"人类命运共同体"理念追求的价值。2020 年颁布的《民法典》更是成为私权保护范围最全面、最深刻的基本法律性文件。近年来，国家加快推进行政机构权限、职能、责任、程序等法定化，积极推行综合执法、探索非强制性执法手段，党的十八大以来，累计取消行政审批事项 618 项，[②] 公权力与私权利的关系正发生着深刻的变化，这些进步也得到了国际社会的认可，2016 年，中国连续四次当选任期

① 国际劳工大会将构建人类命运共同体理念写入决议［EB/OL］.［2019 - 09 - 09］. http://www. humanrights. cn/html/special/2018/0620/2798. html.

② 齐中熙，赵文君. 我国推进"放管服"改革成效综述［EB/OL］.［2019 - 09 - 09］. http://news. sina. com. cn/c/2017 - 05 - 16/doc-ifyfekhi7943782. shtml.

三年的联合国人权理事会成员。① 中国政法大学教授袁钢认为，通过对《巴黎原则》② 的审视，中国可以采取渐进模式，首先，发挥现有人权保障机制的功能，整合资源，挖掘现有机制的潜能。其次，完善现有人权保障机制，在中央一级建立统一发展人权事业的协调机构，积累人权实践经验。最后，设立专职的国家人权机构，实现对人权的全方位保护。③

三、船员权益属于人权范畴

根据国内学者对集体人权的分类，集体人权包括国内集体人权与国际集体人权。④ 在国际领域，集体人权主要指民族自决权、发展权、环境权等。在我国，集体人权又被称为特殊群体权利，包括儿童、妇女、罪犯、农民工等群体权利。船员权益可以从两个层面去理解：一是对船员个体而言，人权的普遍性特征决定了每个自然意义上的人都应享有基本的人权。二是从群体的角度而言，对不同群体采取一些特殊的政策和做法是人权特殊性的内在要求。

学者李步云认为对某一特殊群体是否属于集体人权可参照以下标准：① 与个人人权相比，集体人权在主体和内容上不同。群体内成员不仅享有个人所应享有的权利，而且也享有作为特殊群体一员所应享有的特殊权利。② 这些特殊群体通常可以通过国家的法律得到特殊权利保障，例如，妇女、儿童、残疾人、少数民族等群体可以通过我国《未成年人保护法》《残疾人保障法》和《民族区域自治法》等得到特别保障。③ 代表特殊群体利益的社会组织，例如，工会组织、妇青组织、残联组织等可向国家提出一定的权利要求。

船员的人权保障特点如下：一是具有区别于社会其他群体的明显区别，例如主体是确定的船员，其主要从事海上高风险工作，与陆上群体有显著不同。二是虽然船员类立法文件在国际法方面有《MLC2006 公约》，但在国内的法律位阶不高，只有《船员条例》等一些文件可以保障其部分权益。三是中国海员

---

① 罗艳华.中国第四次高票当选为联合国人权理事会成员国［EB/OL］.［2019－09－09］. http：//www.chinanews.com/gn/2016/11－01/8050203.shtml.
② 1991 年，在巴黎举行了促进和保护人权的国家机构的国际研讨会通过了《关于促进和保护人权机构的地位及职责的原则》，即《巴黎原则》。该原则后来得到联合国人权委员会第 1992/54 号决议认可以及联合国大会第 48/134 号决议的认可。
③ 袁钢.《巴黎原则》与中国国家人权机构的设立［J］.人权，2016（2）：23.
④ 李步云.论个人人权与集体人权［J］.中国社会科学院研究生院学报，1994（6）：9.

建设工会代表并维护船员权益。

综上，船员作为群体体现出如下特点：其权利兼具集体人权与个体人权于一身，既包括法定权利，也包括正当利益；既体现其在船劳动期间，也贯穿其社会生活当中，所以，船员权益具备人权属性和特征，属于国内集体人权，对船员权益的关注实质上是针对船员这个特定群体人权的关注。正是由于船员权益易损害的特点，将船员权益放在中国人权建设的背景和框架下进行讨论才更有意义。2015 年 8 月 29 日，十二届全国人大常委会第十六次会议决定批准《MLC2006 公约》；当年 11 月 12 日，中国常驻联合国日内瓦代表吴海龙大使在向国际劳工组织总干事盖·莱德（Guy Ryder）递交中国的批准书时表示，《MLC2006 公约》是一个重要的国际公约，被称为船员的"人权法典"，对国际航运业有重要影响。中国将认真履行公约的各项义务，也将充分享受公约提供的各项权利，更加有效地维护中国船员以及航运业和港口的权益。《MLC2006 公约》所保障的船员权益更侧重于对船员基本劳动权利的保障，并不全面，对其他领域，例如，安全法下的权益保护、刑事犯罪威胁、防范国家公权力侵害等方面并未涉及。从现实角度来说，针对我国船员权益保障基础薄弱的现状，履行好《MLC2006 公约》是维护中国 150 万名船员权益的新起点，绝非终点。

第二节　人权理论对船员权益进行
特别保障的验证

人权本质上源于自然权利，具有相对抽象性，需要通过法律或制度进行具体化才能体现其价值。我国人权的具化主要体现为《宪法》所规定的若干公民基本权利，包括法律面前一律平等、政治权利和自由、人身与人格权、监督权、社会经济权等。而与船员权益相关的主要是社会权益，是社会权利的延伸，所谓社会权利，即国家通过对经济社会的积极介入而保障所有人社会或经济生活的权利，其本质是保障公民的生存和发展。[1] 每个公民都是社会权利的主体，与之相对的义务主体是国家和社会，义务主体应向权利主体提供医疗、

---

[1]　王峰. 我国失独者权益保障制度供给研究［D］. 北京：对外经济贸易大学博士学位论文，2017：42.

保险、救助、养老和福利等权益保障。对于船员，除了应享受普通公民享有的权益外，还有权要求享有基于船员自身特点而应享受的特殊权益，例如，因无法照料家庭而要求经济补偿和家庭照料；因职业压力而要求一定的精神抚慰；因高风险而要求相应的社会保险和医疗服务；因职业生涯的有限性而要求加强养老服务等。为了对船员地位进行更精确的聚焦，还需从少数人和弱势群体相关理论进行论证。少数人和弱势群体是人权理论衍生的两个子领域，是理论界关注的热点。笔者通过对弱势群体和少数人相关研究理论进行阐述，将船员在人权法上进行归类，以寻求对船员实现公平对待的法理依据。

一、少数人理论

联合国少数人权利保护工作委员会前主席阿尔弗雷德松（Alfredsson）教授认为，全球范围内的少数人群体数量庞大，他们更容易遭受来自社会各方面的歧视，对少数人群体权利保护的忽视会对和平和安全产生威胁。对少数人权益保障进行系统思考和研究主要在近现代，目前国际上并未形成一个普遍认可的少数人概念。[①] 对少数人的讨论大多体现了民主宪政的要求。少数人权利源于对"多数人的暴政"现象的反思。在民主宪政国家，少数服从多数"既具有古希腊时期的民主传统，又有近代资产阶级革命以来，以卢梭人民主权学说为基础的多数人统治规则，还有当代以追求参与政治决策人数最大化为目标的全民公决制度等"。[②] 法国思想家托克维尔（Tocqueville）是从少数人角度观察社会发展的先驱，他通过深入思考法国大革命和美国的民主实践历程，认为民主社会公民意识中最大的危险在于对平等的追求可能产生的中央集权，由于缺乏对王权的制约，故其所导致的"多数人的暴政"危害更大。罗尔斯（Rawls）在其1971年所著的《正义论》一书中，通过挑战功利主义"最大多数人的最大幸福"原则，进而提出"少数人"概念，其通过一系列创造性假设（无知之幕假设）[③] 论证了少

---

① 周勇.少数人权利的法理［M］.北京：社会科学文献出版社，2002：4.
② 莫纪宏.实践中的宪法学原理［M］.北京：中国人民大学出版社，2007：337.
③ 简言之，就是人们在讨论公共政策的时候，每个人都身处在各自幕布之后，不知道自己走出这个幕布后将在社会（组织）里处于什么样的角色，可能是市长，也可能是清洁工，在此情况下来讨论某一政策或约定……由于避免部分身处强势的人操纵公共政策来为自己谋利，因此，在这一过程下的决策一般能保证将来最弱势的角色能得到最好保护。

数人理念，体现了其对少数人的人文关怀。[1]

少数人权利最早是与种族、宗教和语言相联系的，源于西方法律实践。美国的阿米什人由于信仰冲突，抗拒主流文化曾饱受美国社会的非议和迫害，但经过几十年的不懈努力，国会于 1965 年立法准许阿米什个体经营者可以不缴纳社会保障金，正如美国最高联邦法院大法官在威斯康星诉约德尔（Wisconsin v. Yoder）判词中所说："中世纪，世界文明很多重要价值是由困苦中远离世俗影响的宗教团体保存下来的。没有任何理由假设今天的多数就是正确，而少数的阿米什就是错误。与众不同的生活方式如果没有干涉别人的权利或利益，就不能因为其特异性就遭受谴责。"[2]

国际上对少数人的实践源于 1930 年国际常设法院在处理保加利亚与希腊就少数人群体迁移的纠纷，即指少数人生活在一个国家或地区的人群，他们具有特定的种族、宗教、语言和传统，并依据这些认同，主张保护他们的传统，确保依照传统和精神抚养、教育他们的子女。[3]《经济、社会及文化权利国际公约》第 27 条规定：那些存在人种、宗教或语言的少数人的国家中，不得否认这种少数人同集团中的其他成员共同享有自己的文化、信仰和实行自己的宗教或使用自己语言的权利。1971 年，联合国保护少数人小组委员会对少数人做如下定义："一个群体，在数量上与一国人口其他部分相比处于劣势，处于一种非支配地位，其成员作为该国国民拥有不同于该国其他人口的种族、宗教或语言上的特性，并表现出（哪怕是隐含）保存他们的文化、传统、宗教或语言的一致意识。"[4]

尽管少数人的概念已得到国际法的认可，但就少数人的含义和外延看，其并未达到普遍共识。少数人是相对概念，无法从数量上给出明确域值，在社会政治生活中，他们的权益容易被占据社会多数的群体有意忽略或被牺牲，少数人权益的保障需要公权力介入并予以矫正，从而实现实质上的公正。一些学者认为，国际法对少数人的限定不应限于民族和文化方面，而应综合考虑经济、政治等方面内容。有个别国家反对用少数人术语，认为这有碍于民族平等或者移民国家的拓展，例如，美国、澳大利亚等国早期否认少数民族权利。[5] 目前

---

[1] 满惠. 罗尔斯的"少数人原则"研究 [D]. 大连：东北财经大学硕士学位论文，2012：33.
[2] Wisconsin v. Yoder. 406 U. S. 205 (1972).
[3] Cf：. C. I. J., Series B, No. 17：19.
[4] UN Doc. E/CN. 4/Sub. 2/348/rev. 1, 1979.
[5] 周勇. 少数人权利的法理 [M]. 北京：社会科学文献出版社，2002：4.

国际上对少数人只在涉及种族和文化上形成有限共识。英国学者杰伊·A.西格勒（Jay A. Sigler）认为，少数人是数量上达到一定的规模，在肤色、宗教、语言、文化等方面具有不同于其他人的特征，他们作为偏见对象，由于权利被剥夺而在政治、社会和文化生活中持久地居于非支配地位，需要国家给予积极协助的任何群体。① 该观点对少数人的界定考虑了社会和文化因素，比较符合客观实际。

我国长期以来对少数人的理解多限于"少数民族"，显然无法完全涵盖少数人的范畴。对少数人分歧的焦点主要包括：一是是否加入忠于国家的政治因素。尽管国际人权事务委员会已经明确否定了对于少数人的国民身份及忠于国家要求，但在实践中，挑战国家既有体制的少数人显然无法在该国法律框架下讨论其权利的保障问题。二是少数人数量的下限无法确定。三是具有先锋性质的群体无法纳入少数人范畴。20世纪初，我国著名学者丁文江曾言，平民政治的目的虽然是为了大多数人，但是为平民政治奋斗的人仍然是少数，② 该少数人不是人权法意义下的少数人范畴。

从现有讨论来看，已有学者尝试将失地农民和城市移民群体纳入少数人范畴，呼吁对其权益予以特别保障，但将船员纳入少数人权益保障的研究还没有。结合近年来学者对"少数人"的理解，笔者认为少数人的界定应包含以下四方面：一是客观方面。具有种族、语言、文化、宗教等方面的特殊性。二是数量方面。少数人群体数量应在一国人口中所占比例处于少数。三是持续性方面。一定时间内少数者群体相对固定。四是趋势方面。如果不通过特别措施维持其群体规模，少数人群体存在消亡风险。与失地农民和城市移民相比，我国船员群体规模更小，可持续性也更弱。职业规模大小并非少数人划分的主要考虑因素，但若该职业存在系统性、整体性的困局，有消亡之可能，则运用少数人保护理论则具备了现实意义。

二、社会弱势群体理论

社会弱势群体理论也是人权法关注的重要领域，一般认为，社会弱势群体

---

① Jay A. Sigler. Minority Rights: A Comparative Analysis [M]. London: Greenwood Press, 1983: 5.
② 谷小水."少数人"的责任——丁文江的思想与实践 [M].天津：天津古籍出版社，2005：88.

不属于特定的法律主体，其更多的是社会学意义上的概念。西方社会崇尚自由主义，早期并不认同弱势群体的存在，只承认穷人的概念，认为穷人是自由竞争的失败者，主要原因是"懒惰"，也不赞成用纳税人的钱对他们进行特别帮助。随着早期大工业和商业金融的发展和垄断形成，社会分化和资本集中不可避免，社会矛盾凸显并威胁社会的稳定，促使西方学者开始正视对弱势群体的研究。20世纪初，德国社会学家马克斯·韦伯（Max Weber）注意人与人的不平等和社会分层，他认为应采用循序渐进而不是尖端对立和斗争的方式消弭阶层间的矛盾，主张维护社会弱者的利益。随着社会主义和民族主义的兴起，西方学者开始深入反思如何避免由于社会矛盾积累而产生破坏性爆发从而使社会变得不可收拾。学者们开始把失业、贫困、疾病等现象同社会制度建设联系起来，认为"由于某些社会成员缺乏权力和竞争能力而更容易陷入困境"。[1] 国外学者将弱势群体细分为社会脆弱群体（social vulnerable group）和社会不利群体（social disadvantaged group）。脆弱群体是指身体健康方面存在缺陷，使其参与市场竞争和社会生活的能力受到严重影响并导致生活困难的人群。社会不利群体指长期、普遍存在于就业和社会生活各领域不利环境的群体，而这种不利环境是由结构性因素和制度性安排造成的。[2]

有学者指出，"在法律制度上保护社会弱势群体是今后相当长一段我国法学界，特别是宪法学理论研究的重要任务"。[3] 国内对社会弱势群体界定观点不一，有学者认为，"那些常处于不利地位的社会群体被称为弱势群体，主要表现为经济和社会力量低下"。[4] 也有人从相对角度提出，"在可比性前提下，一部分人群比其他人群在经济、文化、体能、智能、处境等方面处于一种相对不利的地位，例如就业者与失业者；健康人与残疾人等"。[5] 还有从客观发展角度出发认为，"弱势群体是任何时代任何社会都会存在的一种普遍现象，他们不是由于主观低下或缺陷造成，而是由于各种客观条件，在权力和权利、发展机遇、生活条件等方面不具有任何优势的人们"。[6] 还有跳出传统思维框架，

① 熊英.当代我国弱势群体研究 [D].成都：四川师范大学硕士学位论文，2006.
② 阎青春.社会福利与弱势群体 [M].北京：中国社会科学出版社，2002：481.
③ 莫纪宏.实践中的宪法学原理 [M].北京：中国人民大学出版社，2007：340.
④ 王思斌.社会工作导论 [M].北京：北京大学出版社，1998：17.
⑤ 李林.法治社会与弱势群体的人权保障 [J].前线，2001（5）：23.
⑥ 昝剑森.程新征.略论改革中的弱势群体 [C].北京：第二届全国社会福利理论与政策研讨会论文集，2001（12）：32.

将弱势群体拆分为四类情况：弱势地区、弱势行业、弱势企业和弱势自然人。[①]齐延平教授对弱势群体界定为："是一个社会分层基础上的概念，指的是由于自然与社会、先天与后天、人为与非人为因素的影响在社会地位、财富分配、政治权力行使、法律权利享有等方面处于相对不利地位以及在发展方面潜力相对匮乏的人群"。[②]相对而言，该观点更为全面，也有助于人们从本质上认识弱势群体。

目前，国内对社会弱势群体的研究相较于国外的区别主要在于：一是没有社会脆弱群体和社会不利群体的区分；二是现有定义主要考虑经济收入和物质生活因素，很少从社会认同、职业特点和权利能力角度来界定和识别弱势群体。弱势群体是因"权利贫困"和受到歧视所致，而物质和经济上的困难只是表象。"权利贫困"不仅包括法律设定上的不足，而且还表现在权利实现上的困难。对"权利贫困"的漠视是对弱势群体的歧视，根据经济学理论所推导出的预期，任何种类的歧视都会造成福利损失，表面上的歧视会使一部分社会成员得益，另一些人受损。如果由于歧视而使受益者的所得不足以补偿受损者，则实行歧视的经济不会实现帕累托最优。[③]美国学者加里·S.贝克尔（Gary S. Becker）以效用最大化、市场均衡和偏好稳定等标准研究了歧视行为的经济结果，并得出结论：歧视并非像人们通常认为的那样能够增加歧视者的收益，而是使歧视者和被歧视者同时蒙受损失。弱势群体的相对性和不固定性是其重要特点，每个人都会老，都是消费者，都有可能遭遇疾病和贫困，从这种角度来说，成为弱势群体有某种必然性，对弱势群体的法律保障也就是对整个公民社会和人权的保障。在现实生活中，弱势群体的权益易被侵害更多是由于他们的诉求无法有效传达。虽然有学者呼吁弱势群体不是法律适格主体，但在利益表达上，需要法律赋予其"主体"资格。[④]弱势群体的权利对应着国家的保障义务，需要结合公权力因素进行研究才更有实践上的意义。

综上，笔者认为我国弱势群体的主要特征包括：一是生理和心理因素。例如，妇女、未成年人、智障人、残疾人等。二是自然环境因素。例如，因自然

---

① 王兴运.弱势群体权益保护法论纲［M］.北京：中国检察出版社，2006：11.
② 齐延平.社会弱势群体的权利保护［M］.济南：山东人民出版社，2006：2.
③ 王博.试论当代中国女性人权实现的法律保障体系［J］.法制与经济（下旬），2012（5）：42.
④ 赵玮.通过参与地方行政立法保护弱势群体自身权益［J］.山东大学学报（哲学社会科学版），2013（6）：16.

灾害或恶劣气候所导致的生活困顿等。三是经济因素。例如，企业破产工人下岗所导致的经济贫困等。四是权益实现困难因素。例如，船员由于工作环境与陆上隔离，其享有的权益存在实现上的困难。五是社会环境因素。例如，船员不被社会大众认同所导致的社会孤立，以及由于社会变革转型所导致的城市农民工问题。六是信息因素。例如，消费者所面临的食品安全、产品质量等信息不对称情况。七是其他因素。

在制度设计上对社会弱势群体的保障应遵循公平原则。一方面，以法律规则上的形式平等为基础，核心是消除特权，反对歧视。在社会经济生活中，要引导公权力在实现社会公平方面发挥积极功能，同时限制其恣意滥用。另一方面，在法律效果上追求实质平等。如果一个法律制度虽然从平等性上进行了考虑，但权利的实现存在困难，则这种法律制度的设计就是有缺陷的，必须使制度具有操作性。通过采取倾斜性的法律制度矫正失衡的强势与弱势关系还应注意平衡好社会各群体的关系，对弱势群体保障不应导致"反向歧视"。

少数人与弱势群体容易混淆，甚至部分学者也将两者等同看待。① 在国内法范畴，两者确实具有一定的相似之处，例如，少数人或弱势都是相对于多数人和非弱势群体的相对概念。通常，少数人也在某些领域也表现出弱势性，甚至表现出被"社会排斥"的性征。② 两者的权益保障都需要以法律和政策支持等方式进行介入和干预。从目前学者的研究情况看，都只是对两者进行单独研究，鲜见将两者联系起来进行比较研究。在某些情况下，两者会相互转化或呈现重合，目前将两者完全清晰的界定还无法实现。

第一，从主体资格来看，少数人由于群体特殊性较为明显，群体成员也相对稳定，故一般认为其具备法律上的主体资格。而弱势群体中的成员构成不具有确定性，所以，并非适格的法律主体，但在制度设计上为保障其权益，在某些方面，例如意志的表达上有必要通过制度确认其具备一定的主体资格。

第二，从产生背景来看，少数人最初受到关注是在社会共同体通过"多数决"的方式体现公共意志的背景下，为保护与主流意志不能完全一致的少数人权益而进行的扩展。

---

① 吴旋欧.少数人权利保护的法理思考——以宪法为视角［J］.河北北方学院学报（社会科学版），2016（6）：96.
② 社会排斥的内涵指部分社会成员或群体不能与主流社会共同分享社会资源及公民权利的境况。参见周毕芬.社会排斥视角下的失地农民权益问题分析［J］.农业经济问题，2015（4）：61.

第三，从权利内容来看，更多学者认为少数人权利是一种集体人权，其实质为自由权，如何最大限度地避免多数人统治下过度干扰少数人的自治领域，是少数人权利保障的核心所在。而弱势群体的权利虽然表现为集体权利属性，但归根结底是为了解决群体中个体权利实现的问题，核心在于个人在人权法意义上的平等权。

第四，从法律作用来看，对少数人权益的保护实际上是在普遍权利基础上进行的特殊保护，目的是保证社会多样性和保护少数人的特殊性，而对弱势群体的保护实际上是弥补由于其自身或外在因素导致的"权利缺失"。实际上，法律对于少数人的保护相当于赋予其某种"强化"效果，而对弱势群体的保护则起到了"补差"效果。

三、对船员权益特别保障具备法理正当性

（一）船员兼具人权法下"少数人"和弱势群体双重特征

1. 对船员具备"少数人"特征的论证

理论界对少数人概念的争议究其根源反映了在对少数人界定上是依据事实判断还是价值判断的差异上。[①]

由于目前对少数人概念在学界还没有形成共识，所以，对船员群体的少数人定性可从部分学者对少数人所做概念及基本特征进行对照。在少数人定义方面，更多的学者认为对少数人的判断应以发展的眼光对待，除了种族、宗教、语言之外，还应在文化等方面去考量。[②]《牛津现代词典》对"文化"的解释是：人类能力的高度发展，借训练与经验而促成身心的发展、锻炼、修养，或人类社会智力发展的证据、文明。相关研究认为，在船员中确实存在一种文化，即航海文化。航海文化的本质可以从物质、行为、制度和精神四个层面进行理解，其中核心是精神层面。[③]

2013年5月，中国航海学会发布《关于加快推进中国航海文化建设的倡议书》，以培育国民航海文化水平。航海文化需要通过一定载体的承载才能为

---

① 莫纪宏.实践中的宪法学原理［M］.北京：中国人民大学出版社，2007：327.
② 黄友锋，仇心和.少数人及其权利保护的法律探析——兼论我国少数人权利的保护［J］.海峡法学，2010（4）：53.
③ 辛加和.航海文化［M］.北京：人民交通出版社，2009：7.

外界所感知，而这些载体可称为"航海文化资源"。从存在形态看，既包括物质的，也包括非物质性对象，[①] 例如，航海历史文物、遗址、符号图案、信仰、礼仪、祭祀、行业术语等。船员既受航海文化的熏陶，本身也成为航海文化的主要亲历者和传承者。船员具有与其他群体不同的文化特征，只是有时候这种特征并不为大众所熟知而已。联合国特别报告员弗朗西斯科·卡波托蒂（Francesco Caportorti）在 1979 年提交的《少数群体成员权利问题研究报告》中列举了三个客观特征：具有与其他群体区分的显著特征；数量相对稳定并少于其他人群；群体处于相对弱势或需要被关注和保护。

将船员与上述特征对比可以发现：首先，船员具有较明显的群体特征。船员有独特的信仰，例如敬畏大海，也保持与海洋相近的生活习性，并使用一些特别用语与忌讳等，最主要的是大多具有冒险、奉献与隐忍等精神，虽然这种海洋文化不为大众所知，但一直传承下来，这也是中国海洋强国建设中亟待挖掘的精神财富。其次，船员群体具有相对的稳定性，船员的成长需要较长一段时间的培养和磨砺，高级船员通常需历经数年时间，这也使得该群体具备一定的稳定性，但目前船员流失加剧也是不争的事实，这种情况在少数人的族群范围内也存在。有研究显示，如果族群少于一定边际数量，则群体将难以维系并终将消亡。最后，相对于部分人口数量超千万的少数民族，中国船员的数量约为 148 万，无疑居于相对少数。船员在政治生活和法律地位上也具有弱势性，甚至长期遭遇歧视或受到偏见。[②] 船员权益诉求难以在政治层面得到表达。海事部门作为船员的主管机关，级别较低，难以向核心部门传达船员的关切。在现有体制和法律框架下，船员更多的是作为被管理者，其政治上的弱势也必然决定了其社会地位比较低下。

另外，权益的"补强"是特别针对少数人的保护措施，从国际经验和惯例上看，不仅船员普遍享有税收减免、特别福利、工会扶助、享受福利医疗设施等"专属权益"，而且船员还是目前唯一有国际法律保障的群体，这都从侧面印证了船员的少数人特征。相较而言，我国船员的权益"补强"尚未体现，尽快对船员权益加强保障以保护船员群体的发展将是我国的必然选择。

---

① 王煜，叶冲.揭开"航海文化资源"的面纱［J］.中国港口，2016（8）：59.
② 周以婧.少数人权利的法理评析——从少数人的定义谈起［J］.经营管理者，2010（18）：294.

2. 对船员具备弱势群体特征的论证

通常认为，弱势群体的一个重要特征是经济上的弱势，但社会弱势群体不同于社会贫困群体，① 其外延比贫困群体大。船员的弱势群体属性具有不易被了解的特点，船员一般与社会隔绝，同时在社会上也缺乏船员诉求表达的渠道和方式，而公权力的缺位所导致的法律和制度保障缺失更加剧了这种趋势。

齐延平认为弱势群体主要包括三种类型：① 生理性弱势群体，包括妇女、儿童、残疾人等。② 自然性弱势群体，包括生态脆弱区域住民和灾民等。③ 社会性弱势群体，包括下岗工人、农民工、企业退休人员等。首先需排除船员的"生理性弱势群体"属性。尽管船员所处海上环境恶劣，具有高风险性，但其弱势地位并非由环境恶劣所造成，所以，船员也不属于"自然性弱势群体"。从"社会性弱势群体"标准去对照，可以从两方面考虑：首先，从船员自身角度来说，选择当船员在很大程度上意味着其放弃了家庭团聚、规律生活作息以及相对安全的环境等，同时，还要面临可能来自各方面的权益侵害，而现有法律和制度又无法有效对权益损害进行矫正，故在客观上形成了船员"权利贫困"。② 从社会角度看，由于船员的生活和工作远离陆上社会，故外界无法了解船员，船员也难以融入陆上生活，无法享有诸多陆上工作的社会福利，形成了事实上的"社会排斥"。③

（二）对船员权益保障公权力主体之义务

船员兼具人权法下少数人和弱势群体双重属性的结论，为公权力维护船员权益提供了理论依据。人权法之所以关注少数人和弱势群体其根本原因在于背后的价值选择——平等。从人人生而平等到最大限度地实现平等不仅是社会所追求的，而且也是法哲学上的重要价值取向。哈特（Hart）认为，平等就是"同样情况同样对待，不同情况不同对待"，④ 同样情况同样对待对应于形式，而不同情况不同对待则对应于实质。

---

① 齐延平.社会弱势群体的权利保护［M］.济南：山东人民出版社，2006：2.
② 权利贫困是指一国公民由于受到法律、制度、政策等排斥，在本国不能享有正常公民权利或基本权利得不到体制保障。
③ 社会排斥指社会主导群体在社会意识和政策法规等不同层面对被边缘化的弱势群体的有意排斥。戴维·波普诺.社会学［M］.李强等，译，北京：中国人民大学出版社，1999：197.
④ 哈特.法律的概念［M］.张文显等，译，北京：中国大百科全书出版社，1996：157.

提及平等就无法回避罗尔斯和德沃金（Dworkin）。罗尔斯的正义有两个原则：一是平等自由原则，[①] 二是差别原则和机会平等原则，[②] 其中第二原则的重要意义在于捕捉社会中非主流群体（包括少数人和弱势群体）利益，很好地阐释了正义原则。而德沃金有两个重要的自由主义原则：一是重要性平等原则，人生取得成功而不被荒废是重要的。二是具体责任，即每个人都应该有成功的一生，人必须为成功的人生负担主要责任。[③] 第一个原则对应社会和政府责任，要求对社会全体成员一视同仁，第二个原则对应个人责任，要求每个人对自己的选择负责。德沃金的理论价值在于不仅解释了平等的应然状态，而且还指出了政府和社会在其中应负的责任，即公权力在平等分配中应发挥的作用。船员与其他职业相比，需要的不仅是法律规范的形式平等，而且更期待的是能平等地实现权益。

明确了船员具有少数人和弱势群体的双重属性，在法律和政策制度安排上赋予其一定的特别对待具备了法理基础，不仅应对其权利"补强"以提升社会地位，而且还需要对其进行"补差"以达到实质上的平等。船员是中国社会不可或缺的重要组成部分。目前船员群体面临严峻的生存危机，如果不及时采取有效的手段和措施，这一群体将不可避免地缩减、衰落。

---

① 平等自由原则，即每个人在社会中都拥有与他人的自由体系并存的自由体系，包括各种政治、人身和财产权利。

② 约翰·罗尔斯. 正义论 [M]. 何怀宏等，译，北京：中国社会科学出版社，1988.

③ Ronald Dworkin. Taking Rights Seriously [M]. Boston：Harvard University Press，2008：262.

第五章　软法保障船员权益的优势分析及国外经验启示

第一节　船员权益软法保障的优势

一、符合船员治理的时代需要

利维坦式的国家虽然是国家建立之初必要的国家形式，但在国家发展中却终将退于幕后，因为高度集权的国家主义无法匹配自由的市场经济。一个国家要发展就要发展经济，不为国民谋福祉、不关注民生的政权是缺乏政治合法性基础的政府，因为"政治权力要想持久并被人们自愿服从，就必须具有合法性基础，否则政权就会出现危机"。① 而要发展经济、激活社会发展的活力就必然要赋予社会更大的自治权，给予社会公权力更大的空间，在硬法无法涵盖或不便发挥作用的领域由软法进行弥补，并与硬法形成一定程度的相互搭配与制衡，同时在权力角度，国家公权力应逐步让位于社会公权力，这是必然趋势。

为应对官僚科层制带来的由于政府管理成本高企和效率低下所导致的"政府失灵"的挑战，世界范围内兴起了社会治理改革。有学者将高级阶段的改革称为公共治理模式，② 该模式的主要特征为：一是实现了主体多元化。包括政府、社会组织、私人部门、国际组织等都可以成为公共治理主体。二是权力的网络化运行。政府不再是唯一的权力中心，权力运作由单一的自上而下转向网络式的多互动模式。三是公共治理手段与方法的多样性。除了法律治理，还包括运用政策、市场、文化等手段。自改革开放以来，我国船员也逐步走向市场

---

① 奥特弗利德·赫费.政治的正义性——法和国家的批判哲学之基础［M］.庞学铨等，译.上海：上海译文出版社，1998：188.
② 张存强.公共治理视域中的软法——西方语境与中国问题［D］.长春：吉林大学硕士学位论文，2011：11.

化，船员流动程度加大，自由船员比重越来越大，并逐渐形成独特的社会群体，同时，社会软法和国家软法比例也在逐渐增加，并逐步发挥了一定的规制和调解作用。随着国家公权力在社会经济领域内的有序撤离，其中留出的权力空间则由社会公权力补充。船员作为社会领域的重要组成部分也面临治理、升级和发展的问题，实施软法之治有着深刻的时代背景。

二、弥补硬法保障船员权益的不足

（一）补充硬法立法资源的不足

由于目前中国社会和政府都处于转型期，国家法律供给与实际需要之间存在不足，对船员领域出现的很多新动向，例如，劳工公约的履约、权益保障、科技进步影响等情况难以通过加大硬法的供给和调整得以解决，而软法耗费资源少、创制方式多样，可以有效弥补硬法供给的数量不足。

（二）补充硬法功能上的不足

中国现有船员类规范性法律文件大多数为管理性质，例如《船员条例》以及涉及培训、考试、发证和外派等文件，通过设定各类行政处罚、行政强制和取消行政许可等硬手段达到管理目标，但涉及船员权益保障内容偏少，尤其是涉及群体发展以及协调对话机制等软措施，而软法的柔性特征可以弥补硬法刚性过强的缺陷。另外，通过组织自治可以深入社会生活的诸多领域，弥补硬法适用领域上的空白。

（三）调整方式更为有效

《海事行政处罚规定》只规定了各类违法行为处罚的大概范围，在个案中难以做到同案同判，而《海事行政处罚裁量基准》（海政法〔2017〕691号）和《海事行政许可裁量基准》（海政法〔2017〕7号）等软法性文件可以通过统一尺度有效弥补硬法规定过于笼统、可操作性不强的问题，更好地体现过罚相当的比例原则。通过社会内部自治软法也可以达到对船员管理的目的。

（四）有助于船员自治组织成长

受长期硬法管理模式的影响，船员作为被管理对象完全处于一种被动状态，自治程度较低。软法体现了一定的民主，有利于船员自治和发展。目前，中国船员群体尚未形成统一的共同体意识，基本处于分散状态。由于船员高流失率所形成的职业生命短期化使共同体意识难以培育。如果在一个社会中，船员不被重视，甚至被负面评价，则无从谈及船员的共同体意识。代表船员权益的社会主体缺失，对船员的职业发展也十分不利。引入软法，突出平等协商和群体自治，能使船员更加主动地参与社会生活和所属职业群体权益的政策制定，有助于船员意识共同体的形成，促进船员自治组织的成长，并为其良性发展创造条件和环境。

三、更好实现船员领域的法治化

法治的核心在于权力监督与制衡。在我国，行政部门在权力行使上大多缺乏足够的制约，例如在立法活动中的利益方声音缺失所导致的闭门立法；在执法过程中的自由裁量权过大所导致的船员权益易受侵害；在权益纠纷解决方面存在法规保护不力等问题。通过引入软法规制，让"硬法侧重于通用的、定性的、静态的禁止性规制，而软法侧重于针对性的、定量的、动态的、正向的引导性规制"。[①] 让软法在更大的领域空间内发挥作用，本身就是对公权力的制衡。中国海事局自 2014—2018 年先后制定了五批便利船员的服务清单，彰显了国家公权力由管理规制向公共服务角色转换的进程，在一定意义上讲，这也是国家公权力通过软法进行自我限制。在社会软法方面，随着网络媒体的曝光和监督促使海事部门更加谨言慎行、规范执法，同时也对海事部门及时转变管理理念、主动接受社会监督具有积极意义。《中国新闻界网络媒体公约》以软法的形式树立了遵从客观真实的网络媒体行业自律规范。举报投诉和舆论监督等方式也可以看作软法意义上的监督。让软法在更大的领域空间内发挥作用，这本身就是对权力最好的制衡，同时由于软法的主体多样性也可以形成各主体间的权力监督，防止其滥用公权力。

船员权益保障问题是社会治理在船员领域的具体体现，而社会治理中法律结构所体现出的无论是软硬法还是公私法划分，归根结底都是对国家与社会关系的思考。正如有学者指出，软法研究还应从部门法角度出发，以软法实践促进软法研究。将软法研究应用于船员法律部门，同时提升软法地位，进行实证

---

① 马千里.公共治理视域下"软法"实施的困境及消解［J］.沈阳大学学报，2009（6）：68.

研究意义深远。由于软法已经超出传统法概念的范畴，而及于更多公权力行使的领域，研究边界的扩大将可能导致与管理学、政治学等邻近学科产生更多交集，这也是一些学者对软法产生疑虑的因素之一。船员领域中出现的诸如自治规范、章程、公约、行业标准、意见等规范形式，其中部分文件存在随意增设船员类许可条件，例如，在《1978 年海员培训、发证和值班标准公约马尼拉修正案》的过渡期间，海事局在执行其发布的《关于做好 STCW 公约马尼拉修正案履约准备工作有关事项的通知》（海船员〔2011〕923 号）等文件时，要求分别申请考试和适任证书，不少船员考完试后错过了申请适任证书的期限，导致考试成绩作废。这些影响船员权利义务的规定在硬法层面无法进行有效规制，逻辑上也无法证成，长期以来未纳入研究领域。加强软法研究将有助于将这些软硬不分、性质不明的规范性文件纳入法的范畴，使软法在具备弹性的同时也遵从一定的规制，由此改变行政机关随意发布文件而对船员权益造成不确定影响的现状。在船员领域实施软法之治是对我国依法治国总体方略的具体实现，涉及船舶安全、航行安全以及责任分配、救助等其他海事领域也多与船员有着紧密联系，船员领域软法之治的实现对海事全领域的法治现代化具有重要意义。由于船员高度的国际性和流动性，实现软法硬法共治的基础将更加坚实。

需要说明的是，笔者之所以强调软法之治，并非否认或弱化硬法的主导作用。在国家法治现代化进程中，软法也并非没有缺陷，除了非理性问题外，软法长期游离于国家法律体系外，其理论研究和制度建设尚处于摸索过程中，而且"由于缺少明确规范的责任制度，部分软法有可能在现实中得不到有效实施"，[①] 以上诸多问题并非能够在短期内解决。尽管软法存在这样或那样的问题，但在当今中国，倡导软法之治更符合法治内在精神要求。

与西方国家所经历的"有限政府—福利国家—公共治理"转变范式不同，中国一直实行高度集权的全能主义模式，国家是社会的唯一管理者，民众对此有复杂心态，一方面，习惯于"有困难找政府"的思维惯性；另一方面，对社会限制较多、不利于社会各主体的自由发展表现担忧。中国改革开放后与世界交流日益频繁，社会主义市场经济体制下民众主体意识日益增强，国家开始转变社会治理方式，走法治现代化之路已成为全社会的共识。如何实现国家治理方式和法治的现代化，把美好蓝图变成现实，已成为众多有识之士深入思考的

---

① 张存强.公共治理视域中的软法——西方语境与中国问题 [D].长春：吉林大学硕士学位论文，2011.

问题。正是在这一时代背景下，软法适时进入学者视线，软法内涵符合对国家公权力进行有效约束和监督、扩大社会公权力作用的法治要求。对于已经全方位融入世界的中国，有效的社会治理模式应采用软硬结合的混合法结构，通过对法治资源的深层挖掘和领域拓展，实现依法治国目标。

软法的根本价值在于，一方面，将更多的公权力纳入法治范畴，本身就是法治国家的内在要求。另一方面，通过扩展法治范畴边界，将为法治的发展进步开辟更为广阔的空间，预留更大的发展潜力。具体到船员领域，法治实现的方式除了应进一步完善硬法规范和机制，提高权力运行机制的节制性和规范性之外，还要充分利用软法资源在社会治理模式转变过程中对促进船员权益保障的作用，发挥其在权力制约和监督方面的功能，最终在船员领域形成一种软法与硬法并进的良好态势。

四、船员领域软法发展的积极变化

值得关注的是，在船员领域方面，软法的发展已呈现积极的变化，例如，在海事标准软法的制定和实施方面，各类公权力均有参与。标准领域是国际公权力可以直接在国内产生影响的少数领域之一，这主要是由于中国多年以来一直致力于与国际对标，不少强制性国家标准和非强制标准都以国际标准为模版，经历了模仿、追赶，甚至超越的过程。随着我国《标准化法》的实施，标准软法已经步入法治化发展的新阶段，成为软法发展中的亮点。再如在信用管理领域，其特点是各主体共治共享，软法与硬法均发挥独特的作用。目前中国信用管理体系建设正在积极推进之中，例如，《社会信用体系建设规划纲要（2014—2020年）》《船员违法记分办法》和《海事信用信息管理办法》等。由国家主导进行的硬件和网络信息系统建设以实现各领域信用基础数据的汇集，待这些基础工作基本完成后，社会相关主体可以将所掌握的相关信用信息上传，并依法使用这些信用数据。相对于国家政府部门的硬法，社会主体主要通过制定行业性规定对信用情况进行规范。另外，执政党法规也被认为是软法的一种表现方式。[①] 党的建设将对包括海事部门的行政部门及其运作产生影

---

① 廉睿，卫跃宁.发端于中国本土的"软法"机制——中国共产党"党内法规"的性质透析及其逻辑解构 [J].青海社会科学，2017（1）：58.

响，也会对中国船员政策的走向产生重要意义。

第二节 国外船员权益软法保障的启示

第二次世界大战以后，由于航海科技的发展和世界经济一体化进程的加快，海运货运量不断扩大，已经占到全球货运总量约 90％以上，直接从事航运的船员数量也相应保持增长。为表彰船员的突出贡献，2010 年 6 月，国际海事组织（IMO）在菲律宾马尼拉召开了《STCW 公约》缔约国外交大会，由包括中国在内的 41 个国家代表团和国际航运公会（ICS）、国际航运联合会（ISF）、国际联合船东协会（IFSMA）、ITF 等国际组织联合提议，最终大会通过了将每年 6 月 25 日命名为"海员日"（Day of the Seafarer）的决定。世界上大多数海上发达国家都对船员有专门立法，对船员权益有倾斜性保障措施，既包括硬法层面，也包括软法层面。

一、部分国家船员发展与保障情况

（一）美国

美国对海洋的战略意义有着清醒的认识，将船员作为海洋强国的重要力量，视其为重要的国家财产和"第二海军"。1790 年，美国国会首次以英国海事法为范本对船员进行立法，与英国法不同，美国并没有涉及船员刑罚以及采取强征商船船员入伍的规定，美国通过赋予船员国民身份，并可享受税收优惠等激励措施吸引船员。1850 年美国立法禁止鞭打船员，1898 年，美国通过立法，提高了船员在船伙食和居住标准，1915 年美国出台《船员法》，强化了对船舶安全检查相关要求，同时废除了全部脱船罪，对船员的值班、待遇、伙食和居住条件等方面提出相关标准。[①] 美国还推动国际社会出台了《国际海上人命安全公约》。

1920 年美国出台《海运商业法案》（《琼斯法案》），为支持美国就业和其海上贸易，该法规定在美国境内航行的船舶必须由美国制造、登记，船员必须

---

① 司玉琢.国际海事立法趋势及对策研究［M］.北京：法律出版社，2002：516.

是美国公民。在涉及船员方面，这部法案对雇主过失导致船员人身伤害提供救济。《琼斯法案》和 1927 年《沿岸港口工人赔偿法》形成了对船员和港口工人的二元保护结构。[①] 1984 年，在总结以往部分判例法和单行法基础上，美国对船员立法进行了全面修订，其中《1984 年商船船员保护和救济法》充分体现了对船员权益的保障，并成为美国《航运法》的一部分，该法通过调整雇佣权利义务关系，侧重保护和救济在雇佣关系中处于弱势地位的船员，例如，规定船长或所有人应双倍支付延迟交付的船员工资。[②] 在职业介绍方面，禁止以向船员提供职位为由向船员个人收取酬金。[③] 值得关注的是，以往美国船员雇佣合同主要在船长与船员之间签署，[④] 这也是美国不将船长纳入船员定义的主要原因，但在 1993 年对《1984 年商船船员保护和救济法》修订时，美国将与船员签订雇佣合同的相对方修改为"船舶所有人、管理人、经营人，船长或负责人应在雇佣开始前与每个船员签订书面雇佣合同"。[⑤] 合同签订主体的范围扩大既显示了美国顺应市场主体多元化变化的趋势，充分考虑了船员权益的保障，同时对船长船员的关系在某种程度上也是一种削弱。

在美国国会编撰的《美国法典》（United States Code）中，船员保护类立法主要收录在第 46 卷《航运法》第二章"船舶和船员"第 Ⅱ 分章中的 E（商船船员执照和证书）、F（船舶配员）和 G（商船船员保护和救济)[⑥] 三部分。"9·11"事件之后，美国航运立法趋向保守，2002 年美国通过《2002 年海上运输反恐法案》（Maritime Transportation Anti-terrorism Act of 2002),[⑦] 为挂靠在美国的航运公司、船舶和船员附加了保安义务，并推动国际海事组织（IMO）通过了《国际船舶和港口设施保安规则》（ISPS 规则），将其纳入《国际海上人命安全公约》（《SOLAS 公约》）中，保安规则给航运业带来了深远影响，安保目标与巨大成本付出间的矛盾至今仍充满争议。由于美国法律坚持美国籍船舶上的船员必须由美国公民担任，[⑧] 而美国高昂的人力成本又使得美国航运公司在激烈的航运市场难有竞争力，故在面对来自欧洲和亚洲船舶公司

---

① 袁玥，陈宪民.美国船员保护司法实践的新发展评述 [J].中国海商法研究，2015（4）：85.
② 46 U.S.C.A § 10313（g）.
③ 46 U.S.C.A § 10314（b）.
④ 亢永超.美国船员法律制度研究 [D].大连：大连海事大学硕士学位论文，2008：10.
⑤ 46 U.S.C § 10302（a）. Subtitle II, Part G.
⑥ 46 U.S.C. Subtitle Ⅱ：Part E；Part F；Part G.
⑦ H.R. 3983, 107TH Cong（2002）.
⑧ 46 U.S.C. Subtitle II, Part E, Chapter 71 Sec. 7102.

的竞争及航运市场不景气等多重压力下，美国航运企业处境艰难，随着拥有150年历史的美国最大的船舶公司——美国总统轮船（APL）在1997年被东方海皇（NOL）公司吞并，美国这一老牌航运强国逐渐淡出了在航运和船员市场的全球竞争。

美国高度重视社会航海文化培育，每年5月22日"国家海事节"都会纪念美国第一艘蒸汽机船"萨瓦那号"从美国佐治亚州的萨瓦那港出发横渡大西洋，抵达英国利物浦。2015年，美国总统奥巴马在"国家海事节"上这样评价船员，美国永远亏欠那些保卫了我们自由的勇敢船员，他们冒着生命的危险向军队提供武器弹药。纵观历史，这些优良传统已被忠诚为国的船员们继续发扬光大。

虽然美国船员法较为完备，但条款数量并不多（涉及《美国法典》船员保护G部分条款共计82条），且大多数为2000年以前制定，主要原因：一是美国社会倾向于契约自由，很多事务靠自治解决，政府并不过多干涉；二是美国近年来职业船员数量很少，需要通过立法解决的新问题也较少；三是美国更倾向于通过判例的方式来实现社会的矫正正义，只有在非常必要时才会通过立法来解决问题。

在涉及船员的软法方面，突出体现在两方面：一是美国劳工关系委员会（NLRB）在海员保障标准的制度建设方面；二是在海上行政执法管理方面。NLRB在船员保障方面有不少特色制度，例如劳务派遣，由于美国立法没有特别的劳务派遣规定，劳务派遣被视为非典型劳动形态，如何认定劳务外派中的雇主，以便明确相关责任，NLRB出台了认定雇主的标准。通常情况下，派遣机构和用人机构会被认定为"联合雇主"，共同承担雇主责任，但具体标准从最先的"控制权标准""共同控制标准"发展为"结合标准"。2018年，NLRB提出了新的联合雇主标准，该标准扩大了联合雇主的范围，例如，一家公司对另一家公司工人的间接控制会被认定为共同雇主。①

美国还倾向于通过软法类的指导手册来规范执法人员对船员的行政管理，例如《美国海岸警卫队港口国检查手册》②和《海上安全手册》（Marine Safety Manual）等，其主要原因在于美国海岸警卫队中从事执法人员主要是

---

① 美国劳工关系委员会提出新的联合雇主标准［EB/OL］.［2019－09－09］. https://www.35fx. com/news/5908.html.

② 徐伯民.美国海岸警卫队港口国检查手册［J］.远航资料，1998（1）：22.

现役官兵，为解决有限的服役期限和海上技术工作需要丰富经验之间的矛盾，美国采取的办法是将尽可能多的程序性和实体性要求制作成操作手册，以供日常使用并弥补检查人员自身能力的缺失，而且美国不仅将检查程序和要求手册化，而且还倾向于把一些手册内容硬法化，例如，美国海岸警卫队制定的船员雇佣格式合同被美国法律采纳，确保了船长和船舶所有人对船舶适航性的保证和船员权益的保障。[①]

20世纪50年代后，随着美国经济社会的发展，职业船员的规模逐渐萎缩。尽管目前美国职业船员只有几千人的规模，但却拥有完整的权益保障法律体系，而且美国人的航海文化基因并没有消失，更多人仍以休闲娱乐的方式从事航海活动，国民保持了较高的航海素质，海洋文化也深入人心。

（二）日本

日本航运业发达且海事立法较为完备，其船员立法对亚洲周边国家有着重要影响，韩国船员立法在很大程度上承袭了日本法律。研究日本的船员立法和政策对我国具有借鉴意义。日本第一部船员法是《1899年船员法》，该法参照英国法律，设置了大量的刑罚规定，对船员的劳动保护和福利待遇的规定较少。1937年日本对船员法进行了修订，采用了许多国际劳工组织的规定，将船员劳动保护内容纳入该法。第二次世界大战期间，日本船员受军国主义影响，日本船员死亡率高达46%，远大于同期日本陆军和海军低于20%的死亡率，惨痛的教训让日本船员痛定思痛，立碑发誓永远不战。[②] 日本现行的《船员法》于1951年制定，该法提高了船舶定员以降低船员劳动强度，[③] 后经多次修订，权益保障方面不断完善。除了船员法外，日本还有专门对船员劳动保护的《船员职业保障法》等配套法律文件。

在船员权益保障方面，社会组织起到了重要作用，日本海员工会主导与日本船主协会签订劳资协定，从劳动时间、工资津贴、工作环境等方面为日本船员争取权益。[④] 20世纪50年代的日本《船员法》与当时日本经济发展相适应，助力日本航运业的迅速发展并成为航运强国。日本《船员法》中船员的含义与

---

① 　46 U. S. C § 10304. Subtitle II, Part G: Form of agreement.
② 　不战碑刻现存于日本战没邮船船员资料馆。
③ 　杜小军. 日本战后海运政策研究 ［D］. 天津：南开大学博士学位论文，2003：141.
④ 　杜小军. 日本战后海运政策研究 ［D］. 天津：南开大学博士学位论文，2003：142.

海员基本等同，区别主要在于船员是海员与船长的集合。① 日本现行《船员法》共 14 章、135 条，是一部综合性法律，综合考虑了国际公约的相关内容，内容涵盖渔船、港区特别要求、雇佣合同、报酬、工作时间和配员、休假、最低年龄和女船员保护、食料表、船舶厨师、随船医生及卫生管理员、居住标准等领域，同时对船员的违法行为还规定了行政和刑事处罚，内容十分详细。

和其他发达国家一样，随着国际、国内经济的发展，船员职业在日本也逐渐失去了吸引力，再加上人口老化，日本船员面临青黄不接的局面，2015 年，日本内海航行货船的船员 50 岁以上的人数占全体成员的 56%，60 岁以上的人数也达到了 25.2%。除了老龄化，日本船员还呈现出家庭化的特点。2015 年在日本国内航运企业中，中小企业所占比例为 94%，其中绝大部分为只运营一艘船的家庭或个人经营的小微企业。为扭转日本船员衰落的趋势，日本政府吸取美国法律坚持美国籍商船由美国公民担任船员，并导致美国航运过早衰落的教训，1999 年日本修订《船员法》，允许外国船员担任日本籍商船除船长和轮机长以外的任何高级职位。② 与此同时，日本政府和企业还把目光投向国外，先后与中国、韩国、越南等国家合作培训船员。在软法政策上，日本还与中国、菲律宾等船员输出大国签订各类行业间跨国合作培训和用工协议，以弥补本国船员数量不足的缺陷。虽然目前日本航运和船员规模已不复往日荣光，但相较于美国和韩国同行，他们的船员法律政策导向对于支撑本国航运业发展无疑是成功的。2016 年，韩国韩进公司破产，而日本三大公司：日本邮船、商船三井、川崎汽船合并，成为新的航运巨头。③

（三）菲律宾

将劳务输出作为国家的重要支柱性产业是菲律宾的特点。菲律宾船员在世界航运市场有着不可动摇的优势地位，研究其船员法律政策需要结合其文化和传统背景。美西战争后，菲律宾成为美国的殖民地，菲律宾人开始自发到美国参与庄园生产。之后得益于中东石油的开采，大量菲律宾劳工又参与中东的石

---

① 日本《船员法》第 1 章第 1 条规定："船员包括船长、海员和预备船员"。
② 日本《船员法》第 32 条 [EB/OL]. [2020 - 09 - 20]. http://elaws. e-gov. go. jp/search/elawsSearch/elaws _ search/lsg0500/detail?lawId=322AC0000000100♯140.
③ 一丝甲午年的味道：日本三大航运公司的合并与百年恩怨史 [EB/OL]. [2019 - 09 - 09]. http://news. hexun. com/2016 - 11 - 03/186731048. html.

油设施建设。20 世纪 70 年代，马科斯政府正式将劳务输出列为国家发展战略的重要部分，政府开始在劳务输出方面进行积极引导和干预。此后，历届政府都把劳务输出作为其国民经济发展的重点，积极开拓并完善劳工保障相关制度措施。根据菲律宾央行数据显示，2017 年，菲律宾海外劳工汇款总额达 313 亿美元，占当年该国 GDP 的 11%，据估算，海外菲律宾人约有 1 300 万人，占其人口总数的 13%。[①] 菲律宾官方的统计口径将海外劳工分为：陆基（land-based）与海基（sea-based）两类，船员输出属海基类，根据菲律宾海外就业署（Philippines Overseas Employment Administration，POEA）报告显示，2017 年，船员为菲律宾创造了 68 亿美元的外汇收入。鉴于海外劳工的重大贡献，自 1995 年起，菲律宾把每年的 6 月 7 日定为"海外劳工日"。每年圣诞节前夕，总统还要率领政府官员亲自到机场迎接从海外归来的这些"国家英雄"。值得关注的是，近年来，菲律宾经济增长率稳定在 7% 左右，其中海外劳工功不可没。得益于语言优势和敬业精神，菲律宾船员素质在世界上得到公认，根据菲律宾劳动和就业部（Department of Labor and Employment，DOLE）2016 年的公布材料显示，菲律宾海外船员数量为 37.8 万人，占全球 150 万名海员的 25%。

菲律宾拥有完善的劳工权益保障硬法体系和软法支持，硬法包括：《菲律宾劳工法》（The Labor Code of the Philippines）、《移民劳工和海外菲律宾人法》（1995 年第 8042 号法令）、《归国菲律宾人项目法》（1989 年第 6768 号法令）和《保留和恢复公民身份国籍法》（2003 年第 9225 号法令）等，在明确政府义务、肯定女性劳工地位、[②] 赋予海外移民参与国家政治活动权利、对移民进行系统技能培训、保障海外菲律宾人在菲律宾国内的权益、承认双重国籍等方面全面保障菲律宾劳工和海外菲律宾人的各项权利，使其在菲律宾享有充分的公民权利。2017 年菲律宾议会通过了第一个船员专门法律——《菲律宾船员宪章》（Magna Carta of Filipino Seafarers），该法统合并替代了部分其他法律中涉及船员事项的规定，并与《MLC2006 公约》相协调，内容主要涵盖并细化了《MLC2006 公约》所规定的船员权益。该法使菲律宾船员真正拥有了一部维护自身权益的"大宪章"。

---

① 按菲律宾官方统计口径，海外菲律宾人既包括已经取得他国国籍的菲律宾移民，也包括尚未移民而只在他国工作或生活的菲律宾人。
② 路阳.菲律宾政府的海外菲律宾人政策探析［J］.华侨华人历史研究，2014（3）：12.

在机构设置上还有一些对船员权益进行公权力保障的机构，例如，以菲律宾移民为服务对象的隶属于菲律宾总统办公室的海外菲律宾人委员会（CFO）和劳动与就业部（DOLE），该部下设海外就业署（POEA）、海外劳工福利管理局（OWWA）、海事行业局（MARINA）等。菲律宾政府的外交系统也是维护海外船员劳工的重要部门，下设的"海外菲律宾劳工法律协助办公室"（OLAMWA）专门提供法律帮助，而分布在各国的菲律宾领事机构的重要职责之一就是维护船员权益。在这些机构中，POEA的作用更加直接，其主要负责规划执行有关海外雇佣推广计划，例如，在海盗猖獗的时期，该机构要求雇佣他们的航运公司在途经亚丁湾和索马里水域等危险区域时提供补偿，为菲律宾船员争取"最后的上岸权"，即船员可以选择在船只进入危险区域前的最后一个安全港口上岸。CFO的主要职能是在涉及海外菲律宾劳工方面为总统提供行动纲领和政策建议，该机构还通过设立"杰出海员年度奖"，对具有突出贡献的海员予以奖励，建立了菲律宾海员一站式处理中心，为海员提供法律、信息和安全等服务。菲律宾通过设立诸多节日和奖项，例如"菲律宾船员日""海外菲律宾人月"和"总统奖"，对船员进行表彰和奖励。这些措施有效地与法律结合，为菲律宾成为世界第一船员输出国打下了坚实的制度基础。

二、国外船员权益保障经验和启示

（一）相关国家经验

通过对部分国家船员发展情况回顾和在船员权益保障方面相关做法的总结，笔者认为，可以对我国船员保障措施的制定起到借鉴作用。在美国崛起过程中船员立下了汗马功劳，但由于产业升级以及僵化的配员要求等因素，船员发展逐步衰落，呈现了一个海洋发达国家船员群体完整的发端、兴起、兴盛直至衰落的过程。日本作为后发海洋强国，吸取美国经验教训，采取务实的做法，在保证日本籍船上船长和轮机长是日本公民外，其他船上岗位都可以引入外籍人员，并与周边国家进行合作培训船员，选拔优秀者为日本航运服务，维护了日本长期稳定的海上强国地位。菲律宾作为一个发展中国家，将发展海外劳务市场放在国家优先发展地位，举国家资源大力发展包括船员在内的劳务输出产业，建立了从培训、海外劳务信息共享、职业介绍、国外就业保障、归国后权益保障、归国权益恢复、对海外劳务的社会意识培养等全方位法律和机制保障，通过几十年的积累，取得了在全球船员市场不可动摇的"霸主"地位。

虽然相关国家在船员权益保障方面的做法不尽相同，但共同特征都是在国家硬法法律保障之外，更多采取政策或行业自治等软法手段，例如，美国的NLRB相关劳工保护标准制度和海岸警备队执法操作指南手册；日本海员工会作用的有效发挥，并在船员培训和使用等方面主动与外国签订跨国行业合作协议；菲律宾海外雇佣推广计划等。这些国家通过"软硬兼施"的方式调动社会各方力量共同参与船员权益的保障，并创造了良好的尊重船员的社会氛围。

部分国家除了在国内依靠软法来保障船员权益，还通过软法手段和方式与其他国家开展船员事务合作，例如，美国经常与他国联合海上执法；日本和菲律宾在全球船员市场的资源配置安排等无不体现船员事务的全球化特点，船员事务的国际合作已经成为常态。软法在国际合作中发挥着不可替代的作用。首先，软法有助于减少国际合作中的程序成本。① 国际软法的制定条件相对宽松，创制程序简便，能迅速达成协议。其次，软法制定主体的广泛性能够更好地兼顾各方利益。全球公民社会的兴起使得国家以外的行为主体成为国际社会重要的组成力量，各类国际海员组织通过开放协调机制在全球海员行业有效治理中扮演了重要角色。最后，软法有助于提高国际合作的专业化程度。由于海员权益保障具有全球化特点，需要在全球实施专业性更高的规范，偏技术性规范的制定通常由跨国行业协会与研究机构等非政府组织承担，所以，软法制定主体的多元化能够便于将非政府组织和相关专家学者网罗到制度创制中来，例如非政府组织——国际海事委员会（CMI）参与制定了包括《约克·安特卫普规则》《海上避碰规则》等偏技术性的重要国际海事法案，在国际海事合作中发挥了重要的专业作用。

实践证明，软法在部分国家对内船员权益保障以及对外处理国际船员事务合作中均发挥了重要作用，这也为我国加强软法理论研究进而构建相关制度基础提供了很好的借鉴。

---

① 韩书立.国际合作中的制度选择：以软法为视角的分析［J］.暨南学报（哲学社会科学版），2016（5）：125.

（二）差距与不足

虽然目前我国拥有数量最多的注册船员，但在国际市场上中国船员的竞争力却与我国船员大国的体量不相对应。船员是建设海洋强国重要组成部分，现阶段，我国尚不具备可放弃船员市场的资本，船员发展未盛而衰的趋势值得警惕，提高船员质量、保持一定规模可持续发展的船员队伍是我国强国战略的重要保证，加强保障船员权益相关领域研究、采取务实政策措施已刻不容缓。随着我国加入《MLC2006 公约》，维护好本国船员的权益是应尽之义务。我国在船员权益保障方面尚存在差距，主要体现在以下方面。

1. 船员立法位阶低，形式构成繁杂

目前，IMO10 个 A 类理事国中，只有我国和俄罗斯没有关于船员的专门性法律。同时，我国涉及船员的有关法律文件位阶低，形式分散。我国的《船员条例》为行政法规，该条例并非侧重于船员权益保障而主要为便于行政管理，其他涉及船员权益的法律主要有《海商法》和《海上交通安全法》；法规和规章方面有《对外劳务合作管理条例》（国务院令第 620 号）、交通部的《船员服务管理规定》《外派船员管理规定》、公安部的《沿海船舶边防治安管理规定》等，虽然这些法律文件数量不少，但由于位阶低且偏向行政管理，对船员权益的保障作用并不明显。目前船员的社会保障制度等同于陆上人员，实践中产生了诸多问题。在我国各级各地相关部门发布的规范性文件中，大部分是规章以下没有强制力的文件，例如，海事部门的《海事政务服务指南》《海事执法业务流程》、原劳动部的《劳动部办公厅关于外派船员伤亡善后处理问题的复函》等，由于这类文件的制定并没有严格的程序要求，缺乏监督和公开程序，导致相关制度稳定性差，实施无保障，而且各类规范性文件内容大多一事一制定。截至 2020 年 4 月，交通运输部海事局对外公开发布的包括部局与直属局涉及船员类有效规范性文件达 173 件。①

---

① 交通运输部海事局.《现行有效规范性文件目录》[EB/OL].［2020－09－13］. http://www. msa. gov. cn/html/inxichaxungongkai/gkml/HSFG/bjGFXWJ/zh/20180910/52B4D7E3－B7FA－4DA2－A59E－A2D2A96ED2F7. html.

2. 船员涉及部门多，但主管部门级别低

目前我国涉及船员事务的部门较为繁杂，包括社会保障部门、出入境检疫部门、移民管理部门、公安部门、港航部门等，存在船员管理上的交叉和空白，但海事部门作为船员主管部门级别偏低，是交通运输部下属单位，无力协调其他部门在船员事务上形成合力，这也导致船员权益问题难以引起足够重视。现有规划类文件《中国船员发展规划（2016—2020 年）》① 属于交通运输部的部门规划，而涉及其他部门事项，例如减免税、简化体检等措施单凭海事部门难以推进。

3. 关注船员的社会氛围尚未形成

从社会角度看，一方面，由于当前船员的社会评价较低，船员职业受到年轻人择业的冷落，船员成为被社会边缘化的群体；另一方面，由于普通民众很少接触海洋，对船员缺乏了解，所以，更谈不上关注。从国家角度看，船员权益保障措施的不足是导致船员行业社会评价不高的主因，另外，在社会宣传和引导方面也未受到重视，国家没有采取有效措施以促进社会对船员的理解。

4. 船员社会组织尚不成熟

我国并没有船员自治社会组织，虽然我国海员工会和相关行业组织会对船员权益保障起到了一定的促进作用，但是由于海员工会行政组织化，在代表船员方面存在不足，其他涉及船员的社会组织大多处于初创阶段。另外，为满足《MLC2006 公约》的形式需要，海事部门、中国船员建设工会和中国船东协会三方定期制定的《中国海员集体协议》② 由于许多非会员船东并不受协议约束，故使得社会组织在船员权益保障方面未发挥明显作用。由于我国与国际上的海员工会组织尚未建立官方联系，所以，国际海员工会也无法在国内发挥影响与作用。

---

① 参见《中国船员发展规划（2016—2020 年）》［EB/OL］.［2020 - 09 - 13］. http://www.mot. gov.cn/zhuanti/shisanwujtysfzgh/guihuawenjian/201702/t20170213_2163860.html.

② 《中国海员集体协议》［EB/OL］.［2018 - 09 - 27］. http://www.shipmg.com/html/442.html.

第六章　国际软法对船员权益的保障

第一节　船员领域国际软法价值和发展趋势

国际海事公约中与船员权益相关的主要有《SOLAS 公约》《MLC2006 公约》和《STCW 公约》，它们之间相辅相成，例如，《MLC2006 公约》与《STCW 公约》中关于船员值班时间和健康证书等方面的规定是一致的，此外，《MLC2006 公约》与《SOLAS 公约》在一些技术要求，例如舱室隔热、通风等方面也基本兼容。以往我国学界更关注海事公约中具有强制性的硬法部分条款，而对非强制性的软法部分较为忽视。随着近年来海事公约的不断修订，软法内容大量增加，使得海事公约的性质开始向软硬结合的混合法转变。随着我国履约工作逐步深化，有必要加强对国际海事公约中软法部分的研究，应对软法在公约中所起的作用给予高度重视。

一、海事公约中软法作用和价值

（一）有助于海事公约尽快获得广泛接受

国际海事公约的生命力在于被广泛地接受和实施，这不仅体现在大部分海事公约都会设定加入国数量门槛，而且还体现在能够在现实中得到不断持续地广泛应用，否则将有可能长期被束之高阁。在国际海上货物运输领域，由于航运国和贸易国利益不能得到平衡，导致存在《海牙规则》和《汉堡规则》两个无法兼容的公约，给国际航运和贸易带来诸多不便和额外成本，这也是联合国制定《鹿特丹规则》的背景，由于分歧较大，该公约至今未生效。为避免类似局面再次发生，近年来，海事公约逐步改变了以往非黑即白的刚性做法，引入并加大了软法比例。对于一些敏感事项，以可选择、可替代的软法措施实施使相关事项更容易达成共识，并有助于公约尽快获得通过。在这一点上，《MLC2006公约》树立了典范，不仅大量采用软法，而且这些软法还以条款的形式——对应嵌在硬法中，增加了公约的灵活性。在2006年劳工暨海事大会上，《MLC2006公约》以314赞成、0票反对，获得通过，而且只经历了7年多的时间（2006年2月—2013年8月）就达到生效条件，可以说，这与公约的软法策略不无关系。

（二）对硬法条款起到说明和细化作用

海事公约的硬法部分大多涉及原则性要求或功能性目的，难免存在晦涩或模糊的内容，加之存在不同语言须转化的因素，对于一些条款，各国可能会在理解上产生较大分歧，实施起来也许会千差万别，对于IMO强制审核的要求来说，没有明确的履约标准将导致审核难以实施，故有必要通过软法进行补充说明、细化要求，这样不仅便于和统一各国对公约的理解，而且也有利于公约的有效实施。

（三）引领公约的后续修订或新法制定

从国际法的发展来看，很多国际法律文件都是由初步共识发展而来。对暂时难以达到一致的公约内容以及不便于做统一硬性要求的，可以在公约中的软法部分做推荐性建议，待条件成熟后，再转化为硬法。另外，国际软法比较机动灵活，通过形成示范文本、推荐建议等方式可以填补现行国际法领域中的空白，并成为新国际立法的素材，例如1998年劳工组织制定的软法《国际劳工组织工作中的基本原则和权利宣言》就是《MLC2006公约》的重要依据之一。国际软法已经被视为国际硬法形成的前置程序和试验手段，[①] 有国际法学者认为，软法已经是国际法院规约未能预见的新国际法渊源，至少也是创造国际法规则的新方法。[②]

二、海事公约中软法的发展趋势

近年来，为促进全球海上安全，IMO于2005年开始推行"IMO成员国自

---

① 何志鹏，尚杰.国际软法作用探析［J].河北法学，2015（8）：23.
② 亚历山大·基斯.国际环境法［M].张若思，译，北京：法律出版社，2000：65.

愿审核机制"，对自愿申请审核的成员国政府从履行相关公约要求所作的立法、实施和执行三方面情况进行审核，被审国对审核中所发现的问题采取纠正措施，并由审核组进行跟踪。我国于 2009 年首次接受并通过了自愿审核。由于效果明显，IMO 在 26 届大会决定，履约审核变为强制性审核，并覆盖所有成员国，审核范围包括：《SOLAS 公约》《STCW 公约》《载重线公约》《吨位丈量公约》《避碰规则及其议定书》。可以预计，未来很有可能将《MLC2006 公约》纳入强制审核。中国一直对海事公约履行高度重视，依据《IMO 强制性文件实施规则》，并充分参照质量管理体系的机制，我国先后制定了《中国海事履约管理机制推进方案》《中国海事履约规则》和《海事履约体系管理标准》等，大力推进海事履约。在此背景下，海事领域国际法逐渐摘去了"弱法"标签，履行海事公约也已跳出了一国主权事务，受到国际组织强制审核而成为国际社会范围内的公共事务，并依托港口国监督管理得以保障实施。如何达到公约标准成为成员国的考量重点，由此公约的软法部分前所未有地受到了重视，因为遵照公约中软法细化规定或可替代措施将被视为达到公约整体要求，例如《MLC2006 公约》第 6 条规定："成员国还应充分考虑到按守则 B 部分给出的方式履行其责任"，即如果未依照软法部分指导实施，成员国将有可能在强制审核中面对审核官员的质疑，并进行必要的说明。由于是否得到审核官员认同存在不确定性，因此，这些软法已经起到类似强制性条款的效果。

第二节　与船员有关的主要海事
公约之软法表现

　　国际公约对船员一般限定为海员，例如《MLC2006 公约》规定，海员主要是指在下列船舶工作或服务人员，[①] "除专门在内河或在遮蔽水域之内或其紧邻水域或适用港口规定的区域航行的船舶以外的船舶"。在 SOLAS、STCW 和 MLC2006 三个国际海事公约中，软法与硬法共同构成了对船员权益保障的基石。而且，海事公约中的软法立法技术已经较为成熟，研究者不能忽视对这些广泛存在软法内容的研究。另外，港口国备忘录作为一种特殊的国际软法形

---

① 参见《2006 年海事劳工公约》第 2 条第 I （i）款；《STCW 公约》第 II 条第（g）款.

式，在维系各国履行国际义务方面发挥了独特作用。由于围绕上述三个海事公约的其他软法，例如相关会议决议、建议书、通函等较为繁杂，难以展开论述，故本书主要以上述三个公约中的软法部分为讨论对象进行论述。

一、海事劳工公约之软法表现

该公约具有新颖的内容和架构组成，兼具强制性条款和软法性质的非强制性条款，除了序言和附录，正文分为三部分，分别为：条款（articles）、规则（regulation）和守则（codes），其中守则由两部分组成，分别为：A 部分（强制标准，standards）和属于软法的 B 部分（非强制性导则，guidelines）。规则和守则区分为五个标题，分别是："船员上船工作的最低要求""就业条件""起居舱室、娱乐设施、食品及膳食服务""健康保护、医疗、福利和社会保障""遵守与执行"。原则性的要求主要在条款和规则中提出，具体细节性和技术性要求主要在守则中体现，这种多层次、立体的公约立法结构和编排技巧具有独特性（见表 6-1）。[1]《MLC2006 公约》在一个法律文件里使软法与硬法条款得到紧密结合，在规则的每个标题下强制性标准和非强制性导则一一对应。[2]

表 6-1　公约框架及体例

序　言	公约产生背景、宗旨	
正　文	条款	共 16 条，涉及适用范围、基本权利及生效和修改等程序性问题
	规则	分为 5 个领域进行规定
	守则	分为 5 个领域进行规定，包括 A 部分：强制标准和 B 部分软法内容：非强制性导则
4 个附则	明确证书样式、发证检查事项等说明性事项	

《MLC2006 公约》是一部综合性的海事劳工公约，它建立了统一的国际海事劳工标准。虽然这部公约未给海员权益进行概括性的定义，但公约前言提及的"体面劳动"可能是对船员权益描述最为形象的概括。由于公约的 B 部分

---

[1]　郭萍. 国际海事劳工公约带来的影响与应对［J］. 世界海运，2014（3）：22.
[2]　例如标题一：船员上船工作的最低要求中第一组包括最低年龄的规则 1.1 会分别对应标准 A1.1 和导则 B1.1。

软法内容完全镶嵌在整个公约中，所以，公约提及的船员权益类型也都在其软法部分中有所体现。公约软法部分分为笼统表述、具体表述、指引表述三类，笼统表述如导则 B1.1 指出，缔约国制定国内法时应"考虑 18 岁以下船员的特殊需求"，这种笼统表述在实施时需要各国根据实际选择。具体表述如 B1.4 提出的缔约国应对就业记录提供英译文，建议十分明确具体。指引表述如 B1.2 在体检方面要求"遵循《国际劳工组织/世界卫生组织海员上船工作前和定期体格指南》及国际劳工组织、国际海事组织或世界卫生组织其他适用的国际导则"，其他国际公约的相关内容通过 B 类条款的指引并入本公约。① 在《MLC2006 公约》所整合的与海员有关的 37 个劳工公约和 31 个相关建议案②中，大量的具体要求都是通过软法条款体现。《MLC2006 公约》开创了一个将软法提升至与硬法并驾齐驱地位的先河，笔者对公约所涉及的 B 类软法内容按标题进行了梳理。

标题一：海员上船工作最低要求。确定最低工作年龄标准为 16 岁，作为特别提醒，B1.1 建议各缔约国考虑 18 岁以下海员特殊需求；在体检证书要求上，B1.2 提出应遵循其他国际公约的要求，通过软法指引并入《MLC2006 公约》；在"招募和安置"方面，导则 B1.4 对船员服务机构的组织和操作进行了灵活安排，例如经营标准、范围、信息保密等，这种安排考虑了各国的不同情况。

标题二：就业条件。在就业协议方面，导则 B2.1 提出缔约国应确保就业记录包含足够信息，并配备英文。虽然这些要求是以建议性方式提出的，但明确而具体，且便于操作。在工资方面，B2.2 则将劳工组织《1958 年工资、工时和配员公约》有关工资计算支付、最低工资及水手最低基本报酬引进公约；在工作和休息时间方面，B2.3 对未成年海员提供了更高的工作和时间保护标准；在休假方面，B2.4 细化了标准中对服务期、年假分段和累计的计算方法；B2.5 涉及海员遣返，国际劳工组织于 2014 年专门通过了关于遣返财务保证的首部修正案，在进行修正说明时，国际劳工组织引用了该组织 2014 年海员遗弃数据库数据，列出了 159 艘被遗弃的商船，而被遗弃海员问题仍然悬而未决。许多被遗弃海员会长达好几个月生活在被遗弃的船舶上，既没有食物和饮用水，也不能回到自己的国家，尤其对 18 岁以下海员的遣返权益予以了特别

---

① 黄杨婷.《国际海事劳工公约》研究［J］.上海：复旦大学硕士学位论文，2013：32.
② 郭萍.国际海事劳工公约带来的影响与应对［J］.世界海运，2014（3）：22.

关注，要求关注船舶灭失时海员的赔偿请求权，如果船舶灭失，意味着原先海员可以依靠的优先权对象不复存在，海员的财产请求权将得不到保障。导则B2.6 是对赔偿标准的操作细化，提供了船舶灭失导致的失业赔偿计算方法；导则还特别要求船舶灭失时由于船舶优先权不复存在而应给予海员特别赔偿请求权；导则 B2.7 建议缔约国建立适当的争议解决程序，解决因各国配员标准不一所导致的有关申诉或争议；B2.8 提出缔约国在确定职业指导、教育和培训目标时的相关建议措施，包括与船东达成职业发展和培训协议，建立海员分类登记等。

标题三：起居舱室、娱乐设施、食品和膳食服务。在起居舱室和娱乐设施方面，导则 B3.1 对标准 A 所列的关于起居舱室尺寸、取暖和通风、噪声和振动等标准逐项进行了建议性规定。

标题四：健康保护、医疗、福利和社会保障。B4.1 对船上（岸上）医疗提供、医疗报表、医疗援助与合作、海员受赡养人的医疗服务进行了细化规定；B4.2 则对船东经济责任承担的范围作出说明，例如，在社会保险情况下，船东可以免责的具体情形等；在保护健康和安全及事故预防方面，根据 A4.3 要求船旗国通过立法进行规定，B4.3 对缔约国立法所涉及的职业事故、噪声振动、船东责任、报告统计、事故预防指导等方面做出建议性指导；B4.4 吸纳了《1987 福利建议书》内容，对港口福利设施与服务的提供主体、内容、福利委员会、资金来源提出建议；B4.5 明确了享有规定社会保障的海员范围，以及涉及社会保障的最低标准和管辖争议及程序等内容。

标题五：遵守与执行。导则从 PSC 程序和投诉渠道上对海员权益予以保障监督，明确岸上投诉的处理程序等。

《MLC2006 公约》主要依赖政府、船东组织和船员组织三方机制发挥作用，并赋予三方各自的职责，共同保障海员的各项权益。技术上将软法完全包含在整个公约中，与硬法条款对应穿插的结构使得软法部分具备灵活的可操作性，成为公约必不可少的重要组成部分，开创了海事公约中软法与硬法完美结合的典范。

二、国际海上人命安全公约中之软法表现

《SOLAS 公约》是人们反思"泰坦尼克"海难、总结历史经验后的成果。

该公约历经多次修订，目前有效的是《1974年国际海上人命安全公约》和1978年、1988年两个议定书。现行公约由正文、议定书及附则三部分组成。正文主要规定了一般义务、适用范围、修正、生效以及不可抗力和紧急情形等内容。公约的议定书主要是对正文的说明、补充、修改或限制，其中，1978年议定书涉及船舶防污染方面的技术改动；1988年议定书涉及全球海上遇险与安全系统和检验与发证协调系统。公约的主体是附则，最新版本的《公约附则》共包括14章，① 分别为：总则、构造、救生设备与装置、无线电通信设备、航行安全、货物装运、危险货物的载运、核能船舶、船舶安全营运、高速船安全措施、加强海上安全与保安的特别措施（2004年7月1日生效）、散货船安全附加措施、成员国强制审核机制（2016年1月1日生效）、极地航行船舶强制性规则（2016年7月1日生效）。

从公约的发展可以看出，自公约引入《国际船舶安全营运和防止污染管理规则》（ISM规则）和《国际船舶和港口设施保安规则》（ISPS规则）等内容后，公约性质就从偏技术向兼具技术与管理型的公约发展。在引入成员国强制审核机制后，公约又具备了对缔约国履约效果裁判的功能，成为全面保证海上安全的法典。虽然《SOLAS公约》并非直接针对船员，但船员是海上生命的主要组成部分，对船员生命安全的保护最终也是对船员权利的保障。②

作为历史最为悠久的海上安全类海事公约，我们可以从《SOLAS公约》的发展梳理出国际软法渐进的脉络。在较早制定的前8章中，总则、构造、救生设备与装置、无线电通信设备、航行安全、货物装运、危险货物的载运和核能船舶基本上都是技术性的内容，其条款绝大多数是强制性的，但并不绝对：一是有部分替代措施类条款；③ 二是有少量软法性质条款与硬法条款掺杂在一起，起到了补充和说明的作用。④ 三是通过对条款的脚注实现了对国际组织一些建议书和指南的引用。⑤ 而在2000年以后的修正案和新章节中，公约逐渐增加了软法内容的比重，同时公约文件的体例也更明显地区分出软法条款与硬

---

① 参考2016年《SOLAS公约》中文译本.
② 黄杨婷.《国际海事劳工公约》研究［D］.上海：复旦大学硕士学位论文，2013：53.
③ 例如公约第Ⅲ章——救生设备和装置中的C部分：替代设计与布置，为救生设备与布置提供了与前述强制性要求等效的选择。
④ 例如在第Ⅴ章航行安全中，第10条"船舶航线划定"第3款规定："在建立船舶定线制系统时，应考虑到本组织制定的指南"。
⑤ 例如在第Ⅴ章航行安全中，第2条第2款规定，在海图或航海出版物的定义中，引用建议类备注条款——"参见国际水文组织关于沿岸国根据第9条提供海图的权利和责任及相关决议和建议。"

法条款，例如在 2008 年通过的对第Ⅱ-1 章：构造—结构、分舱与稳性、机电设备修正案中，其 A 部分第 2 条所引用的《2008 完整稳性规则》包括 A 部分和 B 部分，其中 B 部分是建议性的软法内容。在第Ⅺ-2 章：加强海上保安的特别措施中，第 1 条 1.12 款表述为："《国际船舶保安和港口设施保安规则》由 A 部分（其规定应视为具有强制性）和 B 部分（其规定应视为建议性）组成"，而 ISPS 规则中的 B 部分则是对如何达到 A 部分要求的软法。

从《SOLAS 公约》演进的历次修订过程可以看出，随着时间的推移，公约内容和结构发生着明显变化，软法部分的比例不断加大，使得公约更具备一定的弹性，也更具可操作性。以 21 世纪为节点，附则中的老章节和新纳入公约的章节呈现出不同的结构，老章节由于订立时间早，更多体现了公约制定初期为了遏制重大海上事故，国际社会所迫切需要统一安全要求和标准的愿望，公约更多地体现了规则的刚性，少数软法类条款也大多与硬法条款混杂在各章节中，不易区分。受制于大幅修改公约的困难，对老章节的修订更多的是采取"打补丁"的方式，通过不断引入海事组织的相关建议、指南、指引等方式来增加相关要求的弹性。而在 21 世纪后增加的相关章节中由于纳入了管理和治理的相关内容，更多体现了现代社会治理的理念，例如质量管理标准、参与治理主体多样化等。由于需要体现更多的灵活性，加之立法理念的进步，软法部分大多被分立出来，通过设立专门的部分进行规定无论对文件的理解上还是具体执行方面都更为清晰。第Ⅻ章强制审核机制的引入则强化了软法部分的作用，督促履约方认真对待非强制性的软法部分，使得软法在一定程度上具备了强制效力。软法越来越多地被采用，已经成为《SOLAS 公约》一大特点，而且这一立法技术也已经成熟地运用在其他国际海事公约中。

三、海员培训、发证和值班标准公约中之软法表现

国际社会很早就认识到，由于缺乏对海员培训、发证和值班统一的国际标准，导致大量由于人为因素造成的海上事故，故经过多年努力制定了《STCW 公约》，公约于 1984 年生效，之后修订变化较大的是 1995 年修正案和 2010 年马尼拉修正案。1995 年修正案增加了《海员培训、发证和值班规则》作为公约附则。2010 年修正案对公约进行了全面的修改，主要涉及海员对船舶的驾驶能力和对海上恶劣环境及海盗等风险应变能力的提高、海员休息、提供普通

海员的晋升渠道等。公约重新划定了海员适任标准，归结为 7 个功能和 3 个责任级别。功能包括：① 航行；② 货物装卸和积载；③ 船舶作业管理和人员管理；④ 轮机工程；⑤ 电气、电子和控制工程；⑥ 维护和修理；⑦ 无线电通信。责任级别包括：① 管理级：船长、大副、轮机长、大管轮；② 操作级：二副、三副、二管轮、三管轮；③ 支持级：水手、机工。

《STCW 公约》从结构上分为：正文、附则以及规则三大部分。与前述两个公约类似，公约正文是概括性规定，包括一般义务、定义、适用范围、海员证书、监督、等效措施等。公约的主要内容体现在附则和规则上，附则与规则均分为 A 部分和 B 部分，且一一对应，分别为：总则、船长与甲板部、轮机部、无线电通信和人员、特定类型船舶特殊培训要求和应急、职业安全、医护救生、发证、值班。规则 A 部分为强制性要求，B 部分为推荐性指南，在推荐性指南中一部分为对强制性要求的细化或操作说明，还有一部分为推荐性的培训，例如 B-V/f 节中关于对动力定位系统（DP）操作人员的特殊培训是推荐性的。从《STCW 公约》最新的两次大的修正可以看出，公约采用了新的立法技术，将软法内容独立规定，并与强制性规定一一对应，待条件成熟后，软法会逐步转化为硬法，例如 2010 修正案将原 95 修正案中部分 B 部分内容转移到 A 部分。① 《STCW 公约》通过软法和硬法共同搭建了覆盖海员职业各项技能培训要求的体系，为保障海员海上工作的职业安全发挥了不可替代的作用。

四、与船员有关的主要海事公约中软法的发展脉络

《MLC2006 公约》与《SOLAS 公约》的关联体现在两方面：一是在技术标准上，包括船舶构造、无线电、船舶安全营运管理等都有重合；二是在履约机制上，《MLC2006 公约》标题五所引入的船旗国及港口国监督（PSC）机制与《SOLAS 公约》附则第一章保持一致。由于《MLC2006 公约》大量引用软法，相较于《SOLAS 公约》更为宽泛灵活。《MLC2006 公约》与《STCW 公约》的联系广泛存在于培训、发证与值班各环节，具体包括：《MLC2006 公

---

① A-1/9-1 最低在职体能标准就是从原 B 部分移入 A 部分；原第 8 章 B 部分的适用驾驶能资源管理和机舱资源管理原则移入了第 8 章 A 部分，成为强制性规定。

约》中的体检证书（标准 A1.2）、培训和资格（规则 1.3）、船上和岸上医疗（规则 4.1，A4.1，B4.1），另外，《MLC2006 公约》工作条件标题下的船上工作和休息时间（规则 2.3，A2.3，B2.3）和船舶配员（规则 2.7，A2.7，B2.7）与《STCW 公约》值班（附则第Ⅷ章，规则 A 部分第Ⅷ章，B 部分第Ⅷ章）也相配套，《STCW 公约》多处还直接引用《MLC2006 公约》相应条款。一些直接联系主要体现在《STCW 公约》和《SOLAS 公约》各章所引用的专门公约或规则中，例如《STCW 规则》A-Ⅷ/2 节第 4-3 部分 85 条 2 款规定："船长应保证按照《无线电规则》和《SOLAS 公约》的有关规定来保持无线电值班。"除了与《SOLAS 公约》第Ⅳ章——无线电通信设备一章相契合外，第 A-Ⅷ/2 节第 35 条也与《SOLAS 公约》第Ⅴ章——航行安全互相指引。另外，在船公司安全营运管理和船舶保安等诸多方面也多有重合。

　　三个国际海事公约相互协调配合，构成了完整的有机整体，共同保障海上安全及海员基本权益，如果国际海事公约的硬法条款是这个机体的骨架，那么，软法部分则是构成机体的肌肉和组织。以 2000 年为节点，公约的软法发生了质的变化，之前制定的内容，包括《SOLAS 公约》正文、议定书及附则前 8 章和《STCW 公约》的早期版本基本上都是刚性硬法条款，部分带有软法特点的内容主要以脚注形式出现，极少数指导性质的软法部分与硬法条款掺杂在一起，不做技术上的区分。随着国际社会治理理念和管理方式的进步，人们逐渐认识到，"非黑即白"的硬法治理效果并不如预期好，而采用更灵活的管理方式、提供更多的选择往往可以取得更好的治理效果。2000 年后，海事公约开始逐渐增加软法内容的比重，但在具体路径上各公约并不相同。《MLC2006 公约》作为最新公约，在其附则中采用强制性的 A 类强制标准和 B 类非强制性导则对应穿插的立法技术，使强制要求和推荐性做法及说明一目了然，便于船员理解、查阅和实施。《STCW 公约》通过修正案的方式大幅纳入软法性条款，其制定的《海员培训、发证和值班规则》开创性地采用了强制性 A 部分和推荐性 B 部分——对应并分开单独规定的模式，在支柱性海事公约中率先大幅引入软法。在其 2010 修正案中，部分 B 类条款还被转化为 A 类强制性条款，为强制要求的出台提供了过渡期，也更有利于履约工作的实施。《SOLAS 公约》在后期增加了部分章节，主要是通过引入专门规则的方式实现，其中涉及保安等方面的规则都已经采用将软法内容单独编制的立法技术，而时间较早的章节，由于不便做结构性修改，主要采取"打补丁"的方式增加软法部分比重。值得注意的是，由于上述船员海事公约的效力影响广泛，而且公约中均有对非成员国不给予更优惠待遇的规定，导致在实践中这些非成员国也会被动地受到公约的限制。

可以认为，对于公约的非成员国来说，公约在某种程度上也起到了软法的作用。目前，国际海事公约已经形成了软法、硬法"两条腿走路"的良性发展局面。软法从无到有，由少到多，不仅随着强制履约审核机制的实施，其地位和作用逐渐被重视，而且部分软法也实现了向硬法过渡和转化，这一趋势为中国的法治的建设树立了可以借鉴的目标，也必将对国内软法建设产生积极影响。

第三节　港口国监督备忘录——特殊的国际软法存在

为了弥补船旗国监督的不足、防范重大海上事故发生，国际上通过成员国签订建立港口国监督备忘录的形式成立了港口国监督（Port State Control，PSC）制度，[①] 该制度要求成员国对到港船舶是否满足海事公约对安全、防污染和劳工权益要求进行抽查和纠正，通过识别"低标准船舶"，并有针对性地采取措施来消除安全隐患，当然，其本身并不创设有关船舶安全的标准。[②] 以港口国监督备忘录形式组成的港口国监督组织是落实国际海事公约的重要机制保证。

港口国监督备忘录属于区域性的国际条约。这里，笔者将围绕亚太地区港口国监督谅解备忘录开展论述。在法律属性判断上，学界对国际条约理解分为广义与狭义两种。广义上的国际条约的依据是 1969 年《维也纳条约法公约》和 1985 年《维也纳条约》，这是国际法主体签订的各类书面协议的总称，而不论其名称叫什么。狭义上的国际条约专指以"条约"为名称的协议，其一般具有明确的法律权利或义务，属于《国际法院规约》规定的可裁定范围。对照上

---

① 由于翻译和理解的不同，在我国对 PSC 有不同称谓：港口国检查；港口国控制；港口国监督等。本书采用港口国监督称谓。

② Mcdorman T. A Comments on the Tokyo MOU and Issues of International Law [J]. Asian Yearbook of International Law, 1997 (7): 229.

述标准，港口国监督备忘录无疑属于广义上国际条约的一种类型，但有其特殊性，备忘录仅仅表达了成员方之间一种共同意愿和行动纲领，尽管规定了一定的权利义务，但这些权利义务仅限于相互行动的协调与配合，并非创设法律上的实体权利义务，[①] 所以，备忘录并不具有法律约束力。另外根据国际法规定，各缔约国应遵守禁反言原则，故备忘录又具备国际法意义上的法律效力。对于备忘录是否属于软法，国际软法学者认为"法律约束力"是判断的主要标准。[②] 弗朗西斯·施奈德（Francis Snyder）曾指出，通过对欧盟软法的研究表明软法不具有法律约束力，但通常具有法律效力。[③] 由此可见，亚太地区港口国监督备忘录属于软法范畴，但与一般国际软法不同的是，由备忘录所维系的港口国监督机制具备保障国际海事公约实施的作用，备忘录在某种程度上已成为保障公约实施的特殊软法。

---

① 《亚太地区港口国监督谅解备忘录》在开篇声明："本备忘录不是法律强制性文件，不为任何当局强加任何法定责任。"
② 罗豪才.软法的理论与实践［M］.北京：北京大学出版社，2010：375.
③ 罗豪才.软法的理论与实践［M］.北京：北京大学出版社，2010：408.

第七章　国内软法对船员权益的保障

第一节　国家软法对船员权益的保障

国家软法是拥有国家公权力的国家机关（国家权力机关、国家行政机关、国家司法机关）组织制定发布的除"国家法"之外的具备一定拘束性的规范。

一、组织类软法对船员权益的保障

有关船员管理组织机构及职责的设置是船员权益保障的基础性因素，其设置是否科学关系公权力在船员权益保障领域运行的顺畅有效。如果组织机构过于繁杂，职责大量交叉将导致行政效能的下降，不仅将加重社会和行政管理的负担，而且也会给船员权益带来损害。

（一）我国现行涉船员行政组织架构的现状

1. 国家组织模式决定船员治理行政组织架构

当前我国在船员领域存在的部门和职责问题与国家治理模式和组织架构密切相关，如果不了解我国行政组织架构背景，就难以理解问题的根源所在。国家机构组织架构与治理模式存在对应关系，确定的国家机构和部门职责是国家组织结构的具体体现，而国家组织结构只是适应国家治理模式的载体，其决定着国家社会发展的内在要求。中华人民共和国成立以来承袭苏联的国家集权主义，[①] 对社会进行全面控制，对社会各种资源实行全面垄断，与此相对应的社

---

① 也有学者称之为全能主义，这只是从不同角度对同一国家形态的另一种描述。

会管理是"命令—服从"的管制型社会治理模式。① 改革开放之后，国家对现行宪法进行了四次修宪，尤其在经济领域逐步摒弃计划经济体制，相继采取了"包产到户""股份化改制""发展民营经济"等措施，促成了今天中国的经济市场化已经达到了较高的水平。截至 2020 年 6 月，央企数量已减为 97 家，②较 2003 年国资委成立时 196 家央企的数量已经减少许多。时至今日，各界对之前国家在各领域集权的政策更多是持理性的反思态度。

从西方国家的管理模式发展历程来看，进入资本主义以后，首先是经历了自由竞争的市场经济阶段，国家管理信奉"管得最少的政府是最好的政府"（小政府模式），正如亚当·斯密在其《国富论》中所主张的，"如果没有完全自由和完全公平就不能使一国繁荣，那么世界上就没有哪个国家可以繁荣"，③即政府只充当"守夜人"的角色。在价值取向上，国家管理旨在保障公民在私领域的个人自由，防止受到国家的侵害，遵从形式上的自由。在西方自由主义后期，遭遇了若干次大大小小的经济危机，市场调节失灵，贫富分化严重。奉行"小政府模式"理念的国家在面对这些危机时显得无力应对。马克斯·韦伯在 1922 年《经济与社会》一书中较早意识到官僚体制这一现代行政国家的主干结构，观察到行政国家现象的初始形态，他认为，所谓行政国家是指公共部门的工作人数增加，而行政部门也相应地在结构与功能上大幅增加，并且复杂化；公共部门支配了大量社会资源；公共行政管理者在相应的行政过程中发挥着重要的作用；行政行为本身政治意义或许不大，但政治后果却是明显的；国家通过行政行为来解决其面临的问题并达成目标。④ 德怀特·沃尔多（Dwight Waldo）在《公共行政的视野》一文中认为，行政管理是现代政府的核心部分，应与政治理论密切联系起来。⑤

行政国家的出现有着深刻的背景：一是由于科技进步带来的大工业生产所要求的人力和资源高度集中，使城市化进一步深化、生产调配和社会公共事务大量增加，这是导致国家行政集权的根本原因。二是国际政治与世界经济的变

---

① 张存强. 公共治理视域中的软法——西方语境与中国问题 [D]. 长春：吉林大学硕士学位论文，2011：5.
② 曹煦. 央企重组，还有哪些看点 [EB/OL]. [2019 - 09 - 09]. http://business.sohu.com/20180823/n547287386.shtml.
③ 亚当·斯密. 国富论 [M]. 文熙等，译，武汉：武汉大学出版社，2010：310.
④ 戴维·H. 罗森布鲁姆等. 公共行政学：管理、政治和法律的途径 [M]. 张成福，译. 北京：中国人民大学出版社，2002：49.
⑤ 毛寿龙. 西方公共行政学名著提要 [M]. 南昌：江西人民出版社，2006：478.

化。一些学者认为，20 世纪 30 年代西方国家的经济危机和之后的第二次世界大战成为行政国家流行发展的国际性根源，尤其对美国影响最大，① 罗斯福新政就是增加政府对经济直接或间接干预，以缓解大萧条带来的经济危机与社会矛盾。凯恩斯（Keynes）所主张的通过市场干预以纠正在市场失灵状态也是在这一历史背景下提出的。三是出于缓解由于严重贫富分化所带来的社会各阶层对立和矛盾的需要。由于经济危机的频繁发生以及社会民主运动和工会的积极活动，促使西方社会普遍遵从的价值从形式正义转向兼顾实质正义，社会公正和福利成为执政者必须考虑的事情。福利国家一般可理解为国家通过创办并资助社会公共事业，实行和完善一套社会福利政策和制度，对社会经济生活进行干预以调节和缓和社会矛盾，保证社会秩序和经济生活的正常运行。福利国家与行政国家具有相同的内涵，可以说是从两个角度对同一事物进行描述。行政机关的行政行为成为影响人们生命自由、财产和国家安全、稳定和发展的一种几乎无所不能之物。② 与小政府模式相比，行政国家更加依赖行政科层官僚体系。

虽然行政国家模式在一定程度上纠正了市场失灵，体现了社会公正，缓解了社会矛盾和危机，但在政府公权力不断扩大的过程中也逐渐暴露出缺陷，主要表现在：一是与传统自由主义价值产生冲突。由于政府权力的扩张和膨胀，限制和压缩了私人自主的空间。哈贝马斯（Habermas）认为，"政府为个人提供关照和分配机会的行为带有家长式恩赐的特点，导致了政府对私人生活进行专断干预，这与福利法企图促成个人自主的目标之间恰恰构成了一个悖论"。③西方社会对政府抱有天然警惕，人们对公权力不断扩张和集权的状况感到担忧，这种担忧客观上也催生了新自由主义理论的形成。

二是由于福利社会降低了对工作的依赖性，故一定程度上助长了民众的懒惰，对社会价值取向形成了负面影响。

三是在管理国家和社会的运行方面弊端明显。由于庞大的行政成本和福利支出带来了巨额的财政赤字，使社会容易陷入恶性循环，即经济形势下滑时会带来失业、破产等社会问题，社会福利投入需要相应加大，但这些支出的来源

---

① 李道揆. 美国政府和美国政治 [M]. 北京：中国社会科学出版社，1990：445.
② 姜明安. 行政国家与行政权的控制和转化 [N]. 法制日报，2000 - 03 - 14.
③ 哈贝马斯. 在事实与规范之间——关于法律和民主法治国的商谈理论 [M]. 童世骏，译，北京：生活·读书·新知三联书店，2001：517.

主要是税收，在经济不好的情况下加大税收无异于饮鸩止渴，使经济失去活力，甚至导致政府破产。[①]

四是随着政府职能的扩张，造成机构臃肿、效率低下。法国公务员人数在20世纪30年代为60万名左右，而到了1962年，数量变为131万名，增加了近一倍。[②] 中国行政化趋势更为明显，据国家统计局公布数据显示，2008年由财政供养的人员为3 946万人。有媒体估算，到2015年年底中国财政供养人数至少有8 000万。另外，行政国家科层化还带来了决策结构封闭、信息传递不畅、官员易失去积极性以及权力异化等弊端。一方面，国家治理能力软弱，无法负担起应有的现实挑战；另一方面，政府侵占了市民社会的空间和功能，从而导致市民社会自我调控功能的失效，[③] 即"政府失灵"。

"政府失灵"让官僚科层制面临现实和理论的双重压力和挑战。为克服"政府失灵"给官僚科层制带来的挑战，20世纪80年代，英国和多个西方发达国家掀起了国家治理的改革运动。这次变革由于着眼点的不同被称为新公共管理或新公共行政，主要目的是为了重新焕发社会活力、提高政府效率。实现路径主要从两个轴线展开：一是政府部分职能实施市场化，强调借鉴私营部门的管理经验与运营方式，通过政府购买服务或引入市场竞争的方式减少公共支出，提高服务效率。二是部分职能社会化，公权力回归社会，扩大社会自治领域内的社会公权力作用发挥，缩减国家公权力。通过改革，国家公权力主体"从管制的主导者成为公共治理的辅助者，走协商、开放、参与、多元的第三条道路"。[④]

目前世界范围内的社会治理改革仍在继续，有学者将高级阶段的改革状态称为公共治理模式。[⑤] 该模式的主要特征如下：一是公共治理实现了主体多元化。政府只是多元主体中的一员，市民社会组织、私人部门、国际组织等都可以成为公共治理的主体。二是权力的网络化运行。政府不再是唯一的权力中心，权力由单一的自上而下转向网络式的多互动模式。治理模式以谈判为基

① 2015希腊债务危机爆发，政府实际上已经破产，经济政策制定受制于欧盟［EB/OL］.［2018-09-20］.http://www.chinanews.com/gj/2015/07-03/7382081.shtml.
② 夏尔·德巴什.行政科学［M］.葛智强等，译，上海：上海译文出版社，2000：367.
③ 张存强.公共治理视域中的软法——西方语境与中国问题［D］.长春：吉林大学硕士学位论文，2011：9.
④ 杨雪.以西方后现代为视角看软法之治［J］.法制与社会，2007（11）：42.
⑤ 张存强.公共治理视域中的软法——西方语境与中国问题［D］.长春：吉林大学硕士学位论文，2011：11.

础，强调对话与协作。三是公共治理手段的方法多样性。这些手段和方法不仅包括法律、政治等传统手段，而且还包括运用市场机制的经济手段和社会、文化、信用等手段。中国也参与了社会治理模式的改革，目前在建设服务型政府的总体目标下，我国政府采取了一系列简政放权的具体措施，以减少政府干预。我国政府职能转变和社会治理模式的创新也是对世界公共治理改革的成果借鉴和呼应。

公共治理还体现在国内与国际两个领域的互动。全球化是对当今世界时代特征最具共识性的概括，导致"全球风险社会"[①] 的形成，由于一国力量不足以应对和解决全球问题，故"全球治理"正式成为全球化时代的主题词之一，同时也是中国应对全球风险、全面融入国际社会的重要契机。[②] 回顾近年来中国在全球治理领域的足迹，从提出"一带一路"倡议到发起成立亚洲基础设施投资银行、金砖国家新开发银行等新型多边金融机构，再到率先发布《中国落实 2030 年可持续发展议程国别方案》，中国一直积极参与制定海洋、极地、网络、外空、核安全、反腐败、气候变化等新兴领域治理规则，中国不仅在国内不断完善社会治理水平，而且已经成为积极推动全球治理的重要力量。

2. 当前船员行政组织架构难以应对船员治理挑战

对于船员治理，我国同样存在传统行政国家面临的问题，科层制所带来的机构庞杂、职责交叉、效率低下等问题均有不同程度的体现。目前单纯交通运输部直属的海事队伍人数就有近 5 万余人，[③] 再加上地方海事人员共约 8 万人，与发达国家相比，人员冗余严重。在组织机构设置上也存在部门多头管理，2013 年以前，海上管理机构分散，有人称之为"九龙治海"，[④] 其中包括商务部的对外劳务部门、人社部门、农业部的渔政和渔监、海关总署的缉私和移民部门，还有海警以及交通运输部的海事局等 10 余家，其中涉及船员管理和检查的部门有：海事部门、海关（2018 年机构改革后，边防和检疫职能划归海关管辖）、公安部门、人社部门等。地方层面也成立了诸多涉海部门，例如

---

① 乌尔里希·贝克. 风险社会 [M]. 何博闻，译. 南京：译林出版社，2004：7.
② 赵骏. 全球治理视野下的国际法治与国内法治 [J]. 中国社会科学，2014（10）：82.
③ 参见《2019 年中华人民共和国海事局年报》。
④ 王峰. 重组国家海洋局　整合海上执法力量 [EB/OL]. [2019-09-20]. http：//news. xinhuanet. com/2013lh/2013-03/11/c_124442355. htm.

烟台市成立了海上综合执法大队等，我国涉海管理部门在世界上是最多的。[①]
为克服部门分散所导致的海上反复执法检查，我国催生了一项特色的制度——
联检，各部门联合登轮，通过检查来加强对进出国门的货物、人员及交通工具
的控制。参加联检的单位最初包括港务监督（海事局）、海关、边防检查、卫
生检疫、动植物检疫等部门，后期由于机构合并数量有所减少。随着各地电子
口岸建设程度的不断深化以及行政管理方式的进步，联检已经不是对船、货、
人检查的唯一手段，依托政府数据库，通过网络和远程视频监控可以部分或全
部实现检查的目的，联检制度作用已经弱化，不再经常性开展。

为革除长期以来涉海管理部门繁杂、执法力量分散、重复建设、效率不高
等问题，2013 年根据《国务院机构改革和职能转变方案》，国务院重组了国家
海洋局，将原海洋局的海监、农业部的渔政、海关总署的缉私，以及公安部的
海警进行了整合，并以中国海警局的名义开展海上维权执法，受公安部业务指
导，同时还设立了国家高层次的议事协调机构——国家海洋委员会，这次整合
是在中国稳步推进大部制改革和整合机制的背景下进行的。根据韦伯的科层制
"最优结构"理论，[②] 通过优化政府结构和功能，可以解决部门之间由于职权
交叉引起的政出多门的问题，解决影响政府公共服务的效率问题。[③] 值得注意
的是，近年来，国家机构调整均以国务院办公厅的名义发布，尽管目前尚未形
成由国务院办公厅公布相关部门职责分工的惯例，但该做法使得此类文件在主
体适格上更偏向于硬法。由于此次改革对内只是强调机构整合，故并未完全实
现执法队伍的统一，这次涉海机构改革的效果并不明显，执法力量分散的现状
也并未得到明显改观，对船员重复管理的问题仍然存在。

（二）多头管理组织机构缺陷对船员权益的影响

目前，船员事务的主管部门是隶属于交通运输部的海事局，[④] 船员劳动保

---

① 邵帅.实施 ISPS 规则对完善我国海上行政管理体制的影响 [D].大连：大连海事大学硕士学位论文，
2006：30.

② 按照马克斯·韦伯对理想管理体制的描述，一方面，为实现既定组织目标，如同一台精密仪器，
上面每个部件都能为目标的实现而发挥最大功效；另一方面，这种组织设计应被法定化，其成员
必须依照法定的规则和程序行事，这两方面共同构成了一个系统的管理体制，这一结构能达到技
术上的"最优"。他将这种技术功能达到最优的结构称为科层制或官僚制。闻丽.科层化：科层制组
织的理性与非理性 [J].理论月刊，2005（12）.

③ 徐兰飞，黄云鹏.对我各级政府职能划分的思考 [J].山东经济管理干部学院学报，2006（6）：12.

④ 《船员条例》第 3 条：国家海事管理机构依照本条例负责统一实施船员管理工作。

障归属于人社部门，而卫生健康委员会①负责船员职业安全和卫生的监督管理职能，商务部负责船员对外劳务合作监督管理，海关总署②调整职责后负责船员出入境卫生检疫和移民管理，海警和公安负责船员出海行为审批和海上犯罪侦办有关事项等。由于管理部门过多且目前尚未建立起有效的协作机制，导致在行政部门之间和刑事案件移送等方面出现诸多困难，具体主要体现在以下方面。

1. 船员劳动事务

我国人社部门的职责是负责劳动社会保障，③《MLC2006公约》中大部分内容属于我国劳动法范畴，但《MLC2006公约》的实施和监督由海事部门负责，通过船旗国监督（FSC）和港口国监督（PSC）保障，④ 在履行《MLC2006公约》上，我国人社部门与海事部门存在职责交叉。

为顺利履行《MLC2006公约》，人力资源和社会保障部与交通运输部多次进行协调，例如，2016年9月两部共同发布了《关于履行〈2006年海事劳工公约〉的公告》，对公约适用范围和社会保险类别进行了明确；2016年11月，又联合印发了《海事劳工条件检查办法》，界定了在对海事劳工条件进行检查时两部的分工；2017年8月，两部共同颁布了《海事劳工符合声明—第Ⅰ部分（国家声明部分）》。至此，我国部际的分工协议初步建立起由海事部门和人社部门双主管架构的履约模式，⑤ 但仍存在一些深层次问题。

首先，根据《海事劳工条件检查办法》第3条的规定："海事管理机构负责船东、船员服务机构等单位履行海事劳工公约中涉及船舶及船员管理情况的监督检查，包括船员健康证明、船员资格、船舶配员等内容。地方人力资源和社会保障行政部门负责用人单位履行海事劳工公约中涉及劳动法和劳动合同法等国家劳动保障法律法规的监督检查，包括最低年龄、劳动合同、工资支付等

---

① 根据2018年国务院机构改革方案，将原国家安全生产监督总局和卫生与计划生育委员会承担的劳动安全和职业卫生的监督管理职能整合到新组建的中华人民共和国卫生健康委员会。
② 根据2018年国务院机构改革方案，由海关总署承接原国家质量监督检验检疫总局有关人员出入境卫生检疫职能。
③ 《船员条例》第52条："劳动保障行政部门应当加强对船员用人单位遵守劳动和社会保障的法律、法规和国家其他有关规定情况的监督检查。"
④ 邵帅，郭萍.维护船员权益法律保障机制研究［J］.中国海商法研究，2012（1）：6.
⑤ 根据2018年国务院机构改革方案，将人力资源和社会保障部的城镇职工和城镇居民基本医疗保险、生育保险职责整合，归属到新组建的中华人民共和国国家医疗保障局。

内容"。可以看出，交通运输部与人社部主要采取海陆"分段负责"的分工，海事部门主要侧重于船上监督，人社部门侧重于对陆上用人单位的检查，其弊端在于缺乏一以贯之的制度安排。海事部门对在船上违反劳工公约的情形并没有对应的国内法进行处罚或制裁，只能根据劳工公约及相关规范性文件采取滞留并要求其纠正的强制措施，[①] 或通过地方人社部门采取撤销其海事劳工证书的行政强制措施。[②] 虽然这些措施具备一定效果，但这些并非属于直接针对违法行为的惩罚措施。人社部门主要根据国内劳动法的相关规定对违法的用人单位进行处理。由此导致在不同的海陆分段中，违反劳工公约的行为所受到的制裁依据和结果不同，不利于维护法律的统一性和严肃性。

其次，人社部门和海事部门地位并不对等。人社部为部级单位，中国海事局只是局级部门，如果需要进行联合执法检查或相关行动，则需要上级部门予以协调，增加了中间过程的复杂性和协调的难度，而在实践中海事局极少与人社部门开展涉及《MLC2006 公约》的联合行动，在发现管理对象的违法行为涉及对方管辖时也常因缺乏有效的联系渠道而无法及时移送和处理。

最后，人社部门也不会派员登船进行检查。由于人社部门对船员的工作特点并不熟悉，将只针对一般陆上工作情形的劳动法照搬到涉海企业在很大程度上并不合适，例如在工资支付方面，船员工资构成为在船工资与陆上工资两部分，与劳动法中规定的工资支付方式不同；再如休假，船员一天 24 小时都在船上，而且一上船就是几个月，休假也是集中休几个月，无法套用劳动法中关于工作时间和休息休假的相关规定。在没有针对性立法前提下，人社部门履行《MLC2006 公约》存在很大障碍。

2. 船员健康体检

在涉及船员健康体检发证方面，海事局与海关总署的出入境卫生检疫部门存在重叠要求，主要体现在海事部门审批《海船船员健康证书》和卫生检疫部门审批的《国际旅行健康检查证明书》（简称《健康证明书》）在内容上存在一定程度的重叠，却在认可上不兼容，船员需要经历两次健康检查、支付两次

---

① "经检查如果港口国认定船舶存在的缺陷明显危险船员安全、健康或保安；或者船舶不符合事项构成严重违反公约情形或者发现该船舶存在屡次违反公约规定的情形，则可以根据公约规定，滞留船舶并通知船舶旗国代表抵达现场。"参见郭萍. 海事劳工公约带来的影响与应对 [J]. 世界海运，2014（3）：32.

② 参见《海事劳工条件检查办法》（交海发〔2016〕202 号）第 22、28 及 29 条。

费用，大大增加了船员负担。

20世纪90年代，为解决原卫生部与交通运输部就国际航行船员健康证书互认的问题，当时的国务院法制局（现法制办）出台了软法文件——《关于国际通行船舶上的中国籍员工健康证明书有关问题的处理意见》，要求证书互认。随着STCW78/10和《MLC2006公约》的生效，《健康证明书》无法满足新公约要求，因此，海事局对照新标准签发《海船船员健康证书》，由于证书无法互认，重复检查收费问题再次暴露。2013年7月，经国家质量监督检验总局（卫生检疫部门的原上级部门）和交通运输部协商达成互认共识，共同发布了《质检总局、交通运输部关于国际通行船舶上中国籍船员体检事项的通知》（国质检卫联〔2013〕381号），规定国际航行船舶上的中国籍船员，在两部门一致认可的体检机构经一次体检后，即可同时获颁两本证书，但实施过程并不顺利，由于两个体检要求内容并不完全相同，有效期也不相同，对医疗体检机构的要求也有差别，实践上的操作性并不强。之后，卫生检疫部门又对体检机构提出新的医疗设备要求，并进行认证，提高了原来具备签发《海船船员健康证书》医疗机构的门槛，增加了机构互认的难度。[①] 2015年浙江实现"一检两证"后，2016年5月，辽宁省才实现"一检两证"，而更多地区仍不知什么时候能够实现"一检两证"，大多数船员依然需承受双倍时间及金钱成本来获取相关证书。即使在已实现证书互认的地区，由于海事局签发的《海船船员健康证书》不包含艾滋病、梅毒螺旋体、丙型肝炎、乙肝表面抗原4个检查项目，所以，船员到检验检疫机构办理证书时，往往会被要求补做，并收取一定费用。

船员健康证书表面上是发证问题，但深层次却是我国卫生体制问题所造成的。国际上普遍做法是将体检作为"船员职业安全和健康"（Maritime Occupational Safety and Health，MOSH）的初始环节，目标在于确定船员的身体条件是否符合海上工作的要求，并关注通过体检后，船员在海上工作中的职业安全和职业健康问题，包括身体和心理健康以及生活的舒适感受。但在我国，健康关注重点和工作重心只局限于体检，对在工作过程中给人体健康造成的影响却长期忽视。

造成目前状况的原因是多方面的，但根本原因是由于两部门颁发证书的目

---

① 李大泽.我国适用《2006海事劳工公约》研究［D］.大连：大连海事大学博士学位论文，2005：60.

的不同。海事部门颁发的《海船船员健康证书》是依据 2010 年修订的
《STCW 公约》和《MLC2006 公约》中对健康标准和持证的要求，其目的是
确保所有船员健康状况适合履行其海上职责（《MLC2006 公约》规则 1.2、标
准 A1.2、导则 B1.2）[①] 以及船员的船上工作环境有利于职业安全和健康
（《MLC2006》规则 4.3、标准 A4.3、导则 B4.3），[②] 为此，2012 年海事部门
颁布了《海船船员健康证书管理办法》，从体检机构设施要求、体检机构的资
质认定、体检标准和健康证书样式依照公约进行了规范。卫生检疫部门发放的
健康证明书是依据《中华人民共和国国境卫生检疫法》及其《卫生检疫法实施
细则》，目的是为了防止传染病由国外传入或者由国内传出，所以，更侧重对
传染病的防控。相较而言，国际海事公约与《卫生检疫法实施细则》多了眼科
和船员职业禁忌症检查两个项目，少了艾滋病抗体、性病、乙型肝炎表面抗
原、丙型肝炎抗体检测 4 个项目，故两证书要求的体检项目无法彼此涵盖，具
体差别见表 7-1。同时两证书的有效期也不同，《国际旅行健康检查证明书》
为 1 年，《海船船员健康证书》为两年。在证书认可方面，《国际旅行健康检查
证明书》被国内卫生检疫部门认可，但因为不满足国际海事公约要求，故不被
港口国监督检查机构、船旗国监督检查机构和国际运输工人联合会（ITF）认
可。另外，利益驱动也是不能忽视的因素。卫生检疫部门将检查发证权委托给
本系统各国际旅行卫生保健中心负责，这些保健中心的性质是事业单位。据不
完全调查，各地单人健康检查费用在 400 元～500 元不等，同时由于健康证明
书有效期不能超过 1 年，故导致船员负担较大。

表 7-1   《国际旅行健康检查证明书》与《海船船员健康证书》比较

	国际旅行健康检查证明书	海船船员健康证书
颁发机关	卫生检疫部门	交通运输部海事局
法律依据	《国境卫生检疫法》《卫生检疫法实施细则》	《MLC2006 公约》及《STCW78/10》两个公约及《船员条例》
检查机构	各国际旅行卫生保健中心	符合海事局《体检机构开展海船船员职业健康体检能力要求》规定并经公布的体检机构

---

① 中华人民共和国海事局.《2006 年海事劳工公约》实用指南 [M].北京：人民交通出版社，2013：11.
② 中华人民共和国海事局.《2006 年海事劳工公约》实用指南 [M].北京：人民交通出版社，2013：53.

续　表

	国际旅行健康检查证明书	海船船员健康证书
共同检查项目	内科临床医学检查、外科临床医学检查、眼科1（视力、矫正视力、辨色力）、耳鼻喉科、听力、X线检查、心电图、B超、丙氨酸氨基转移酶、血生化、血常规、尿常规、大便细菌培养（卫生检疫为可选项）	
单独检查项目	艾滋病抗体、性病（梅毒血清学检测）、乙型肝炎表面抗原、丙型肝炎抗体	眼科2（色觉、暗适应、视野）、船员职业禁忌症检查
认可机关	我国卫生检疫部门、国外移民当局（大多数国家不强制要求）	港口国监督检查机构、船旗国监督检查机构和国际运输工人联合会（ITF）
证书有效期	1年	2年
联网查验与持证人信息数据保存	不能实现	可以实现

　　"船员多重体检的问题说到底是一个因法规不完善导致的政出多门的问题",[①] "一检两证"只是从表象上解决问题，如何彻底解决还需要从职责和机制上进行思考。1986年的《国境卫生检疫法》出台背景是基于当时国家对传染病防治能力有限，为防止不可控的疫情出现，国家实行国门管控，拒疫源于国（境）外。今天，随着情势的发展，出入境检疫制度的不足逐渐凸显，主要表现为以下方面。

　　一是当前国家疫病防控能力大大增强，像性病、乙丙型肝炎等已经可防、可控，这些疾病的紧迫和危害程度已大大降低。二是由于国际交往的加强，一些传染病已不属于外源型疾病，包括艾滋病在内的传染病已在国内形成规模，通过国门进行管控目的已经无法达到。三是对一些后期发现的恶性疫病，例如埃博拉病毒等还不在出入境检验检疫的范围之内，检验检疫无法发挥作用。四是健康证明书本身就存在悖论。对于染疫人，检疫机构并不会发放证书，而是会直接采取行政强制措施，[②] 而持证人的证书上不会体现染疫历史情况，无法通过证书客观地反映持证人的历史健康状况。五是健康证明书可能会造成人权问题。由于具有公示效力，单纯因个人身体原因而区别发证在法理上有违公平原则，《国

---

① 王玉洋.饶滚金.我国船员健康证书的现状及对策研究［J］.中国海事，2013（12）：30.
② 《卫生检疫法实施细则》第5条规定："卫生检疫机关发现染疫人时，应当立即将其隔离，防止任何人遭受感染，并按照本细则第八章的规定处理。"

际卫生条例》（IHR）并未规定各国对个人健康状况应发证。发放《健康证明书》有可能造成区别对待导致歧视情况的发生。最新修订的《国际卫生条例（2005 年）》第 3 条 1 款特别指出："本条例的执行应充分尊重人的尊严、人权和基本自由"。健康证明书也与我国相关法律法规相抵触，例如，我国《艾滋病防治条例》第 23 和 39 条分别规定了"国家实行艾滋病自愿咨询和自愿检测制度"以及"未经本人或者其监护人同意，任何单位或者个人不得公开艾滋病病毒感染者相关身份的信息"，故卫生检疫部门强制对艾滋病检查的做法与该条例存在冲突。对于性病，原卫生部《关于国际通行船舶上的中国籍员工健康证明书有关问题的处理意见》（卫检发〔1993〕第 2 号）明确，只对在国外或外派到外籍船舶上工作 1 年以上的中国籍员工实施检查，故对于中国籍远洋船舶上和服务期限不足 1 年的船员，性病不属于必检项目。对于乙肝检测，卫生部2011 年《关于已核准的乙肝表面抗原携带者不得从事的职业说明》中未将船员职业列为乙肝的禁忌职业，所以，健康证明书中的乙肝表面抗原检测也存在法理依据上的不足。同样，丙肝病毒和乙肝病毒在感染、传播方式上具有一定相似性，且丙肝可被完全治愈，这似乎说明丙肝并不具有比乙肝更严重的后果。

2012 年生效的《STCW78/10》中对船员健康提出的要求体现了国际社会的共识。在疫病防控方面，发证和采取疫病防控措施不应被混为一谈，针对疫病采取一定措施，笔者认为还是有必要的，因为船员工作场所——船舶是相对狭小的空间，船员长期生活在相对密闭的空间，这些疫病是否对船员的身体健康造成严重威胁、是否需要将一些严重疫病列入船员职业的禁忌需要医学专家的严格论证，如有必要也应采取相应措施。至于是否将个人的疫病情况在一定范围内进行公示以保障密切接触第三人的身体健康目前尚有争论，还需要理论界和实务界进一步研讨。

3. 船员出海行为的审批

2000 年，为加强沿海边防治安管理，公安部制定了《沿海船舶边防治安管理规定》，要求出海船舶和人员办理《出海船舶户口簿》《出海船舶边防登记簿》和《出海船民证》，船员及船舶公司对此反应强烈。[①] 对于《出海船民

---

① 2017 年，中国船东协会向中央机构编制委员会办公室、国务院行政审批制度改革办公室致函，建议取消"两证"。

证》，根据《沿海船舶边防治安管理规定》要求，"年满 16 周岁未持有海事部门颁发的《中华人民共和国船员证》或《船员服务簿》的人员出海，应向船籍港或船舶所在地的公安部门申领《出海船民证》""除国有航运企业船舶和外国籍船舶外，所有船舶均向公安边防部门申办《出海船舶户口簿》""不持有关证书的其他小型沿海船舶需申领《出海船舶边防登记簿》"。① 由于公安部门对船民与船员概念缺乏对照性，故在实践中导致船员成为公安部门的主要管理对象。各地在制定配套文件和具体执行时标准也不统一，山东省对所有非国有企业船舶上的出海人员均要求在船籍港办理《出海船民证》，导致营运中的船舶由于船员变动、证书丢失、到期审验等情况需要返航到船籍港办理相关变更手续，有些中小航运企业为了保证船期，宁愿选择缴纳罚款，致使营运成本增加。② "在国家深化改革、政府部门简政放权的背景下，航运公司呼吁取消额外增加的证书，为航运发展营造良好环境"。③ 虽然公安部门采取必要措施以加强海上治安理所应当，但通过审批方式来进行管控却存在诸多问题。

一是存在合法性缺陷。《出海船舶户口簿》是公安部门由《船舶户口簿》创制出来的。户口登记是具有我国特色的户籍制度，户口簿在不同历史时期被赋予了不同的功能和意义。20 世纪 50 年代，由于重工轻农政策，农业人口开始大量向城市转移。为限制人口迁移，同时便于开展人口统计和社会管理，我国参照苏联制度，④ 实行户口登记政策，奠定了中国农村和城市二元结构的体系基础，户口成为阻隔城乡间人口交流的屏障。20 世纪 90 年代后，国家通过建立完善常住户口、暂住户口以及建立居民身份证制度等措施逐步放宽了城乡限制，户口附加的相应功能也逐渐淡化。近年来，我国户籍改革加速，用城市准入条件取代了进城指标，同时城乡二元体制由于城镇化进程不断推进也在逐步打破，例如，宁波市政府已经实行按居住地原则登记户口的政策，⑤ 但对个人而言，目前户口簿仍然重要，具备身份证明、家庭关系证明、居住许可等法律属性，在一些地区还是就业、上学的前置性条件之一。

在内河水域，依据《中华人民共和国户口登记条例》，公安部门对以船舶

① 详见《沿海船舶边防治安管理规定》第2—5条。
② 杨光，梁微.船舶出海重复管理增加负担 [N].中国交通报，2014-08-14.
③ 杨光，梁微.船舶出海重复管理增加负担 [N].中国交通报，2014-08-14.
④ 接栋正.国外民事登记制度及其对我国户籍制度改革的启示 [D].上海：华东师范大学博士学位论文，2009：158.
⑤ 蔡昉.中国人口与劳动问题报告 [M].北京：社会科学文献出版社，2002：266.

为家的船民，一家立为一户，发《船舶户口簿》。^① 内河《船舶户口簿》与
《居民户口簿》具备相似的功能和性质。同样，《出海船民证》脱胎于内河的
《船民证》，根据公安部 1982 年《关于重新统一内河〈船舶户口簿〉〈船民证〉
〈临时船民证〉的通知》规定，《船民证》的办理人群范围为"在水上从事生产
运输"，同时从"不论船民户、船舶集体户和户口登记在陆上的船上员工……
一律发《船民证》"中可以看出，《船民证》并非通过审查等措施对特定人的
行政许可，而是给予所有在水上生产运输人员的一种职业证明，属于行政确认
的范畴，申办《船民证》不需要实质上的门槛，而只需填表和查验身份证件即
可。20 世纪 50 年代，我国没有专门的海事管理部门，由公安部对内河船民群
体进行掌握和一定的管理是符合当时社会现实背景的，然而 70 年过去了，公
安部出台的《出海船舶户口簿》和《出海船民证》与原先内河两证的法律属性
完全不同。原内河相关证书主要属于行政登记和确认行为，并未给船民增加更
多的义务和负担，但新证书则不同，其主要是为了维护沿海地区及海上治安秩
序的目的所设定。^②《出海船舶户口簿》性质并非其所称"户口簿"的本义，
即民事登记性质，《出海船民证》也非原《船民证》对船民职业的确认行为。
新证书没有涉及民事登记或行政确认内容，而属于行政审批行为，其目的是对
出海行为进行限制。根据《沿海船舶边防治安管理规定》第 5 条和相关人员的
解读中可以推导^③出《出海船民证》是对具备水上运输能力的资格认定，至于
是否发证，公安边防部门有很大的裁量权，除了其第 8 条所列举的 6 个情形之
外，还存在兜底条款，即"其他不宜从事出海生产作业的"，对不申领或不携
带出海证件的，该规定还规定了罚则，具有行政审批的特征。我国对行政许可
有着严格的限定，公安部门对新证书进行审批并无法律依据，该行政审批是公
安部通过部门规章设定的，明显违背了《行政许可法》规定。虽然国务院在
2004 年通过《国务院对确需保留的行政审批项目设定行政许可的决定》（国务
院令第 412 号）对上述行政许可进行了确认，并且《行政许可法》第 14 条也
规定："国务院可以采用发布决定的方式设定行政许可。实施后，除临时性行

---

① 参见公安部《关于重新统一内〈船舶户口簿〉〈船民证〉〈临时船民证〉的通知》第 1 条："凡在水
　上以船舶为家的船民，一家立为一户，发《船舶户口簿》。"
② 《沿海船舶边防治安管理规定》第 1 条。
③ 刘卓毅. 出海钓鱼要办理船民证　持证出事故保险可赔偿 [EB/OL]. [2019 - 09 - 20]. http：//
　news. qingdaonews. com/qingdao/2017 - 05/07/content _ 12030658. htm.

政许可事项外，国务院应当及时提请全国人民代表大会及其常务委员会制定法律，或者自行制定行政法规"，但这两项审批一直未通过立法确认，法律正当性问题并未解决。

二是造成行政资源浪费。根据《中华人民共和国海上交通安全法》第3条规定："中华人民共和国港务监督机构（海事局前身）是对沿海水域的交通安全实施统一监督管理的主管机关。"作为海上事务主管机关，海事部门一直对船员进行考试和发证，形成了一系列专业的行业法规、规章体系。目前海事部门对船员发放《船员服务簿》《适任证书》《专业培训证书》等证书，再加上《居民身份证》完全可以证明船员相关情况。我国船舶持有的证书包括《中华人民共和国船舶国籍证书》《船舶所有权证书》《船舶检验证书》等十余本证书。这些船员和船舶证书完全可以证明船舶和船员的相关情况，而公安部门所要求的证书在维护中国沿海治安边防管理方面所起到的效果与巨大的行政投入并不成比例，不仅没有发挥明显的积极作用，而且还给中小航运企业和船员带来了负担，影响航运经济的发展。公安机关指定地区开展证书的申办和复核并无实际意义。以治安为名对船舶航行自由和船员执业加以限制涉嫌构成对公民自由权利的侵害，缺乏法理上的合理性。

三是有违公平原则。实践中，"船民两证"申办只适用于民营企业船舶以及在这些船舶上工作的船员，而国有航运企业船舶和中资方便籍船舶则不受影响。我国民营企业本来就在市场竞争中处于先天劣势，当前航运市场持续不景气，这些公司的生存状况并不乐观。此外，边防以治安为由对船舶和人员所实施的额外管制更加剧了市场扭曲。市场经济的核心价值就是公平竞争，公权力在行使中应尽量避免对市场经济的过度干预，否则可能会引发逆向淘汰。

四是并非最佳行政管理手段。虽然沿海区域和船舶的边防治安确实需要管理，但完全可以通过信息共享达到掌控出海船舶和人员信息的目的。通过部际合作可将海事部门掌握的有关船舶和船员的信息及动态共享给边防公安部门，并由后者根据掌握的信息实现治安边防管控，由于个别未进行船舶登记的"三无"① 船舶违法概率较大，其既是海事水上交通安全的管理难点，也是边防管控的重点，故两部门可以进行合作，以消除安全隐患。

根据2018年国务院的机构改革方案，我国边防公安已全部退出现役，相

---

① 海事部门将无船名船号、无船舶证书、无船籍港的船舶称为"三无"船舶。

关职责划归新组建的国家移民管理局。2019 年 3 月 6 日，国务院发布《关于取消和下放一批行政许可事项的决定》（国发〔2019〕6 号），明确规定《出海船舶户口簿》和《出海船民证》由核发改为备案，目前各项改革措施均在快速推进和落实中，改革效果值得期待。

4. 各部门难以形成船员保障的合力

船员管理部门的分散必然会带来职责的交叉和空白，导致部门管理效能和服务质量的下降，解决途径除了通过机构改革整合部门职责之外，多部门间的有效协作也是选择之一。在海事部门日常工作中常发现同时涉及其他部门管辖的案件，例如"三无"船舶上的船员可能由于没有资质，故违反了《治安管理处罚法》第 64 条规定的"未取得驾驶证驾驶机动船舶"的情形，还有可能违反航运部门管辖的市场营运管理秩序；一些违反海上交通事故管理秩序的行政案件同时还可能涉及交通肇事罪。截至目前，部门衔接尚未形成机制，不仅对海上违法行为的威慑不足，而且也不利于在船员权益保障上形成合力。

（1）行政部门间执法协作的困境。本书所指执法协作主要针对行政违法案件的衔接或联合处理等。目前行政部门间的执法协作可以参照《行政处罚法》第 16 条规定："国务院或者经国务院授权的省、自治区、直辖市人民政府可以决定一个行政机关行使有关行政机关的行政处罚权"。其他依据多以软法的形式体现在各级政府的合作协议或备忘录等文件中。① 在实践操作中，《行政处罚法》第 16 条只适用于同级政府中不同部门间的协作，中央和地方不同部门间的协作并不适用，而且在一定范围内综合原来法律规定由其他部门行使的权力将打乱既有的法律秩序、打破职权法定的原则，容易造成行政执法主体资格的混乱，② 这种困局也是官僚（科层）制特性所决定的。法国社会学家皮埃尔·卡蓝默（Pierre Calame）曾指出，对社会领域进行分割，并由相应的部门机构负责，其出发点是好的，即区分权力、明确责任，但是当问题相互关联

---

① 《国务院关于推进中央与地方财政事权和支出责任划分改革的指导意见》（国发〔2016〕49 号）提出，"逐步实现政府间财政事权和支出责任划分法治化、规范化，让行政权力在法律和制度的框架内运行"。"中央与地方财政事权划分争议由中央裁定，已明确属于省以下的财政争议由省级政府裁定。"

② 金国坤. 行政执法机关间协调配合机制研究［J］. 行政法学研究，2016（5）：16.

时，这种明晰就成了效率的障碍。① 官僚制的传统行政法理论主张的职能分工和层级控制根深蒂固，为解决社会上不断出现的新问题，人们惯性的思维是将问题划归一个部门或新设立职能部门，长此以往，社会管理的复杂化和碎片化不可避免，导致社会治理成本不断攀升和效率不断下降。我国也正面临随着社会公共管理的精细化和复杂化而带来的碎片化问题，行政部门间合作缺乏法律和机制上的保障。在涉及船员方面，海事部门职权属于中央事权，与其他部门间职责交叉既可能体现为中央与地方事权之间，也可能体现为中央事权之间。由于由某一部门代行其他部门职能在现实中无法操作，故行政部门之间的协作成为现实选择。从总体上看，海事部门与其他部门的执法协作并未形成有效机制，协作情况在不同地区呈现出不平衡状态，更多依赖于部门间平时关系的维护。部门管理和协作不顺畅所涉及的船员权益问题不仅体现在对船员权益的直接维护，而且还包括对损害船员权益行为的处置。

目前不仅在执法协作领域问题的表现多种多样，而且对侵犯船员劳动权益行为监管上也存在困难。虽然交通运输部与人社部在履约时达成了共识并进行分工，但一方面，船员权益保障的边界并不清晰，例如对侵害船员权益的"黑中介"② 由于无法明确主管部门而在一些地区呈现泛滥之势；另一方面，两部门在各地并未建立起有效的合作机制，船员遇到工资拖欠或劳动合同纠纷时，大多会向海事部门进行投诉和反映，但按照《中华人民共和国海事局在船船员投诉处理工作程序》（海船员〔2018〕1号）第1条（二）项之规定，对于涉及欠薪、劳动合同、劳务纠纷等不属于海事管理机构职责范围内的投诉，海事部门不负责处理，只是告知投诉人向人社部门进行投诉。据不完全统计，山东省海事局一年处理此类投诉约在30件，但在向人社部门移送时或被拒绝或没有下文，最终大多还是通过海事局采用调解等软措施进行化解。③ 由于我国劳动法与《MLC2006公约》规定内容并不完全吻合，对于海上案件的处理人社部门并不积极，而海事部门在履行《MLC2006公约》的职权上也不能做到全覆盖，目前全国各地尚无两部门联合履约执法或检查的实例。

① 皮埃尔·卡蓝默. 破碎的民主——试论治理的革命［M］. 高凌瀚，译，北京：生活·读书·新知三联书店，2005：11.
② "黑中介"一般是对一些无正规营业手续、打着"高薪"为噱头招揽船员，甚至完全靠欺骗营利组织的俗称。
③ 数据和材料详见山东海事局工作报告（内部文件）。

还有对通信干扰行为的管理缺位。船舶与外界主要通过甚高频（VHF）对讲机沟通，但对讲机的使用较为混乱，不仅干扰其他船员正常航行值班，而且对航行安全造成威胁，甚至对人的心理产生不利影响。造成这种局面的主要原因如下：一是中国沿海船舶密集度大，导致 VHF 的使用频率非常高，使用者多与可供使用频道数量的矛盾比较明显。二是部分人员缺乏安全意识，没有意识到维护静默的 VHF 专用频道对海上安全的重要意义。三是因部分人员对 VHF 通信规定不了解，例如工作频道、高低功率的选择。目前对 VHF 违法行为一直得不到有效纠正，一方面是在技术上，目前全国大部分船舶交通服务（VTS）不具备 VHF 的定位功能，故无法确定违法行为人，而解决这个问题可以通过配备无线电测向仪（DF）从技术上解决。另一方面，还是部门职责分工的问题，根据《中华人民共和国无线电管理条例》规定，国家无线电管理机构是负责无线电监测、查处违法干扰的主管部门，[①]但在实践中，各地无线电管理委员会受制于无法登船的实际，一直没有进行有效管制。而海事部门能够了解到通信违法行为，却由于没有处罚依据而无法进行干预。

同样的问题还存在于对"三无船舶"的管理上。近年来，一些人利用无船名船号、无船舶证书、无船籍港的"三无"船舶躲避监管、偷逃税费，进行非法营运牟取暴利，甚至从事盗取海洋资源、走私等违法犯罪活动，严重妨碍了航运秩序的正常进行，同时由于这些船舶配备标准低、人员培训不到位，经常不遵守航行规定，故对其他正常作业船舶安全和船员人身安全造成威胁。1994年，由农业部、公安部、交通运输部、国家工商行政管理局和海关总署联合发布了《关于清理、取缔"三无船舶"的通告》，规定"凡未履行审批手续，非法建造、改装的船舶，由公安、渔政渔监和港监部门等港口、海上执法部门予以没收"，但由于该通告属于软法范畴，缺乏法律强制效力，相关执法部门无法将该通告作为执法依据，对"三无船舶"予以没收，因此，三个海上执法部门相继出台了针对"三无"船舶的法规或规章。涉及海事部门的法律依据为国务院公布的《中华人民共和国内河交通安全管理条例》（以下简称《内河安全

---

① 《中华人民共和国无线电管理条例》第 8 和 72 条分别规定："国家无线电管理机构负责全国无线电管理工作，依据职责拟订无线电管理的方针、政策，统一管理无线电频率和无线电台（站），负责无线电监测、干扰查处和涉外无线电管理等工作，协调处理无线电管理相关事宜。""违反本条例规定，有下列行为之一的，由无线电管理机构责令改正，没收违法所得……（一）不按照无线电台执照规定的许可事项和要求设置、使用无线电台（站）。"

条例》）；①涉及渔业部门的有农业部出台的《渔业行政处罚规定》；②涉及公安部门的有公安部颁布的《沿海船舶边防治安管理规定》。③虽然三个主管部门都有没收取缔"三无船舶"的法律依据，但各有侧重。海事部门侧重于从事非法运输的管理；渔业部门侧重于对渔业活动的管理；公安边防部门主要从治安角度考虑，并不区分船舶的用途和种类。从实践看，"三无船舶"并未因多重主管部门的管控而销声匿迹，反而在部分地区、部分领域泛滥起来，出现这种情况的根本原因固然是暴利驱使，但也与行政管理上存在漏洞不无关系。

一是由于这类船舶大多不登记注册，故无法判断其种类用途，所以，也无法确定其主管部门，极易造成部门间的推诿扯皮。取缔此类船舶还因为涉及物权处置，对相对人影响较大，一些违法分子背后还有黑社会组织的背景，故处置起来存在难度。形成了对合规船可以按依法管理，但对"三无船舶"却束手无策的怪象。

二是立法不足。海事部门可以对没收船舶的处罚只在《内河安全条例》中有规定，只对内河范围有效，而对海上存在的"三无船舶"却因为无法律依据而无法采取相应处置措施；而实践中的情况更为复杂，对于海上非渔港范围的船舶，渔业部门和公安边防部门不会主动进行登轮检查，也就难以发现"三无船舶"。海事部门由于对码头和通航水域负责巡察和巡航，发现此类船舶的可能性较大，但因无权取缔，案件移交也往往因渔业或公安边防不接收而陷入尴尬的境地。海事部门只能以配员不足或未持有有效证书等案由，依据《中华人民共和国海上海事行政处罚规定》（以下简称《海事行政处罚规定》）给予除没收以外的相应处罚。另外，"三无船舶"的违法行为有时还涉及其他部门，例如，盗采偷运海砂涉及自然资源部门；非法载客涉及交通港航部门；无证驾驶船舶涉及公安部门的治安处罚；偷捕渔业资源涉及渔业部门等。解决"三无

---

① 《中华人民共和国内河交通安全管理条例》第 64 条规定："违反本条例的规定，船舶、浮动设施未持有合格的检验证书、登记证书或者船舶未持有必要的航行资料，擅自航行或者作业的，由海事管理机构责令停止航行或者作业；拒不停止的，暂扣船舶、浮动设施；情节严重的，予以没收。"

② 《渔业行政处罚规定》第 19 条规定："凡无船名船号、无船舶证书、无船籍港而从事渔业活动的船舶，可对船主处以船价两倍以下的罚款，并可予以没收。凡未履行审批手续非法建造、改装的渔船，一律予以没收。"

③ 《沿海船舶边防治安管理规定》第 30 条规定："船舶无船名船号、无船籍港、无船舶证书擅自出海从事生产、经营等活动的，依照国务院有关规定没收船舶，并可以对船主处船价二倍以下的罚款。"

船舶"的困局面临法律和机制上的双重困难。

三是引航员监管成为难题。由于引航员并不受雇于船舶所有人，所以不满足船员概念的构成条件，但我国对引航员是比照船员进行管理的。[①] 引航员所从事的引航活动是指引领船舶航行、靠泊、离泊、移泊的活动，是港口对外服务的重要内容，主要包括：对外籍船舶进入我国港口的强制引航和依申请提供的非强制引航。引航具备宣示主权、公共安全和公共服务等功能属性，[②] 随着社会发展和改革开放的深入，其宣示主权功能已经大大减弱，更多是体现有偿的公共服务属性。我国引航体制历经多次调整，2005 年，交通运输部出台了《关于我国港口引航管理体制改革实施意见的通知》，确定了引航机构从港口企业脱离成为具有独立法人资格的事业单位，隶属港口主管部门。2012 年，交通运输部《关于推进全国引航机构事业单位深化改革的指导意见》明确了引航机构为公益服务单位的定位。2013 年，交通运输部出台《中华人民共和国引航员管理办法》（交通运输部令 2013 年第 20 号）细化了对引航员的管理措施。目前引航存在的管理问题较为突出，引航员的违规行为在部分地区较为严重，例如，为了减少在船工作时间，不听从海上交通管理部门对港口秩序的安排，甚至越俎代庖地指挥港内其他船舶等候本船优先进出港，或者随意穿越航道以节省航行时间，又或者未到达指定的登离点而上下引航船舶。上述行为干扰了正常的港区通航秩序，带来了航行安全隐患。

造成这种现象的管理原因在于引航体制的架构错位，一方面，将引航站定为事业单位，在中国行政体系下，事业单位具有一定的级别，沿海地市的引航站多为处级或副局级，基本与监管部门——海事部门相对应，由于领导级别基本持平，管理就很容易流于形式。再加上还有引航部门的管理部门——港航局的存在，其中的关系更为复杂，造成的结果就是对引航员一些较为严重的处罚，例如，暂扣和吊销证书基本没有实施过，而罚款对于高收入的引航员的威慑作用有限。另一方面，引航员属于事业编制，其特点就是人员流动性差，进入引航员队伍基本上就是终身的铁饭碗，再加上事业编制有限，如果对引航员的违法行为处以暂扣或吊销证书则会影响整个港口的船舶进出港，也使得对引航员的处罚心存忌惮。由于引航员长期固定在一个地区工作，他们对于一些违

---

① 《船员条例》第 70 条规定："引航员的注册、培训和任职资格依照本条例有关船员注册、培训和任职资格的规定执行。"
② 吴筱颖. 舟山引航站管理体制改革研究［D］. 大连：大连海事大学硕士学位论文，2015：16.

规违法的行为长期不予追究，且习以为常，使这些违法违规行为成为港口航行安全的隐患。

（2）行政与刑事司法衔接存在障碍。创造安全有序的海上环境与船员权益相关，海上刑事案件已严重威胁包括船员在内的人身和财产安全，故应严厉打击。在海上刑事领域也有软法存在的空间，例如行刑部门间的衔接安排，主要体现为内部工作流程，大多是以"意见""规程"等软法规范形式存在。行政执法与刑事司法衔接机制是指在办理行政违法案件过程中发现犯罪线索，各有关部门在各司其职、各负其责的前提下，相互配合，确保依法追究涉嫌犯罪人员的刑事责任的办案协作制度。[①] 早在 2001 年，国务院就出台了《行政执法机关移送涉嫌犯罪案件的规定》，要求向公安机关移送涉嫌破坏市场经济秩序和妨害社会管理的案件。2004 年，最高人民检察院、公安部、监察部等联合发布《关于行政执法中及时移送涉嫌犯罪案件的意见》，确立了除普通犯罪之外，行政机关还应向检察机关移送失渎职犯罪。2012 年，交通运输部印发了《关于海事管理机构向交通公安机关移送涉嫌犯罪案件的规定》（以下简称《移送犯罪规定》）明确交通系统内案件移送的相关要求。山东海事局自 2016 年以来已成功移送案件 3 起，包括交通肇事类案件。现有成功的案例多为由于造成较大财产损失后，地方政府主动介入监督完成行刑间的移送。还有伪造船员证件证书类，例如，2014 年烟台海事局在调查伪造船员适任证书案件时，掌握了贩制假证线索，移送地方公安部门后成功破获。其他类型犯罪还没有移送成功事例，目前被查处的失渎职犯罪多由检察机关掌握线索后主动介入查处的。移送案件不被公安机关接收一直困扰着海事部门，尤其是在向非海事系统公安移送时更为突出，[②] 其原因较为复杂。

第一，公安机关会用刑事追诉标准来要求海事移送案件。海事行政机关的事故调查是否可以替代公安的刑事侦查有不同理解。由于海上违法犯罪行为的侦办具有时效性强、专业性强的特点，需要海上作业，一般公安机关不再另行侦查，而主要依赖海事部门的调查结果，但海事行政部门的移交标准是"涉嫌

---

① 刘远.行政执法与刑事司法衔接机制研究 [J].中国检察官，2009（4）：72.

② 海事案件移送包括向交通公安和地方公安移送。交通公安包括上海、天津和广州三地海事公安，以及各地港口公安、长航公安、黑航公安等。如果辖区内无交通公安，则海事部门应按"就近原则"向地方公安移交。2018 年，海事公安根据国家机构改革要求向地方公安移交，海事系统将不再保留公安部门。

构成犯罪",① 与《刑事诉讼法》《公安机关办理刑事案件程序规定》等文件确定的"犯罪事实清楚，证据确实充分"存在较大差异，所以，公安机关常以刑事立案标准倒逼海事部门，使得案件移送形成死结。反言之，如果海事部门按照"犯罪事实清楚，证据确实充分"的标准进行调查，就必须进行侦查，但海事执法人员并没有侦查权，无法对涉案人采取刑事强制措施，"对于涉罪案件的处理除了第一时间通报公安机关，并积极调查取证外，能做的实在有限。"②

第二，现行入罪标准不能完全适用于海上。例如相关的司法解释对交通肇事入罪或危害生产安全犯罪的入罪标准是："死亡 1 人或重伤 3 人以上……"。海上事故的特点是容易导致群死群伤和人员失踪，而失踪人员却不是刑事立案主要考虑的问题。海上特殊的现实决定了如果适用现有陆上入罪的标准将会造成"水土不服"，不利于整个航运业的发展，也有违刑法谦抑性原则。所以，海事执法与司法人员在确定入罪门槛上的认识并不一致。

第三，海事部门的调查与公安立案审查程序存在错位。重大的海上事故，海事部门会进行海事调查工作，③ 出具《海上交通事故调查报告书》《水上交通事故责任认定书》或《船舶污染事故认定书》。④ 海事部门调取的证据往往是不可还原、不能复查的，是案件定性中与事故现场最为接近的证据，⑤ 这些证据和文书是公安机关判断是否立案的主要依据。海事调查的范围较为广泛，包括技术、管理和人为等方面的全面调查而非专门对刑事责任的调查，根据《水上交通事故调查结案管理规定》（海安全〔2007〕324 号）第 8 条规定："自海事部门获悉事故发生之日起，应在 3 个月内申请事故调查结案，因涉及沉船打捞……经上级海事部门同意后可延长 3 个月"。相对海事调查的冗长过程，2015 年《公安部关于改革完善受案立案制度的意见》中规定："刑事案件立案审查期限原则上不超过 3 日；涉嫌犯罪线索需要查证的，立案审查期限不超过 7 日；重大疑难复杂案件，经县级以上公安机关负责人批准，立案审查期

---

① 《行政执法机关移送涉嫌犯罪案件的规定》第 3 条规定："行政执法机关在依法查处违法行为过程中，发现违法事实涉及的金额、违法事实的情节、违法事实造成的后果等，根据刑法……涉嫌构成犯罪，依法需要追究刑事责任的，必须依照本规定向公安机关移送。"
② 王慧.海事行政违法涉罪案件移送的困境与出路［J］.法治研究，2017（4）：125.
③ 根据海事局 2005 年《关于加强水上交通事故调查处理工作的通知》（海安全〔2005〕408 号）第 1 条规定："各海事管理机构不得擅自放弃事故调查职能，否则将严肃追究有关管理机关的责任。"
④ 相关文书出具的依据包括《中华人民共和国海上交通事故调查处理条例》《内河交通事故调查处理规定》《中华人民共和国海上船舶污染事故调查处理规定》等文件。
⑤ 马文.海事行政执法与刑事司法衔接机制研究［J］.珠江水运，2017（21）：92.

限可延长至 30 日"。在调查审查时限上，由于两部门的要求存在较大不同，故成为阻碍案件刑事推进的重要原因。虽然《移送犯罪规定》第 10 条规定："海事调查报告等不能在移送时附上的，可先行附上草案并在形成报告后及时补送"，但是由于《移送犯罪规定》仅在交通部公安范围内适用，无法得到其他公安机构的认同。2017 年，交通运输部海事局印发了《海事管理机构移送违法案件程序规定》（海政法〔2017〕327 号），属于内部文件，实践中对海上刑事案件移送产生的作用并不明显。

第四，行刑衔接中存在地方与中央的倾向性差异，即从中央垂直管理部门和地方政府管理的部门向司法部门移送存在明显差异，[①] 由中央垂直管理部门向司法部门移送的问题更为突出。主要有两方面原因：一是司法部门人财物依靠地方政府，所以对地方移送的案件更为重视，解决起来效率较高。二是对地方而言，"联席会议制度""信息共享平台"等工作机制更为成熟和规范，尤其对个案的协同更为常态化，一些案件在移送之前就已经就是否追究刑事责任在各部门间达成了共识。相比较而言，船员多部门的协作机制并不成熟，部门间协作机制对中央垂直管理的部门作用并不明显。

第五，移送还受制于公安部门本身的原因。一方面，由于大部制改革，海上执法力量的统一尚不完全，边防派出所、海警、交通公安及地方公安等体系权责并未理顺，海事部门在移送案件时难免会遇上各公安单位之间相互推诿。2016 年，青岛海事局在向港口公安移交涉嫌交通肇事案件时就遇上此困扰，甚至在交通运输部公安局进行协调时仍无法解决。根据笔者在船工作的感受，我国一些沿海地区由于监管职责不明而呈现一定程度的管理空白区，海上走私、盗抢、盗挖等违法犯罪较为猖獗，而赋予海警完全海上司法权后，由于没有部门推诿的情况，职责将会更加明确，可促使海警采取事先预防手段，例如加强巡查监控，将违法行为控制在未发生或初级阶段。另一方面，交通公安系统包括长江航运和黑龙江航运公安及各地港口公安，其职责是担负维护港口社会治安和企业内部保卫等任务，[②] 人员经费均由港口企业承担，主要处理偷盗、滋事等社会治安事件，对涉及公共安全和交通安全的案件并不擅

---

① 练育强.行政执法与刑事司法衔接制度重构之理论基础［J］.学术月刊，2015（11）：83.
② 详见《交通运输部、公安部关于进一步加强港口公安管理的通知》（〔89〕交公字 390 号）第 1 条。

长。移送困难使得针对船员的犯罪行为不能得到及时处置，甚至产生"脱罪"，原有秩序难以得到恢复，相关损害也难以得到补偿，对于船员权益来说是一种损害。

二、公共政策对船员权益的保障

如前文所述，一方面，公共政策通过列明未来一段时期若干任务的形式，为船员管理部门确定目标，其中部分开创性任务无疑通过软法文件来调节引领更为适合，待条件成熟后，可通过硬法或制度予以固化，以达到引导未来船员行业和制度建设方向的目的。另一方面，有助于加强社会对船员的了解。由于船员公共政策不似法律法规那样较为生硬晦涩，比较便于社会的理解和接受，可为社会各界更好地了解、关注和支持船员事业创造条件。

（一）船员领域公共政策的表现形式

作为软法的重要组成部分，公共政策在船员领域发挥着重要作用。近年来，交通运输部和中国海事局出台了一系列涉及船员权益的政策，包括年度中国船员发展政策白皮书、五年船员发展规划和定期公布的系列便利船员措施清单等。

自 2015 年以来，交通运输部在每年"国际海员日"前后都会发布年度《中国船员发展政策》（白皮书），至今已经发布了 7 份白皮书。白皮书除了介绍我国船员发展和船员市场现状，还对未来一年中国船员的发展提供政策指引，明确主要工作方向和任务重点，为船员的发展起到引领作用。从 2014 年开始，中国海事局每年还会以清单的形式出台未来一年将要采取的便利船员服务措施，截至目前，已经公布 5 批"便利船员服务清单"，提出了一系列具体的措施，内容涵盖：出版船员手册工具书、实行船员证书无纸化申办、提供船员证书信息查询、建立"幸福船员"微信服务公众号、缩减船员办业务时限等服务性的政策举措。

2016 年交通运输部发布了《中国船员发展规划（2016—2020 年）》，提出到 2020 年，我国基本实现由船员大国向船员强国转变的总目标，明确船员发展的六大主要任务：① 建立应用型船员培养模式，打造高素质的船员人才队伍；② 创新船员考试发证模式，实现考试发证与培训协调一致；③ 建设高效运行的船员市场体系，促进船员市场健康发展；④ 深化船员管理改革，推动管理转型升级；⑤ 建设船员公共服务体系，提高船员公共服务水平；⑥ 改善船员职业发展环境，促进船员队伍可持续发展。围绕主要任务，规划还提出了加大航运市场信息共享、通过运用"互联网＋"等信息化手段减少行政干扰、为船员提供职业规划和就业指导等具体措施和办法。另外，中国海事局还会以红头文件的形式不定期公布若干涉及船员的具体政策措施，并对船员管理和服务工作提出要求，进行指导。

（二）公共政策对促进船员权益保障的积极意义

1. 有助于提高海事行政部门的公共服务质量

公共政策文件通过列明未来一段时期若干任务的形式，为海事行政部门确定了目标，而这些工作任务部分是全局性和阶段性的，牵一发而动全身，有些任务还是摸索开创性的，无疑通过软法文件来调节引领更为适合。通过五年规划提纲挈领地提出总体要求，结合便利船员服务措施清单的具体任务也会促使行政部门逐渐改进服务意识，对提高公共服务质量具有积极意义。

2. 有助于加强社会对船员的了解

由于白皮书和便利船员服务措施清单发布时间一般在"世界海员日"前后，在方式上也会采用记者招待会、网站宣传等形式对社会公布，故可以为社会各界更好地了解、关注和支持船员事业创造机会。

3. 有助于提高船员社会地位

通过有计划地采取政策和措施，引导社会关爱船员，逐步提高船员的获得感，有利于转变船员不利的社会地位，也将吸引更多年轻人从事船员职业，对我国航海事业发展无疑是有深远意义的。

（三）船员公共政策存在的问题

尽管在船员公共政策领域，主管部门提出了一系列提高服务的政策措施，体现了对船员的高度重视，但我国船员公共政策方面还是存在诸多不足和局限性。

1. 稳定性较差

相对于法律，公共政策的制定和实施具有一定的灵活性，虽然这是其更加适应情事变化的优势，但也增加了不稳定性。政策的不稳定性一方面是由于政策的制定在一定程度上体现了行政机关的意志，会受到一些因素的影响，很多政策文件的时效性也不强，尤其是涉及具体工作，例如船员培训考试领域，2011—2017 年共发布了 12 个文件，① 无论对于船员还是具体负责的海事工作人员，他们都对变化之频繁显得无所适从。另一方面，体现为政策大多具有阶段性，例如《中国船员发展规划（2016—2020 年）》的任务目标期为 5 年。

2. 权威性不足导致服从程度弱

公共政策权威由两种服从关系构成：法理性权威和强制性权威。② 法理性权威与民众的法治素养密切相关，当下中国法治建设尚在建设中，无法乐观地预估民众的法治素养。理性权威还会以另一种方式体现，即转化为硬法，通过法律的强制性保障予以实施。强制性权威对于执行部门内部，由于官僚内部层级制约，可以得到较好的服从和贯彻，而在社会层面，公共政策能否依靠强制力得到广泛服从则与社会的形态有很大关系，在法治较为发达社会，政策背后的强制力并不明显，并且绕过法律行使公权力也存在一定的负面影响。在国家的大力推动下，全社会对依法治国已形成了高度共识，在法律框架外，通过政策对公民权利义务进行影响的空间较以前有所限缩。

① 中国海事局发布的此类文件有：《关于做好 STCW 公约马尼拉修正案履约准备工作有关事项的通知》（海船员〔2011〕923 号）、《关于印发〈中华人民共和国海船船员适任考试和发证规则实施办法〉的通知》（海船员〔2012〕171 号）、《关于印发〈STCW 公约马尼拉修正案过渡规定实施办法〉的通知》（海船员〔2012〕172 号）、《关于发布中华人民共和国海船船员考试大纲的通知》（海船员〔2012〕458 号）、《关于做好海船船员合格证培训工作的通知》（海船员〔2012〕646 号）、《关于印发海船船员过渡适任培训评估规范的通知》（海船员〔2012〕699 号）、《关于海船船员培训考试和发证工作有关事项的通知》（海船员〔2013〕266 号）、《关于印发海船电子电气员过渡综合业务考试大纲的通知》（海船员〔2013〕327 号）、《关于 STCW 公约马尼拉修正案履约过渡和海船船员管理系统应用相关事项的通知》（海船员〔2014〕127 号）、《关于进一步明确 STCW 公约履约过渡考试发证相关事项的通知》（海船员〔2015〕242 号）、《关于进一步明确 STCW 公约马尼拉修正案过渡有关事宜的通知》（海船员〔2016〕489 号）、《〈中华人民共和国海船船员适任考试和发证规则〉实施办法》（2017 年）等。
② 强制性权威是以强制力为后盾使政策对象被动地服务形成的权威；法理性权威是出于合法性及合理性使政策对象主动、自愿地服从形成的权威。

3. 执行过程中易于变形

实践中，公共政策易产生如下变形，例如，由于重宣传轻实施所产生的政策表面化；由于附加了不恰当的内容，使得政策对象、范围和目标超出了既定的要求，导致政策扩大化；由于选择性地执行政策造成政策缺损；虽然表面上与原政策一致，但事实上背离政策精神所导致的政策替换等。在船员政策的执行过程中不同程度地存在"上有政策下有对策"的情形，这是因为船员公共政策多属于服务性质，这些政策无疑对执行部门的履职提出了较高的要求，不排除执行部门有避难就简的倾向。

4. 船员政策制定主体的局限性

由交通部门下属的海事部门负责船员事务，且船员事务只是其负责的庞杂水上交通安全和防污染事务的一部分，不仅存在部门级别偏低，而且还有管理事项不专一的问题，由其发布的船员政策无论在效力层级上，还是在社会影响范围上都较为有限，无法通过直接协调国家其他部委制定具有统合性的船员政策文件，造成了"小马拉大车"的局面。

5. 具体政策不符合国际惯例

船员税费减免有其合理性及必要性：一是船员个税减免是国际大多数国家通行的做法。① 二是船员下船后通常要恢复休息近半年，这期间基本没有收入，按照年度扣税对船员很不公平。三是船员在船期间没有受益于赋税构建的公共设施和福利，从税收理论来说进行抵扣合情合理。四是由于丈夫上船期间无法分担家庭义务，妻子通常忙于家庭事务和照顾子女而无法工作，船员收入往往是全家的经济来源，缴税过多会影响家庭的生活质量，这也是《MLC2006 公约》的关注点之一。五是对船员减免税费也体现了国家对船员发展的态度。另外，减免税收还可与允许船员购买免税物品联系起来，20 世纪90 年代以前，我国船员可以用每次 90 天的出境记录获得 1 个携带大件的指标，体现了其社会地位的优越，随着国家对进口携带物品指标的取消，船员社会地位也一落千丈。尽管近年来国家对船员进行了一定程度的减税，但仍有减免的空间。

---

① 高彦明. 减免船员个税是国际惯例 [J]. 中国船检，2018（3）：19.

三、规制行政裁量权对船员权益的保障

目前规制行政裁量权主要依靠各部门裁量基准指导文件，这些文件不直接对外发生效力，但对内有指导作用，属于软法范畴。随着行政职能的扩张，行政部门的自由裁量权越来越大。赋予行政部门行政自由裁量权是社会治理的必然结果，但不受规制的行政自由裁量权有可能会对行政相对人的权益造成侵害，实践中，滥用自由裁量权甚至以权谋私的情形并不鲜见，如果不对自由裁量权进行限制，将有可能侵犯行政相对人的合法权益。

（一）海事行政处罚与许可中对裁量权的控制

在海事行政执法过程中，行政裁量权更多地体现为行政处罚和行政许可两个方面。在行政处罚方面，一些案由的自由裁量的范围比较大，例如，根据《海事行政处罚管理规定》，对未取得船员职务证书而擅自上船服务的船员可予以 0.2 万～2 万元的罚款，对聘用单位处以 3 万～15 万元的罚款。裁量权过大造成了议价空间，这种"讨价还价"在很大程度上影响了海事形象。除了自由裁量权的滥用，实践中还存在怠于行使权力的情形。在笔者参与的对山东海事局行政处罚案卷评查中，常会发现同案不同判或不同情节相同对待的情况，个别执法人员机械执行处罚标准，而忽略了不同案件的情节差异，虽然这些处罚在所规定的幅度内表面上看是合法的，但却丧失了个案的实质正义，同时也违背了自由裁量权的初衷。在行政许可方面，由于各海事机构掌握的标准不统一，对船员要求提供的材料各异，额外要求相对人提供材料时有发生，[①] 还可能给予相对人不公正的许可结果或延长许可办理期限等，例如，无法律禁止公民出境情形证明，有的要求提供公安部门无犯罪记录，有的要求提供社区证明等，导致船员按照一个海事部门要求下准备的材料到另一个海事机构办理时不认可的情况。

为保障行政相对人的合法权益，规范行政机关行政行为，海事部门在行政处罚和行政许可方面出台了对裁量权进行控制的内部管理制度。中国海事局于2017 年年初出台了《海事行政许可裁量权控制办法》（海政法〔2017〕6 号）

---

① 贾云新.《海事行政许可裁量基准》应用有关问题及建议［J］.世界海运，2018（4）：19.

和《海事行政许可裁量基准》两个文件，提出申请许可材料"清单化"，不得随意增加材料，不得随意增设流程，不得以人员不在岗、不熟悉业务或其他任何理由拖延业务办理，以控制行政许可裁量权，保障行政相对人合法权益。通过对船员证和适任证书核发、外派业务审批等具体许可业务设定裁量的基准，使得许可审批业务更具操作性。在行政处罚方面，中国海事局相继制定了《海事行政处罚裁量权管理办法》（海政法〔2013〕836号）和《常见海事违法行为行政处罚裁量基准》，整理归纳了30种常见的海事行政违法行为，根据违法行为的事实、情节、性质、危害程度和后果等情形，将违法行为分为轻微、一般、较重、严重四个等级，体现了通过裁量权实现过罚相当的原则。2018年1月，中国海事局发布了最新版的《海事违法行为行政处罚裁量基准》，共列明194项处罚案由。由此，通过内部软法管理在一定程度上有效实现了对自由裁量权的控制。

（二）海事行政强制中对裁量权的控制

目前，对船员权益影响最大的海事行政强制裁量权控制长期处于空白状态。实践中，对船舶的滞留、禁止入港、暂缴证书以便协助调查对相对人的影响最大，如果船舶被限制进出港，根据现有法律规定，为满足配员要求，船员是不能随意下船的，所以，虽然表面上是对船舶采取的强制措施，但客观上却限制了船员的人身自由。如果船舶在海上抛锚，船员将不能享受岸上的设施服务，有时甚至给养都会严重不足。还有对船舶进行安全检查、海事调查或处罚调查，通常会收取船舶或船员的证书，且并没有时间限制，这会影响船舶的有效运营及船员的正常任职。

之所以未将上述行政行为纳入行政强制也有客观原因，由于航运活动的即时性特点，对发现的安全隐患或违法行为如果不及时进行处置，而按照《行政强制法》的程序和要求操作，不仅时间上会造成不必要的延迟，而且还可能因为船舶已经开航而无法得到事后纠正，所以，海事部门对是否将上述滞留等行为确认为行政强制面临两难选择。一方面，这些行政行为确实具备行政强制的特征；① 另一方面，如果按行政强制进行操作就会出现程序复杂、实现困难等

---

① 理论界对船舶滞留的法律属性存在一定争议，主流观点认为是行政强制措施，也有学者认为是行政处罚和行政命令。

问题，而行政裁量的空间又非常大，例如对发现的船舶安全缺陷，安全检查人员既可以要求船舶滞留不得离港，也可以要求在不影响航行的前提下限期纠正，而其中的界限却并不十分明确。对船舶的限制或滞留对船员的影响较大，例如 2018 年由于航运市场不景气，在威海外锚地锚泊了几十艘停运船舶，海事部门要求这些船舶必须保留足够船员以保障船舶安全，但这些船员生活却面临着极大的困难，船东补给提供不足，海事部门不得不做大量的协调工作，所以，有必要根据现行对船舶安全和防污染的要求，尽快从硬法层面确定对船舶滞留、禁止离港和调查中的证书扣留等行政强制行为的法律性质，同时针对水上特点作出差异化的规定，通过软法进行裁量方面的限制，使之能够步入法治轨道，切实保障船员权益，同时也减少执法风险。

（三）行政立法中对裁量权的控制

立法过程中相关标准的设定和采用是否合理科学也会对船员和船舶安全造成影响。我国在立法裁量中存在的突出问题体现为对部分航线船舶的配员标准的要求不科学。无论是《SOLAS 公约》《MLC2006 公约》还是《STCW 公约》均没有具体规定各类船舶配员数，只是笼统规定："考虑船员疲劳以及航行的性质和条件，在船舶运营安全、高效和保安的条件下，确保船员在人员充足的船上工作"，[①] 具体定额由各缔约国自行规定。近年来，由于航运业不景气，船舶公司不断要求海事部门降低对配员的要求以节省成本。海事部门对船舶最低配员标准也多次调整，不断放宽减免人员的条件，例如，对 500 总吨—3 000 总吨甲板部配备标准已经不要求配备二副，对连续航行不超过 8 小时的船舶还可减免三副和值班水手各 1 人，使得全船甲板部最少只有 4 人。与配员直接相关的是工作疲劳程度，而疲劳已经被证明是影响船舶和人员安全的主要因素。

目前在配员方面存在问题有：一是国家制定的最低配员已经普遍成为各航运公司配员的"最高标准"，由于 100 总吨以下船舶的配员标准由各省级海事局确定，其配员下限不断被突破。二是虽然船舶技术一直在进步，但依靠人来操作航行和作业的传统模式并没有发生根本改变，降低配员只能以牺牲船员正常轮班休息的时间为代价。三是由于船舶航行与作业是连续的，船舶到港后，

---

① 参见《2006 年海事劳工公约》规则 2.7。

船员需要投入更为紧张的装卸货和为下航次准备等诸多繁杂工作。单纯从单程航行时间考虑人员减免，人员无法保证充足的休息。在繁忙的中国沿海，这种矛盾更为突出，船员疲劳工作的情况非常普遍。四是为执法监管带来不确定性，如何认定连续航行时间并无确定标准，实践中掌握尺度也是不统一的，存在制度漏洞。五是由于最低配员标准的不断降低，一再维持中国沿海船舶小而散乱的现实，将使得航运业优胜劣汰无法实现，一些船舶上工作的船员工作状况和条件令人担忧。中国沿海成为低标准船集散地的现状与立法裁量权配置不合理有一定的关系。

第二节　社会软法对船员权益的保障

姜明安教授主编的《行政法与行政诉讼法》将社会组织认定为行政主体，即"法律法规没有明确授权，但却可以依据自己组织的章程，对内外行使一定公权力，取得行政主体资格"。[①] 薛刚凌等学者也从不同方面指出，构建以多元行政利益为基础的新型行政主体制度既是中国国情所需，也是中国行政主体制度发展的方向。[②] 社会组织具备行政主体资格并有权行使社会公权力已经被学界广泛认可。社会软法是软法中的重要组成部分，在我国由管制向治理模式转变中扮演着重要的角色。在船员权益保障方面，社会软法同样发挥着重要的作用。

一、信用制度对船员权益的保障

（一）中国信用制度体系建设现状

我国的社会信用经历了信用理念从无到有、从无序自发到国家通过引导管制、依靠社会自治和重新建构的曲折路径。人们也逐渐意识到，虽然国家公权力在信用领域可以发挥作用，但更重要的是全社会的共同参与。通过硬法可以

[①] 姜明安.行政法与行政诉讼法［M］.北京：北京大学出版社，高等教育出版社，2011：119.
[②] 相关论述分别见：薛刚凌.多元化背景下的行政主体之建构［J］.浙江学刊，2007（2）：5；章剑生.反思与超越：中国行政主体理论批判［J］.北方法学，2008（6）：68；余凌云.行政主体理论之变革［J］.法学杂志，2010（8）：14.

确定相关原则，也可以通过软法的形式引导社会信用价值观的形成。2013 年，党中央提出"加快社会信用体系建设"的政策要求，国务院先后出台了《社会信用体系建设规划纲要（2014—2020 年）》和《关于加强个人诚信体系建设的指导意见》等软法文件，海事局也于 2017 年制定了软法文件《海事信用信息管理办法》（海政法〔2017〕202 号）。在具体分工上，社会相关主体负责采集和提供本领域的信用信息，通过制定软法区别对待不同信用评价主体。信用体系包括制度框架的建构、评价标准、征信、信用结果应用等，其中，国家公权力起到引导和制度保障、确保合法私权利不受侵犯、对行政和刑事等公领域的信息进行采集，以及对各领域信用信息的互联共享、软硬件系统建设等基础工作。社会公权力侧重于职业经历表现、人品性格、商业守信等私领域的信息采集，经整合后最终形成船员个人职业信用档案。在信用的应用上，社会软法可以在社会生活中对船员失信行为进行有效制约，在行业或群体内使守信者"自律收益"，[①] 失信者付出失信成本。

　　国家公权力在信用领域具有一定的局限性，主要表现在：一是信用涉及领域广，甚至与道德有广泛交叉，而道德与人的主观思想和觉悟有关，通过国家公权力的硬手段对思想产生影响是非常有限的。二是社会信用建设水平与国家公权力的主体——政府和执政党的公信力水平密切相关，当今中国政府公信力建设尚不完善，且"以上率下"的影响也不明显。三是信用体现在社会的方方面面，更多体现在私领域，即平等主体交往中，而国家公权力要对社会各领域进行介入既不现实，也会由于私权对公权介入固有的警惕性而大大降低国家公权力的努力效果。国家公权力管制和法律体系不应是构成社会信用体系的主体，而应当是私权主体在社会经济活动中形成的信用关系，[②] 这既是国家公权力在信用建设上的局限，也是由于信用缺失使得国家和社会发展严重受限。而社会软法由于其社会性和柔性等特点自然而然地在社会信用建设方面作用明显，并发挥着越来越重要的影响。社会软法在信用领域具有传统硬法和道德不具有的优势。软法以其灵活性和规制作用既可以克服传统硬法刚性有余而柔性不足的弊端，又能够避免道德规制不足的缺陷。信用更多地体现在社会平等主体交往中和社会监督中，"社会软法是社会主体信用形成与良好社会督促机制

①　常健等.社会治理创新与诚信社会建设［M］.北京：中国社会科学出版社，2015：35.
②　谢旭.突破信用危机——当前中国信用问题的理论探索与解决方案［J］.北京：中国对外经济贸易出版社，2003：2.

建构的实践场所"。① 社会信用是一个整体，征信机构在法律法规范围内，通过各种方法和渠道收集企业和个人的信用信息，进行加工后提供征信产品和服务。我国征信主体可以分为央行征信、政府部门征信和社会组织征信三类。央行征信最早出现，其数据主要源于金融领域，为企业或个人贷款、资产评估等经济活动提供依据；政府部门的征信根据部门的不同发展而不平衡，主要以征信对象是否受过行政和司法惩处进行评价；社会组织征信在我国出现最晚但发展迅速，主要涵盖互联网交易以及社会生活的多个方面，依赖于计算机网络和大数据分析，为共享经济、网贷 P2P 等新产业形态提供服务。目前，中国正致力于上述几类征信系统的整合，② 通过打造"信用中国"这个综合性的对外窗口向全社会公开信用信息。③

中国的征信建设最早可追溯到 1932 年的"中国征信所"。④ 而征信真正对民众产生影响却是近年的事情，随着移动互联网技术的发展以及国家对征信业限制的放开，⑤ 共享经济、网络购物以及互联网金融等新业态的涌现，这些新业态多是以信用数据作为其背后的支撑基础，例如，芝麻信用、京东白条、免押租车等新事物已渗入公众生活的方方面面。2015 年诞生的芝麻信用已经发展到相当规模。⑥ 社会机构通过征信活动并运用大数据加工处理形成个人或企业信用评价报告，而这些信用信息是社会软法得以发挥作用的前提。

实践中，信用领域的软法规则主要由各领域行业协会组织或行业领导者所确定，在行业内信用度不同的主体会被区别对待，例如，涉及资格限制（行业禁入、职业限制）、行为限制（限制高档消费）以及便利限制（贷款优惠、商业机会损益）等，这些规则大量存在于社会生活中，对社会主体的行为方式产生影响。信用社会已经成为目前社会发展的主要方向。信用对人们权益的影响主要通过社会公权力表现出来，通过社会自发的规律产生作用，而国家公权力

---

① 张力.信用社会的软法治理——以赔礼道歉的法制化为视角 [J].河北法学，2013 (2)：20.
② 2014 年 6 月，国务院发布《社会信用体系建设规划纲要（2014—2020 年）》，提出推进建设社会信用体系的目标方针，鼓励社会力量在其中要发挥重要作用。
③ 截至 2018 年 7 月，"信用中国"网站已发布公示信息超过 1 亿条。
④ 赵克非.大数据下的个人征信体系研究——以蚂蚁金服为例 [D].杭州：浙江大学硕士学位论文，2017：11.
⑤ 2015 年 1 月中国人民银行下发《关于做好个人征信业务准备工作的通知》，同意包括芝麻信用等 8 家社会机构开展个人征信业务。截至 2018 年 2 月，国内首张个人征信牌照发放，百行征信有限公司获得人民银行准予行政许可决定书。
⑥ 截至 2018 年 3 月 31 日，蚂蚁金服旗下支付宝户数达到 8.7 亿人/年，这是支付宝首次公布全球活跃用户数量。

以最小限度地介入进行底线保障。具体而言，征信行为本身只是社会征信组织依法开展的社会活动，征信信息和评价报告是其征信社会活动的结果体现，也是社会软法得以发挥作用的依据。社会软法在信用领域起到了主要作用，而硬法更多地起到引导或确保合法私权利不受侵犯，以及在涉及公共安全的领域采取一些必要的强制性措施等。

目前征信的结果表现形式主要有三类：一类是对采集的信用情况做客观描述，例如央行征信中心的个人信用报告；第二类是通过对采集的信息进行加工给出评价定性，例如类似优、良、差或 A、B、C 级的评价；[①] 第三类是根据采集信息通过加工给出确定分值，芝麻信用会根据信息加工对个人信用在 350分—950 分值范围内给出一个值。

信用在法学研究领域大多是作为一种权利形式存在的，有的学者将其划分为人格权的一种，[②] 也有学者认为其属于无形财产权。[③] 在船员领域，笔者更倾向于将信用划归为人格权，因为针对船员的信用，更多体现在劳工安全和权益保障等具有特殊价值的领域，而将其财产化未免简单化，通过软法手段对信用主体进行鼓励或制裁更符合人格权的社会功能特点。

（二）我国船员市场的失信表现

中国船员市场放开以后，船员流动性加大，在陌生人社会中，如果没有一套信用体系，他人将无法了解某个船员的信用情况，对处于封闭船舶环境的其他船员，无疑增加了安全上的不确定性，由于人为因素导致了海上约90％的交通事故。[④] 在人为因素导致的安全事故中，由性格、品性、习惯等与信用相关的内在因素也占了较大的比重。[⑤] 船员市场失信表现形式多种多样，不仅表现为船员个体的失信，而且也包括与船员密切相关的其他主体失信行为。

---

① 美国信用评估机构把信用从高到低分为 AAA、AA、A、BBB、BB、B、CCC、CC、C 三级九等。
② 王利明. 人格权法研究 [M]. 北京：中国人民大学出版社，2009：259.
③ 吴汉东. 论信用权 [J]. 法学，2001 (1)：43.
④ REN J., JENKINSON I., WANG J. et al. A Methodology to Model Causal Relationships on Offshore Safety Assessment Focusing on Human and Organizational Factors [J]. Journal of Safety Research，2008，39 (1)：88 - 100.
⑤ 有研究表明，中国约有 40％的船舶事故是由于心理问题造成。参见周俊. 论船员心理素质对船舶安全的影响 [J]. 世界海运，2010 (3)：52.

1. 船员失信表现

（1）虚假资质取得。通常船员会在船上工作资历、体检材料、考试作弊和海员证件等方面作假，山东海事局查处的相关案件年均 10 件左右，这类行为的危害后果也较为严重，会导致不符合资质要求的人员担任船舶驾驶、机舱管理等重要岗位，使航运活动的风险加大，直接威胁所有船员的人身和财产安全。

（2）不遵守职业操守。船员不履行职责的情况也较为常见，笔者在与船员服务机构调查走访过程中，相关单位常表达出对此类船员的无奈，例如，青岛某国际劳务有限公司在给笔者调研复函中提出有轮机长利用市场上轮机长紧缺和用人信息无法共享的缺陷频繁跳槽，在每个船上都不尽职责，只是混日子拿钱，给公司管理和船舶安全带来了困难和隐患。而公司也只能等合同到期后"送佛下船"，而他们又将去另外一家公司的船上继续混日子。

（3）违反劳动协议甚至违法。个别船员违反劳动协议，在工作中无故以下船为要挟提出种种不合理要求。还有的以上船工作的机会实施偷渡、偷盗等违法行为，以及不履行人命救助义务等。根据山东海事局 2019 年度行政处罚数据统计，涉及船员故意违法行为的行政处罚为 650 起，占比 69%。①

2. 涉船员领域其他主体失信表现

（1）航运公司的失信行为。航运公司的失信行为主要表现在工资、保险、福利等方面，相关争议造成了多类劳资纠纷。例如，拖欠员工工资、硬件投入未能达到《MLC2006 公约》的标准、过度减配人员导致工作量超标、② 无法保障船员的人身安全等。员工疲劳工作与航行安全存在显著的负相关关系。

（2）中介服务公司的失信行为。中介公司在一定程度上会利用信息不对称的优势压榨并克扣船员部分工资。另外，由于正规的船员中介服务公司审批门槛高，③ 市场上还充斥着大量未经批准的"黑中介"，其中有的打着培训、上

---

① 摘自山东海事局 2018 年工作报告。

② 早在 20 世纪 90 年代，疲劳问题就已经引起国际重视，IMO 在 1993 年 11 次大会上最早通过《配员和安全的疲劳因素》（A772/18）决议，此后一系列涉及疲劳问题的提案被通过，ILO 也通过 180 号公约对疲劳问题提出解决方案，在最近修正的《STCW 公约》和《国际海事劳工公约》中也都体现了解决疲劳问题的相关规定。目前疲劳问题已经成为影响海上事故的四种主要原因之一。参见潘晓峰. 疲劳因素——海上事故的主要原因 [J]. 水运管理，2009（1）：36.

③ 根据《中华人民共和国船员服务管理规定》相关要求，从事船员服务业务，需要在固定场所面积内具有一定数量的甲类航海资质人员，同时还要交纳保证金等条件。

船工作之名行诈骗之实，收费前夸大其词，收费后就消失或实际情况与宣传严重不符，侵害船员的权益。

（3）培训机构的失信行为。2018年，山东海事局查处一起对培训机构的举报，经查明，青岛某船员学院举办了一期船舶保安培训，但学校并未实际举办培训，而是到期直接发放培训证明。培训对船员是入门环节，如果这一环节出现问题，不仅将使船员的专业技能不过关，而且也给船舶和他人带来安全上的重大隐患。

上述失信行为难以通过行政处罚、行政强制等手段进行事前预防，因此，亟须建立覆盖船员及相关主体的信用体系。船员信用领域的社会软法具有两方面的作用：一方面，是规制船员。船员信用主要体现为职业信用，[①] 是企业识别和配置人力资源的基本依据。[②] 就职业的入门条件而言，对资质考试中实施作弊的人员，除了可以依照《船员考试考场规则》对作弊人员给予一定的行政处罚，还可以将其失信行为记录到职业信用档案中，对其今后的职业生涯产生影响。对已成为船员的人员而言，可通过职业自律的形式，将其从业表现的相关记录反映到其个人职业信用档案中，该档案不仅可以供行业协会成员使用，好的信用记录可以增加船员外派到好公司的机会，而且也会促进个人维护好自己的"信用画像"。

另一方面，对其他主体进行规制。通过行业组织自治管理，引导企业自律和诚信经营，可以提升企业的社会认知度，占据一定的市场优势地位。企业诚信经营、改善船员生活和待遇条件、创造安全的生产环境不仅可以增加商业交易机会，而且也能吸引更多的船员。为船员提供真实的市场需求信息和良好的服务是船员中介机构和相关服务机构最重要的责任。对于忽视船员权益、压榨甚至欺骗船员的企业，可以通过降低其信用评价、及时信息公开和社会监督等信用管理手段使之承担相应代价。通过社会软法对不诚信主体的惩治以及守信的奖励，最终营造政府具有公信力、企业自律、个人讲诚信的良好环境。

（三）船员信用建设面临的困难及挑战

1. 顶层设计的缺失

2017年海事部门出台了《海事信用信息管理办法》，将包括海事处罚、水

---

① 职业信用是指个体在从事或谋求某一职业或担任某一职位时，在职业规范要求的基础上，在履行职业行为的过程中所表现出来的关于职业技能、职业道德和各方面素质的综合记录和评估。
② 郑宇.我国外派船员职业信用管理研究［D］.大连：大连海事大学硕士学位论文，2017：6.

上事故责任、船舶安全检查滞留等六大类信用信息进行采集，最终形成了从五个等级的综合评价，但其适用范围并不对外公开，企业所掌握的船员职业表现、职业道德等有价值信息并没有涵盖。针对此种情况，部分地区和企业进行了有益的探索，例如，浙江海事局制定了《船员和船员服务信用管理办法》，确定白名单和黑名单，对于"黑名单"船员采取跟踪检查措施。中远海运散货运输有限公司的《船员行为规范》明确了对船员严重违纪行为的处分方式。虽然目前信用管理在部分领域取得了突破，但在整个涉船员领域并没有形成系统的政策引导、理念宣传和管理机制等制度设计，尤其是在对个体信用信息进行采集、评估、维护以及使用等环节中尚没有法律支撑。另外，就私主体信用信息管理而言，虽然可以通过社会软法开展相关操作，但为保障其规范运作和个体的隐私及正当权益，需出台相应的硬法与之配套。

2. 各渠道信用信息尚未整合

目前船员信用领域公权力主体包括海事部门、工会组织和相关社会组织。海事部门的征信信息具有权威性，但与其他部门掌握的信用信息不关联。同时，由于国家公权力的谦抑性，其数据库中的信息也局限于公领域。航运企业和船员服务中介掌握着大量船员的个人信息，但由于船员人数多、流动性大等原因，难以形成持续和跟踪管理。社会组织虽在信用管理方面兼具权威性、全面性、持续性的优势，但由于社会组织在我国尚不成熟，治理资源也缺乏保障，所以还无法胜任信用建设的中坚力量。因此，目前上述各主体所掌握的信息未能进行有效整合，未能对信用对象构建完整的"信用画像"。

3. 船员社会组织内的信用制约机制尚未实现

目前船员社会组织主要分两类：一是工会系统；二是其他社会组织。这两类社会组织在代表船员权益方面都存在一定缺陷。工会组织具有双重角色，其一方面被视为国家公权力在企业、事业单位的延伸；[①] 另一方面，也有维护职工权益职责。目前中国工会的组织结构较为庞杂，包括产业工会、各地方工会和企业工会。海员工会也不例外，其受产业和地方工会双重领导[②]（海员建设

---

① 王永丽，郑婉玉. 双重角色定位下的工会跨界职能履行及作用效果分析 [J]. 管理世界，2012 (10)：130.
② 参见《中国工会章程》第11条。

工会组织见图 7-1）。目前，海员工会在维护船员权益方面存在以下困难：
① 工会本身科层化和领导人的行政化不断加深，影响了其效能发挥。② 企业
工会领导大多由企业管理层成员担任，在协调职工与单位关系时的中立性受到
质疑。③ 会员主要是央企和国家机关，而众多的民营企业私主体并没有加入，
其代表性受限。④ 海员工会还包括公路、建筑等部分，其船员权益维护职能
被分散。我国工会组织影响力大，虽具有一定的社会组织属性，[①] 但由于其双
重属性，享有的社会公权力与国家公权力互相交织，有时难以有效行使其社会
职能。

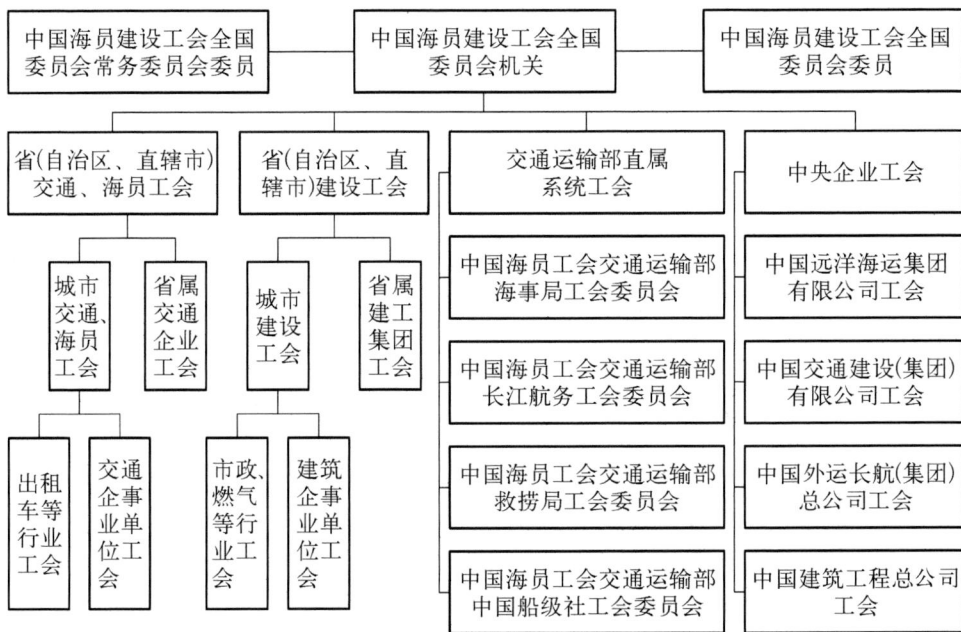

图 7-1　中国海员建设工会组织架构

其他涉及船员的社会组织尚处于成长初期，发展仍不均衡。既有覆盖全国
范围的中国船东协会，[②] 也有地区性的行业协会，甚至还有一些未经合法登记
的组织混迹其中。[③] 类似中国船东协会的全国性社会组织的入会标准较高，基

---

① 《中华人民共和国工会法》第 2 条规定："工会是职工自愿结合的工人阶级的群众组织。"
② 截至 2017 年 3 月，中国船东协会的会员数量为 223 家，主要包括中远、中海、马士基等大中型航
运企业。
③ 根据民政部社会组织管理局官网公共服务平台非法社会组织名单查询的结果，包括"中国邮轮游
艇"协会等 179 家组织被确定为非法社会组织。

本上以国有和跨国航运公司为主。这些大企业船员大多为自有员工，权益保障非常完善，但这些企业自有船员只是中国船员中的少数，他们权益保障水平并不能代表中国船员整体状况。而且这些航运业社会组织的设立宗旨主要为确保会员经济利益，船员权益并非其主要关注的领域。其他的全国性组织，例如中国引航协会由于涉及面窄，故影响并不大。一些被我国承认的国际社会组织也开展了一定活动，例如国际航运协会（PIANC）在 2005 年成立了中国分会。很多早期成立的社会组织都带有官方背景，这是因为原《社会团体登记管理条例》规定，社会组织必须有主管部门的批准文件才能成立，因此，很多社会组织实际上是附属于主管部门的。① 由于没有形成全国性的、有影响力的船员行业组织，所以无法形成有规模的信用数据库，更无从谈起共享信用信息。最重要的是，由于社会组织发展的不成熟，导致行业组织内部的信用监督和制约机制无法实现。

4. 实践中对信用信息的综合利用尚处于摸索阶段

信用管理的目标并不止于在纸面上评价主体的信用水平。如果无法在社会生产生活中体现诚实守信受益、失信担责的效果，信用社会的建立将是一句空话。通过规则实现信用奖惩机制正是社会软法可以发挥优势作用的领域。信用水平高的主体会得到激励，扩展其就业机会和待遇；而信用不良主体则会增加社会生产生活的失信成本。只有通过对不同信用水平的个体进行差异化对待才能形成行业发展的良性循环。但是从目前来看，信用信息的应用仅在部分领域、部分区域发挥了有限的作用，统一的奖惩软法机制尚未建立，因此，对信用信息的有效应用仍是需要研究的课题。

二、标准化制度体系对船员权益的保障

（一）我国标准化制度体系的现状

近年来，国家不断加大标准化建设力度。据统计，目前我国现行的各类标准近 14 万项（不包括企业和军用标准），已经能够基本满足国家和社会生产生

---

① 《社会组织登记管理条例》规定，除依照法律、行政法规和国家另有规定外，包括行业协会商会、公益慈善类社会团体、社会服务机构、和科技类社会团体可以不经主管部门审查同意直接登记。

活需要。标准作为一种技术制度，① 与安全和质量相关，其不仅保证人们衣食住行的质量，而且还关系人们享受便捷服务和安全生产的过程，并在发展过程中形成了独特的体系，标准同样在社会生产中起到了规制的作用。从整体上看，标准体系呈现出了一种"嵌套核"的结构（见图 7-2）。

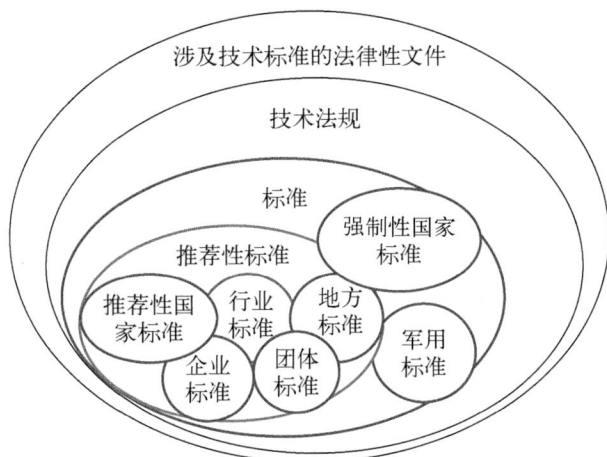

涉及技术标准的法律性文件

技术法规

标准

推荐性标准

强制性国家标准

推荐性国家标准

行业标准

地方标准

企业标准

团体标准

军用标准

图 7-2　技术标准体系示意

该图居于核心的是标准，例如指南、规程、标准、程序等，包括强制性和推荐性标准。核心之外的是技术法规，在技术法规之外的则是涉及技术标准的法律性文件。人们对技术法规的认识经历了一个演变的过程。1979 年《中华人民共和国标准化管理条例》规定："标准一经发布，就是技术法规"，这契和了当时计划经济体制特征。2000 年质量技术监督局发布《关于强制标准实行条文的若干规定》，称"强制标准在我国相当于技术法规"，表明人们开始重新重视二者之间的关系。技术法规与强制标准在制定程序、依据、效力等方面存在根本区别，但两者确实存在某种联系。② 一般说来，技术法规属于法律范畴，根据国际标准化组织/国际电工委员会指南的定义，技术法规主要有三种表现形式：① 直接规定技术要求；② 通过引用标准来实现技术法规的目标；③ 直接将标准的内容纳入技术法规中。③ 由于有法律强制力的保障，技术法规

---

① 刘三江，刘辉. 中国标准化体制改革思路及路径 [J]. 中国软科学，2015（7）：2.
② 廖丽，程虹. 法律与标准的契合模式研究——基于硬法与软法的视角及中国实践 [J]. 中国软科学，2013（7）：172.
③ 刘春青，于婷婷. 论国外强制标准与技术性法规的关系 [J]. 科技与法律，2010（5）：40.

引用的标准被视为强制标准。技术法规多针对某一技术领域，例如《船舶和海上设施检验条例》《渔业船舶检验条例》等。与之相对，"涉及技术标准的法律性文件"更着重于程序和整体性要求，例如《中华人民共和国标准化法》《国内水路运输管理条例》等。可见，软法和硬法有着密切关系，作为"嵌套核"结构外部的"技术法规和法律性文件"属于硬法，位于核心的强制性国家标准由于有国家强制力保障也具有硬法的性质。由于推荐性标准是行业、企业等社会力量制定的，也不具有强制性，因此体现出软法的特点。近年来，标准越来越多地涉及组织内部的管理和控制。ISO 和 IEC 组织也制定发布了一系列质量管理标准。

2018 年新《标准化法》生效，体现了灵活性和多元性的趋势：① 标准的范围由工业领域扩展到了农业、服务业及社会事业等领域，强化了标准在社会治理中的重要作用。② 种类上增加了团体标准，社会团体成为标准的制定主体，由市场主体自主制定的标准比重大幅增加（各类标准的组成见图 7-3）。③ 限缩了强制标准的范围，强制标准由原来的国家、行业和地方三类强制标准压缩为只有强制性国家标准一类，只有符合对保障人身健康和生命财产安全、国家安全、生态安全以及满足经济社会管理基本需要的技术要求才能制定强制性国家标准。目前保留下来的国家强制标准只有 1 962 件，只占既有标准数量的 2.3%，体现了国家公权力的谦抑性。④ 减小行政干预，取消了企业标准备案制度，建立了企业产品或者服务标准，采用自我声明公开制度。

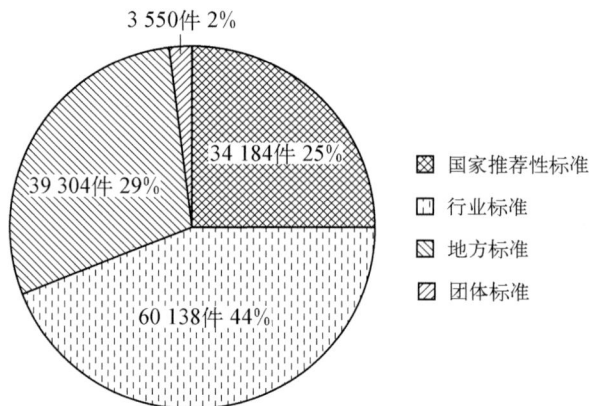

图 7-3　各类标准组成比例

（二）标准化制度体系在船员权益保障方面体现

作为软法的标准更侧重于保障船员的生活及工作安全。当船员长期在船舶上工作时，其工作与生活是一体化的。因此，对船员工作安全的保障和对船员在船生活的关照需要综合考虑。

1. 船员安全和健康权益保障

船员工作和生活的主要场所是船舶，船舶的安全直接关系船员的生命和工作安全，故需要船舶从建造、设备的配备以及公司的管理都要符合相关的技术和质量标准。早期《SOLAS公约》是单纯技术上的要求和标准，主要涉及船舶构造、分舱、救生和消防、无线电通信等方面，并在之后修订中补充了人为因素，加大了管理内容的比重。我国加入此公约后，陆续制定了相关的国内技术法规和标准，例如《国际航行海船法定检验技术规则》等。中国船级社制定的船舶入级标准为满足公约要求，制定了相关标准，包括《钢质海船入级规范》《材料与焊接规范》等。对游艇、滚装客船、渔船等特殊船舶，中国也针对性地制定了建造要求规范和标准。

对于船员在船生活方面，《MLC2006公约》在集中整合了大部分海事劳工方面的既有规定外，还对船上居住、娱乐设施、食品和膳食、健康保护等方面进行了专门的规定。这些要求也同样体现在船舶建造、设施配备等标准中，例如《船舶与海上技术——船桥布置及相关设备要求和指南》（GB/T 35746 - 2017）等，这极大地改善了船员的工作和生活条件。对于船员的健康保障，我国还制定了《船员健康检查要求》（GB 30035 - 2013）等标准来确保船员的身体条件能符合艰苦的海上工作和生活。

2. 在船工作期间的权益保障

（1）船舶配员和工作的合理分配。技术法规在船舶配员和船员分工方面发挥着重要作用。根据《STCW公约》的规定，我国制定了《船舶最低安全配员规则》，以确保能够保证船舶安全航行、停泊和作业时船员数量和能力配备的最低标准，同时规定在确定配员标准时应综合考虑船舶的种类、技术状况、航行时间、通航环境等因素。合理的配员是船上工作得以有序开展以及合理分配工作时间的保证，通过不同部门、不同职务人员的配合与分工，以确保船舶和设备的安全有效运转。通过对船员劳逸时间的分配可确保根据船员的身体状况来分配工作。《海船船员值班规则》规定了对船员合理分配工作的相关要求。

（2）操作流程标准。船舶工作有一定的人身危险性，需要采用严格的标准化流程防止事故发生。《国际海上避碰规则》是航行规则的依据，一些航道和港口在避碰规则的基础上细化了相关要求，出台了一些操作规范性质的港口规定或航道规定。① 其他涉及船舶操作方面的标准还有《液化天然气船对船输送作业指南》（SY/T 7029 - 2016）、《船舶靠泊海上设施作业规范》（SY/T 10046 - 2012）、《滚装船舶载运危险货物车辆积载与隔离技术要求》（JT/T 786 - 2010）等。随着航海操作的标准化，未来会有更多标准文件出台，逐步实现船上工作的全面覆盖。

3. 异常情况下船员的权益保障

船员在遭遇海上交通事故时，各方应遵循行业标准《船员职业健康和安全保护及事故预防》（JT/T 1079 - 2016）中的行动准则，例如当发生人身损害时，可依据司法相关标准和要求进行赔偿。② 在船员遭返方面，《MLC2006 公约》通过强制标准 A.2.5 提出了相关要求。有相当一部分公约的标准转化为国内《船员条例》的内容。

4. 政府主管部门的服务质量保障

标准体系是特定领域范围内有一定内在联系的各项标准形成的科学有机整体。ISO/IEC 相关标准体系及国内引入所派生的相关标准③已在政府部门得到广泛应用。政府实施的标准化管理体系不仅对内具有很强的行政执行力，而且还可以影响行政相对人的权益。由于标准化管理体系属于社会软法范畴，政府部门引用也是基于内部管理，故行使的并非国家对外公权力。单从海事部门看，虽然没有统一的标准体系，但大部分直属局④在 2000 年后自行建立了质

---

① 例如《烟台港水上交通安全和防止船舶污染水域管理规定》《烟台船舶交通管理系统安全监督管理细则》《成山角船舶交通管理系统安全监督管理细则》等。

② 例如《关于审理人身损害赔偿案件适用法律若干问题的解释》等。

③ 国内引入 ISO 相关标准后，在标准号上一般采用前面加上 10000 进行替代，例如参照 ISO9000，国内制定的标准为国家推荐性标准：GB/T 19000—2016（质量管理体系—基础和术语）等。

④ 根据国务院《交通部直属海事部门设置方案》交通运输部在沿海省、自治区、直辖市和主要跨省内河及重要港口城市设立的海事部门经机构调整，目前海事系统共有 14 个直属机构。

量管理（服务）体系，有的还通过了第三方认证。二十余年的实践证明，标准化体系管理对海事部门实现管理高效、运行规范和服务标准化起到了显著作用，例如，包括广大船员在内的行政相对人在海事部门办事时，其基本权利能够得到保障。

在涉及船员的具体业务上，一些政府部门也会通过制定专门的标准来提高管理与服务效能，例如，交通行业标准《12328 交通运输服务监督电话系统》（JT/T 1019.1—2016）、出入境管理行业标准《出入境船舶检验检疫查验规程》（SN/T 1308—2015），以及国家标准《政务服务中心标准化工作指南》（GB/T 32170.2—2015）等。

（三）标准化体系制度在船员领域存在的问题

1. 标准与法律尚不协调

长期以来，我国将标准混同于一般的行政管理手段，成为游离于法律外的单独体系。[①] 专门对标准进行规范的法律文件只有《中华人民共和国标准化法》及其配套的条例。其他的法律文件则较为笼统。例如《海上交通安全法》第 9 条规定："船舶、设施上的人员必须遵守有关海上交通安全的规章制度和操作规程"。操作规程属于标准范畴，但应遵守的是哪一类标准并没有明确。而有的国外标准引入后也无法对应到法律，例如《STCW 公约》第Ⅸ章 ISM规则生效后，国内无法进行相应的立法，交通运输部在《航运公司安全与防污染管理规定》中提出要对航运公司进行标准体系的审核与发证，[②] 但这与《行政许可法》中部门规章不能设定行政许可的原则相违背。

此外，我国单独设定强制标准在世界范围内并非通行做法。从国际实践来看，标准由各方自愿采用，只有法律文件应用到标准才使其具有强制性。我国对强制标准进行单独代号（GB）并分类的做法在法理上造成了一定混淆，这也是导致标准难以融入现有法律范畴的原因之一。

2. 政府主导与社会自治间的失衡

我国标准化工作实行的是"统一管理、分工负责"，即由标准化管理委员

---

① 郧辉. 标准化法律制度研究 ［D］. 青岛：中国海洋大学硕士学位论文，2006：21.
② 参见《中华人民共和国航运公司安全与防污染管理规定》第 2 条："本规定适用于航运公司安全与防污染管理体系的建立、实施、保持及其相关活动的监督管理。"

会统一管理，各部门、各地负责本部门、本地的标准化工作。由于是由政府主导，社会力量处于次要位置，易造成由政府主导制定的国家标准、行业标准和地方标准在适应社会和市场方面上的不足，最终因不符合实际而被束之高阁。

另外，由于标准化管理部门并不具备相应的专业评审能力，标准的制定和审核实际上都是各部门、各地主导。换言之，标准化管理部门只履行程序上的职责，缺乏第三方的有效评估。不仅容易出现标准受部门利益影响的问题，而且还会导致各部门间制定的标准出现不协调的情况。例如，《关于印发交通运输企业安全生产标准化考评管理办法的通知》《航运公司安全与防污染管理规定》这两个文件分别要求航运公司建立和运行两套不同但却有较大程度重叠的标准管理体系，给企业造成了不必要的双重负担。而且，为落实这两个质量体系，也需要船员分别做相应的检查、记录等工作，增加了船员不少额外负担。此外，过度依赖国家强制力推行标准也会导致政府在标准化过程中出现定位不明的问题。

3. 标准公开和接受程度低

一方面，标准没有统一的发布渠道，难以查到标准文本。而且，执法者和相对人有时也不知该如何依据和遵守，容易导致行政执法出现偏差。另一方面，标准的制定、修订并没有严格的程序，无法保证足够的公众参与度，不能广泛吸收各利益相关方的意见。在国家标准的制定过程中，行业团体、企业协商化程度不高而缺乏代表性已成为标准难以落地的重大问题。在协商缺失的背景下，标准实施过于依赖国家强制力的推动，也易导致标准接受程度低的情况。

4. 部分标准质量不高

导致我国标准质量不高的原因主要有以下方面：① 由于大多数标准制定后没有随着社会和科学进步及时更新，标准滞后的现象突出，并不能反映产品质量和服务的最新发展水平。② 由于我国生产水平和服务的起点较低，标准的水平不得不与国家的发展水平相适应，同时由于对外贸易的需要，我国的出口产品则按国际标准生产，导致我国产品因销售渠道不同而出现质量标准不同的问题。同样，国内航行和国际航行的船舶状况和技术标准也存在较大差距。国际航行船舶的建造标准随着"IMO 目标型新船建造标准"的推广和

《MLC2006 公约》对海员居住舱室和娱乐设施等方面提出的新要求在不断进步。反观国内航行的船舶，其建造的标准主要依据《国内航行海船法定检验技术规则》。自 2011 年改版以来，该规定并没有大的修订，而且相关要求与国际航行船舶的建造标准存在较大差距。这种状况不仅与我国船舶建造大国的地位不符，而且也无法保障船员在船生活的安全与舒适。

5. 标准覆盖范围不足

目前，社会对标准的重视存在不足。整体来看，按标准生产与服务所产生的额外收益尚无法抵消其带来的成本损耗，假冒伪劣产品仍大有市场。与美国国家标准（ANSI）和日本国家标准（JIS）相比，我国标准在覆盖范围方面不尽如人意，无法有效遏制危害食品安全和公共安全的恶性事件。[①] 在海事领域，根据 2017 年山东海事局对航运公司的年度数据统计显示，辖区内实行标准体系化管理的公司为 371 家，而标准体系外的公司也有 605 家。可见，未按标准体系管理的公司依旧是主流。这些公司多为一些小公司，安全隐患多发，无法为其船员提供充足的权益保障。

6. 缺乏争议解决机制

作为一个对社会起到治理作用的制度，必然会对社会中的主体产生利益上的影响。如果出现标准制定不合理、标准认证不公正等情况，应给予相关主体申诉或赔偿的权利，而目前尚没有有效争议解决机制来解决这一问题。

7. 一些重要标准没有强制力保障

对在船船员来说，一个现实突出问题是膳食标准的保障。中国船员私分伙食费的问题由来已久，这种现象在"全套外派"的船上尤为普遍。一味地追求收入最大化导致损害船员的身体健康是与国际社会通过确立标准以保障船员合法权益的努力相违背的。对于该问题的原因，有饮食习惯和身体素质的客观因素。例如，中国船员不像国外船员喜欢喝红酒、咖啡等饮料，消费品质也未达

---

① 刘恬渊等. 2014 年度中国、美国、日本、韩国四国国家标准的比较分析 ［J］. 图书馆理论与实践，2015（9）：37.

到国际通行的伙食标准。曾有戏言："同样的船，中国人能把'酒店'变成'食堂'，菲律宾人会把'餐厅'搞得像'酒店'。"但这种现象的出现，是由多方面的原因造成的：① 船公司管理不严，默许船员私分伙食费的行为，没有认真检查和管理。② 对部分老船员利用其影响力带头实施私分伙食费的行为，缺少有效的监督和投诉机制，难以给予处罚或信用记录。③ 维护船员权利的自治组织不发达，无法像国外工会那样有力地维护船员权益。

三、程序软法对船员权益的保障

本部分仅以程序软法中的海事仲裁为例，分析其对外派船员的保障优势。海事仲裁活动的具体开展主要依据社会组织制定的仲裁规则。例如，《中国海事仲裁委员会仲裁规则》是中国国际商会制定的，由各海事仲裁机构实施，其在很大程度上体现了软法"非司法中心主义"特征。可以说，在海事仲裁的主要环节中，软法起到了主要作用，而硬法的作用主要是对仲裁活动的过程和结果进行认可和保障。从整体角度看，海事仲裁是以程序软法为主导，硬法为保障的混合法领域。

（一）现有船员纠纷解决机制存在的问题

外派船员面临的侵权主体非常复杂。其在船工作期间，围绕雇主单位、用人单位、派遣单位、劳动报酬支付单位、船舶所属公司和船舶管理公司等主体，涉及的劳动关系、劳务雇佣关系、实际服务对象、工资报酬支付等环节可能是相互分离的。而面对这些复杂关系，目前还没有针对船员权益的保障形成一套完善的制度设计。围绕外派船员的法律关系并不清晰，司法实践也不统一，这给维权增加了难度。在司法途径上，如果在劳动合同项下涉及"与船员登船、在船服务、离船遣返相关的报酬给付及人身伤亡赔偿纠纷"，[①] 船员可以选择劳动法规定的"劳动仲裁——法院诉讼"的方式，也可以根据最高人民法院系列解释，直接到海事法院进行诉讼。另外在适用法律上，由于大部分外派船员的合同涉及引用国外法律或保险条款，其能否被我国法院所采纳也存在不确定性。

---

① 参见《最高人民法院关于海事法院受理案件范围的规定》（法释〔2016〕4号）第24条。

外派机构的介入打破了传统法律关系的二元主体。根据《船员服务管理规定》："境外船员用人单位不得在中华人民共和国境内直接招用中国籍船员"。由此，我国形成了船员、国外船东和外派机构这种三角关系。目前，外派机构包括各类中介服务机构、外派机构等，本书统称为外派机构。在国内法语境下，围绕劳动者可形成三种法律关系：劳动关系、雇佣关系和劳务关系。然而，这种划分在国际法语境下并不存在。一般认为劳务关系指一切在提供活劳动服务过程中形成的关系，具有一般意义。部分劳务合同已经成为有名合同，例如保管、居间、行纪、运输等合同。劳务关系中，双方当事人是完全按合同自治原则确定权利义务，只要不违反国家强制性法律法规，可以自由订立合同条款内容。而雇佣关系一般指雇佣人接受受雇人提供的劳务，并依约给付报酬的权利义务关系。按照 2004 年最高人民法院《关于审理人身损害赔偿案件适用法律若干问题的解释》规定："从事雇佣活动，是指从事雇主授权或者指示范围内的生产经营活动或者其他劳务活动"。在雇佣关系中，要求雇主应对雇员工作中受伤根据不同情况承担无过错责任，或按过错责任原则承担责任。而劳动关系是劳动者在劳动过程中与用人单位所发生的关系。其主要特点为：① 主体资格符合法律规定，即用人单位和劳动者双方。② 存在一定人身依附从属关系。③ 劳动者提供的劳动是用人单位业务的组成部分。在劳动关系中，双方意思的自治程度进一步减小。国家通过《劳动法》《劳动合同法》等法律法规对相关权利和义务进行了规制。对于劳动关系，纠纷解决除了需要在"劳动仲裁——法院诉讼"和"海事诉讼"两者间选择外，对涉及人身损害赔偿的还存在工伤保险与第三方侵权赔偿的竞合。

围绕船员劳动的法律关系。① 船员与外派机构的法律关系。理论界的争议主要集中在如果外派机构与船员签订的是劳动合同，[①] 是否应认定双方存在劳动关系。主流观点认为，劳动关系是劳动力的所有者与劳动力的使用者在经济交往中发生的与劳动有直接联系的关系。而船员与外派机构的劳动关系形式大于实质。从人身依附角度看，外派机构除了提供上船的机会外，基本没有日常的管理行为，船员在船上主要受船上及船公司的管理。从报酬角度看，船员所获报酬由船公司提供，外派机构实际上并不是船员劳动报酬的提供者。可以

---

① 《船员外派管理规定》规定：外派船员至少与包括外派机构在内的三类组织之一签订劳动合同。

说，外派船员与外派机构之间的是一种"法定化的劳动合同关系"。① 此外，外派机构的属性也未必固定，在交通部《船员服务管理规定》中，认可了外派机构拥有的职业中介和船员雇主的两重身份，② 这加大了对船员外派机构认定的难度，也模糊了其法律地位。② 船员与船公司的法律关系。外派船员与船公司之间不一定有劳动合同，船员服从船公司及其船长的指挥管理，为船公司提供劳务，并从船公司获得劳动报酬。二者间存在事实上的劳动关系。

针对上述复杂问题，有学者提出"双重劳动关系说"，即船员与外派机构间无实质联系却具备形式上的劳动关系，与船公司间具备实质劳动关系要件，却不一定存在劳动合同。若将外派机构与船公司在劳动关系中权利义务合并，则与外派船员形成了完整的劳动关系。③ 厦门海事法院受理的一起外派船员劳务纠纷案就引发了相关学者对外派船员劳动合同的思考。④ 此案历经两审，福建省高级人民法院最终认定，当事船员在近 20 年间签订的 11 份劳动合同均明确约定上船服务期限，期限届满合同即失效，即使工作时间再长也无法形成与外派机构的无固定期限劳动合同。此案引起了对船员权益保护的高度关注。这意味着在待派期间，外派船员与外派机构间并不存在劳动关系。

（二）实践中船员纠纷解决的困境

1. 现有制度缺陷

目前，我国尚未形成完善的船员纠纷解决制度。有学者认为，由于船员职业的特殊性，船员不应适用普通劳动法，国家应制定专门针对船员的劳动法来保障船员的合法权益。⑤

2. 执法管理机制不顺

劳动主管部门由于不了解船员职业特点，介入维权存在困难，而海事部门对船员的劳动保障职能也没有在法律层面被确认。虽然两部门在履行《MLC2006 公约》时有分工安排，但没有形成固化的协作机制，实践中还没有

---

① 周宝妹. 劳务派遣法律关系研究 [J]. 法学杂志，2010 (2): 71.
② 参见《船员服务管理规定》第 17 条第四款和第 18 条第四款。
③ 陈刚，郝勇. 船员劳动权益与社会保障 [M]. 武汉：武汉理工大学出版社，2012: 152.
④ 郑金雄. 一个官司的胜负和一个群体的困惑 [N]. 人民法院报，2011-04-25 (6).
⑤ 官玮玮. 中国船员劳动权益保障问题及对策研究 [J]. 产业与科技论坛，2018 (9): 38.

联合执法的行动先例。

3. 外派服务机构定位模糊

外派机构游走于用人单位和中介组织之间，一般会根据需要变换自身角色，以逃避法定责任和义务。虽然外派机构的设置需要一定规模的注册资本和交纳船员外派备用金等，[①] 但许多从事外派业务的公司会通过借资质牌照或转包等形式开展业务。事实上，一些中小公司面对索赔诉求并无赔偿能力。

4. 国外船东常以合同相对性为由拒绝赔偿

有些船员只与外派机构签合同，而与船东没有直接的合同关系，国外船东常以此为由拒绝相关的赔偿诉求。目前，国家鼓励外派船员与外派机构和船东均签订合同，[②] 但这同样会带来主体不清及责任难以界定等问题。

5. 索赔成本大

无论是通过"劳动仲裁——法院诉讼"方式，还是直接选择海事法院诉讼，由于适用的程序和法律依据大相径庭，最终结果可能会大有不同，且其中的时间、金钱成本均较大。另外，外派船员维权索赔常含有涉外因素，涉及外国法适用、境外诉讼、跨国执行等一系列问题。其中的司法成本非一般船员所能承受。实践中的大多数案件均是通过司法调解取得的，获赔金额的缩减甚至会造成对船员的二次伤害。

6. 船员意愿受格式化条款限制

目前，船员所签署的劳动（劳务）合同，尤其在纠纷解决条款中，并不能完全合意。事实上，能够采用海事仲裁条款的合同非常少见，其原因包括：① 合同签订方地位并不平等，在绝大多数情况下，船员只能被动接受对方提供的格式合同，可议空间不大。② 格式合同中对纠纷解决的方式大多规定为通过劳动仲裁或起诉以满足国家法律规定的要求，很少会约定由海事仲裁来解决。③ 船员本身对纠纷条款不重视，不了解其他纠纷解决方式，

---

① 参见《对外劳务合作管理条例》第 6 条和《中华人民共和国船员外派管理规定》第 5 条。
② 参见《中华人民共和国船员外派管理规定》第 44 条。

维权意识不强。

（三）海事仲裁对船员权益保障的优势

目前，硬法制度在维护船员权益方面存在一些难以克服的缺陷，海事仲裁是更为可行的选择。根据《纽约公约》的规定，公约适用自然人、法人之间涉及商事的争议，未将船员劳动争议排除适用。① 从现代法治的理念看，单纯的劳动关系实质上是平等主体间的劳动力交换关系。有学者倡导将劳动活动纳入《民法典》规制。② 我国加入《纽约公约》时未对劳动活动进行保留，所以，《纽约公约》适用于外派船员的权益保护。因此，在我国船员通过海事仲裁来解决劳动争议的方式不存在法律障碍，这可以在中国海事仲裁委员会业务受理范围得到验证。③ 通过海事仲裁解决船员纠纷具有以下比较优势。

1. 具有域外效力

外派船员工作环境具有涉外性。因随船舶航行于世界各地，受侵害地可能发生在全球任何角落，雇主也可能是国外主体，需被执行的财产也可能位于国外等，这些因素导致船员权益保护应具有最大的域外效力。中国劳动仲裁属于行政仲裁，不符合一般意义上"仲裁"民间性的特征，只有域内效力，④ 其裁决结果也无法被他国认可。⑤ 司法领域与中国签署司法协助协议的国家虽然近几年增长较快，但数量仍然较少。截至 2018 年，中国与 19 个国家签订了民（商）刑事司法协助条约（协定）；与 20 个国家签订了民（商）事司法协助条约（协定），其中 17 个生效。这意味着，在目前我国的硬法框架下，在全球范围内维护我国外派船员权益非常有限。而海事仲裁作为纠纷解决的软法途径，

---

① 《纽约公约》第 2 条和第 5 条对排除适用表述归纳为：一是仲裁协定经法院认定无效、失效或不能实行者，则诉讼效力可排除仲裁效力；二是涉及当事人行为能力及准据法无效的情形；三是争议与仲裁协议所指向的标的不可执行；四是当事人未得到仲裁救济之程序及仲裁机关或仲裁程序与仲裁协议不符；五是经主管机关撤销或停止执行的；六是依一国法律争议事项不能仲裁或有违公共政策的。
② 沈建峰.劳动法作为特别私法——《民法典》制定背景下的劳动法定位 [J].中外法学，2017（6）：1506；许曾裕.对劳动关系纳入民法典调整范畴的思考 [J].玉溪师范学院学报，2012（11）：51.
③ 根据仲裁委员公布的受理争议案件范围，其第（四）项包括船员劳务。
④ 《劳动争议调解仲裁法》第 2 条规定："中华人民共和国境内的用人单位与劳动者发生的下列劳动争议，适用本法"。
⑤ 邵帅，郭萍.保障外派船员权益的现实选择——以海事仲裁为中心的解决方案 [J].人民论坛，2016（9）：147.

得到了世界范围的广泛认同。缔约国的仲裁裁决能直接在 159 个缔约国法院得以执行，[①] 这使得通过海事仲裁手段在全球范围保障外派船员的权益成为可能。

2. 更具专业性

由于劳动仲裁庭委成员和地方法院审判员对船员工作和生活的情况并不了解，难免会以解决陆上工作纠纷的惯性思维去解决船员问题。而海事仲裁委员会的成员大多由在海事、海商方面的专家组成。例如，中国海事仲裁委员仲裁员均是从具有航运、保险、法律等方面专业知识和实践经验的中外人士中聘任。[②] 良好的品德是保证公平审理海事案件的基础，当事人还可以自主选择仲裁员。从所适用的法律依据来看，劳动仲裁主要依据《劳动法》《劳动合同法》等法律法规。无论是工伤赔付标准还是损害赔偿标准，这些法律与国际通行的船员赔付标准差距过大。而海事仲裁主要依据的是准据法，并将国际法、国际惯例及相关判例等作为补充，以便最大限度地维护各方利益。

3. 成本优势

劳动纠纷在经过劳动仲裁后，有的还要经过法院一审、二审（一裁二审），走完全程或耗时近一年。据不完全统计，近年来，当事人不服劳动仲裁裁决的比例超过 50%。海事仲裁实行"一裁终局"制度，裁决自做出之日起即发生法律效力，作出裁决的时间一般不超过 5 个月。虽然单次海事仲裁的费用会比劳动仲裁高，但相较"一裁二审"全程所需的间接花费和时间成本，海事仲裁具有一定的优势。

4. 覆盖权益事项范围广

《纽约公约》规定："不论契约性质与否，应提交仲裁时，各缔约国应承认此项协定"。这表明《纽约公约》不仅适用于船员外派合同纠纷，而且也适用于合同之外的侵权等纠纷。当然，在我国开展海事仲裁还需受我国相关法律的约束。《仲裁法》《民事诉讼法》等对仲裁事项有一定限制，排除了不能仲裁的

---

① 截至 2018 年 7 月 25 日统计，《纽约公约》缔约国家和地区已经达到 159 个。参见 http://www.uncitral.org/uncitral/zh/uncitral_texts/arbitration/NYConvention_status.html.

② 中国海事仲裁委仲裁员名单，参见 http://www.cmac.org.cn/default.htm.

情形：一是涉及当事人不能自由处分的身份关系，例如婚姻，收养，监护等。二是行政争议，包括劳动争议和农业承包合同纠纷等，从受理范围来看，几乎所有涉及船员权益的事项都能被海事仲裁所涵盖。

5. 灵活自治与隐私保护

海事仲裁具有高度的灵活性和自治性，双方可以就仲裁员、准据法，甚至相关的程序根据合意进行调整。同时，仲裁裁决也不必像法院裁判文书那样在网上进行公开，这可以保障当事人的隐私。

综上，通过海事仲裁程序来维护外派船员的权益是完全可行的，且具有相当的优势性。关键在于如何引导和鼓励各方进行海事仲裁，同时国家也有必要给予一些倾斜性的政策支持。

第三节 我国在履行船员海事
公约方面存在不足

保障船员权益既是发展我国船员队伍和航运产业的必然要求，同时也是履行国际海事公约的需要。因此，保障船员权益与履行海事公约在本质上是一致的。保障好船员权益既要在实践中探索，也需借鉴已有的国际经验。目前，我国在履行船员类海事公约方面还存在一些问题和不足，不利于对船员权益的充分保障。

一、宏观层面

（一）对公约软法部分的重视度不够

在国际海事公约软法的比重和作用日益显著的当下，国内研究工作的重点并没有进行相应的调整，没有从公约软法的角度开展分析研究。在履约的实践过程中，相关部门受功利性目标的影响，其更多关注公约所要求的硬性要求，对更能体现价值和内涵的软法内容重视不够，这恰恰与国际海事公约发展的趋势相脱节。

（二）国际海事公约在国内法的地位不明确

国际法要靠国际社会各成员的自觉维护。维护国际社会秩序的关键就是对国际公权力的尊重，承认并积极履行相关义务。但是，目前国际海事条约在国内的地位并不明确，主要有两方面的原因：一方面，大多数海事公约未经立法机构批准。根据我国《宪法》第 67 条规定，与外国缔结条约和重要协定须经全国人大常委会的批准。同时《缔结条约程序法》第 7 条也明确了同我国法律有不同规定的条约、协定须经人大常委会批准才能缔结。作为支柱性的《MLC2006 公约》《SOLAS 公约》和《STCW 公约》都要求缔约国予以批准后才具有法律效力。但实际上，只有《MLC2006 公约》经过了我国人大常委会的批准，《SOLAS 公约》和《STCW 公约》仅是通过外交部向海协秘书长致函通知核准。《MLC2006 公约》因经立法机构批准而拥有了与国内法相当的地位，而《SOLAS 公约》和《STCW 公约》等同样重要的国际法文件却因未经立法机构批准而处于地位不明的状态。

国际条约要在一国国内执行，前提条件是该条约已经得到了该国国内法的接受。[①] 王铁崖对此进一步指出，所谓接受是各国通过其国内法律主体，按规定的具体方式完成条约所赋予该国的权利和义务。[②] 正是由于接受的缺失才导致履约部门在执行时存在诸多困惑，但更深层次的原因在于我国对海上事务存在认识不足。目前 IMO 组织是作为联合国在海事方面的一个专门机构，在领域内具有独立性。与之相对，我国长期以来并未将海上事务放在优先地位上考虑，海事部门也并未被独立出来，这导致国际海事公约长期没有受到应有的重视。在海事公法领域中，目前除了《海洋环境保护法》有冲突指引外，[③] 包括《宪法》和《立法法》等其他法律都没有明确的冲突解决原则。海事部门在履行国际海事公约的过程中是无法越过国内法而直接引用国际公约实施行政行为的。可见，法律的冲突成为中国履行海事公约的一大障碍。

（三）对公约关注的问题不能及时跟进

以遗弃问题为例，船员被遗弃是国际社会近年来关注的重点问题。2014

---

① 李浩培. 条约法概论 ［M］. 北京：法律出版社，1987：380.
② 王铁崖. 国际法引论 ［M］. 北京：北京大学出版社，1983：198.
③ 该法第 96 条规定："中华人民共和国缔结或者参加的与海洋环境保护有关的国际条约与本法有不同规定的，适用国际条约的规定；但是，中华人民共和国声明保留的条款除外。"

年《MLC2006 公约》的首次修订就涉及了船员遗弃，此后的新修订案又做了进一步的完善，要求船东必须能够提供援助被遗弃船员的财政担保，该担保应覆盖 4 个月的未付工资，并涵盖其他一些合理的费用，例如遣返、食物、衣物、住宿、饮用水、船上生活所需燃料以及必要医疗护理等。近年来，随着航运市场的持续低迷，航运公司的经营面临诸多困难，遗弃船员的问题愈演愈烈。海员遗弃数据库的数据统计显示，自 2013—2017 年共有 87 起遗弃事件，涉及 1 352 名船员。即使在《MLC2006 公约》2014 年修正案生效后的 1 年时间内，仍然发生了 55 件船员遗弃事件，涉及 688 名船员。① ILO 对船员遗弃描述为具备下面三种情形之一：① 船东没有给付船员的遣返费用。② 船东没有给予船员必要的维护和支持。③ 船东单方面断绝与船员的关系，包括至少两个月未支付合同工资。

我国主要是从外交途径而非法律上根本解决船员的遗弃问题。每个案例都属于特殊处理，不具可复制性。我国主要面临如下的问题：① 我国船员外派由商务部主导，劳务外派原则是谁派出谁负责，所以实行的是由船员外派机构交纳保证金的方式来确保船员在境外出现例如遗弃等问题时能够有资金保障。但是，《MLC2006 公约》认定遗弃船员的责任主体是船东，责任主体和保证主体存在错位的问题。② 目前，可供考虑的是采取国家基金保险的担保模式，但无论哪种都需要科学严谨的设计，解决包括征收主体、使用范围、费用与风险测算、后续补充等一系列问题。③ 对遗弃船东的后续惩处还需进一步从立法上予以明确。

涉及多主体、跨国界的问题，如果仍习惯于硬法思维，寄希望于单纯依据硬法来解决问题，恐怕效果会非常有限。遗弃问题可分两个角度进行分析：一是紧急危机的处置。对于远在他乡的船员可能首要面对的是生存问题，国内力量恐怕难以及时和直接发挥作用，需更多依赖当地和国际协作。二是预防遗弃问题产生的事前制度设计，事中处置的人力、财力和机制保障，以及惩处责任主体的事后追究。上述任一层面和环节除了需要硬法界定主体和责任外，更需要通过软法形式制定应急预案，包括社会各方的协调机制和国际沟通机制等。

---

① Third Meeting of the Special Tripartite Committee of the MLC 2006-Information paper submitted by the Seafarers Group［EB/OL］.［2019 - 09 - 20］. http：//www. ilo. org/wcmsp5/groups/public/- ed _ norm/- normes/documents/ genericdocument/wcms _ 625362.

二、实践层面的不足

(一)履约部门难以形成合力

虽然海事部门是海事履约的主管部门，但海事履约的工作也会涉及其他部门。例如，海洋防污染的工作涉及国家海洋局（自然资源部）、海警局、农业部、环保部等，外派事务则分散在商业部、外交部、人社部等，船舶建造也分散在国家科工委、船籍社等部门。在交通运输部内部，航运管理、引航及码头管理等事务由港航局负责。许多海事履约工作的开展需要通过交通运输部来协调其他部门完成。由于目前国家对所涉部门间的协作尚缺少成熟做法和规定，跨部门协作的行政成本高、难度大、环节多。即使部分领域形成了初步统一，也会由于职责界定或难以操作等原因无法形成合力。

尽管在国家层面已经建立了三方协调机制，但地方层面的工作机制还未建立完善。《MLC2006公约》的很多内容需要依托三方机制来实施，若没有成熟的机制保障，则实施效果也会存在较大的不确定性。另外，初步的合作协议也存在难以操作的问题。例如，交通运输部与人力资源和社会保障部联合印发的《海事劳工条件检查办法》（交海发〔2016〕202号）要求，船公司需向海事部门提交包括劳动合同、社会保险证明等人社部门管辖的事项材料，但未说明海事部门是否需对这些材料进行核查，这给多部门的联合执法带来了困惑。另外，在2019年2月交通运输部发布的《推进国内航行海船履行海事劳工公约实施方案》中，对涉及人社部门事项规定或告知船员向人社部门反映，或将情况反馈人社部门，在海事与人社部门协作机制并不清晰的当下，实践中恐怕海事部门只会选择前一种方式。而岸上投诉机制的主管部门是海事部门，因此出现未尽履约义务的问题并不符合行政便民的原则。

整合履约部门的力量需要在软法与硬法两方面加强建设，需进一步明确部门间的职责以及相互协作的义务，使相关部门在履行海事公约上形成合力。

(二)船员分类不科学有碍权益保障

根据《发证规则》和《内河船员适任考试和发证规则》，我国船员在大类上可分为海船船员、内河船员以及其他类型的船员。其中，海船船员分为无限航区与沿海航区，内河船员只能在固定区域航行，海船船员和内河船员根据船舶吨位和主机马力的不同还分为若干等级。其他类型的船员种类更多，根据不完全统计，有渡船船员、小型船船员、江海直达船船员、公务船船员、海上非自航船船员、水上飞机驾驶员、地效船船员、游艇驾驶员、油船船员、高速船船员等十余种分类和称谓。在这些船员分类中，只有海船船员的分类在《STCW公约》中可找到依据，其他的分类并无国际法依据。其中既有依据船舶类型的分类，也有航区（线）的分类，还有依船舶大小吨位的分类，这些分类标准存在相互交叉和包含关系，而且针对每种类型船员都有一套管理方面的规定。这种分类不科学的现状给制定保障船员整体利益的政策带来了困难。

具体可以从两方面来解决上述问题：一是完善船员标准化研究，科学划分标准，避免出现各类划分口径交叉矛盾的问题；二是有关主管部门在节制立法冲动的同时，应基于整体思维去系统考量船员的立法问题，避免为解决单一问题而冲动立法的情况。

（三）机械履约加重船员工作压力

近年来，海事公约的制定及修订越发频繁，履行公约是国家和船员的义务。《MLC2006公约》在我国生效后，海事部门共设计了41个工作用表供船舶和船公司参考使用，[①] 再加上其他公约要求的各类值班日志、海图作业、垃圾油类记录、维修保养记录等，日常记录类的工作明显加重。由于过多的非必要和重复工作，船员在船舶航行和作业上的精力则相应减少。山东海事局调查的多起海上事故表明，由于当班船员忙于文字整理等其他工作而导致疏于瞭望的事故和险情并不是个例。近年来就发生了3起，占全部事故和险情总数的10%。机械地执行公约、一味给船员工作加码同样与公约的设立初衷背道而驰。

（四）对船员福利投入日渐萎缩

早在19世纪后期，世界上就出现了船员福利组织，[②] 这种组织之后又以"船员俱乐部"的形式在全世界陆续涌现，目前全球约有450个港口设有船员俱乐部。在这些俱乐部中，有的属于私人运营，但大多数是由区域或国际组织

---

① 中华人民共和国海事局.《2006年海事劳工公约》实用指南［M］.北京：人民交通出版社，2013：104-160.

② Kverndal. Seamen's Missions：71.

支持，例如国际基督教海事协会（ICMA）等。俱乐部主要提供互联网接入、交通服务、港口医疗、货币兑换、组织观光、汇款、岸上住宿、体育设施和服务、书籍电影等服务。① 我国的船员俱乐部始建于 20 世纪 50 年代，最多时曾达 50 余家。

近年来，国内的船员俱乐部不断萎缩，目前仍在运营的只有 16 家，有几个方面的原因：① 由于船舶周转速度加快，船员上岸逗留的时间缩短，导致俱乐部的闲置时间增加。② 船员俱乐部作为非营利性的组织，没有资金的资助是无法长期运营的。20 世纪 80 年代以前，我国的船员俱乐部由工会兴办管理，各级工会、地方政府和港务局都会给予一定的经济投入，但之后，各地船员俱乐部陆续改制，变为了自收自支的事业单位，并由港务局管理。同时，港务局也改制为了企业，逐步失去了在非生产领域的投入动力。投入不足导致许多船员俱乐部名存实亡，留下来的也在依靠房产出租或其他产业维持。③ 随着港口的不断发展，与港口的距离越来越远，且由于受出入港区的限制，船员往往无法找到便捷的进出港，由此失去了为船员提供服务的功能。④ 主管部门对船员俱乐部的作用和意义没有足够重视。《MLC2006 公约》规则 4.4 要求，成员国应促进在指定港口发展本守则中所列的福利设施，为靠泊船员提供充分的福利设施与服务。虽然 1992 年国务院颁布了《国际船员俱乐部工作条例》，但并没有强制要求在港口规划中建立岸上福利设施。在我国，建设船员岸上福利设施的决定权仍在当地政府手中。

近年来，随着《MLC2006 公约》的生效，部分地区恢复了对船员俱乐部的关注，并进行了有益的探索。例如，青岛市工会通过对集装箱进行改造，在港口建成了移动的"船员之家"，使之具有基本的服务功能。但总体来看，我国在建设船员俱乐部的态度上未出现根本上的改观。

---

① Jason Zuidema，Michael Skaggs. 全球港口船员福利中心历史与现状［J］. 单德赛译. 世界海运，2018（7）：3.

第八章 船员权益的软法保障模式建构及相关建议

第一节 构建船员权益保障的软法模式架构

通过赋予社会各主体一定的空间和范围，发挥运用好国家、社会、国际三大实体的公权力，从实践的角度增加法律的弹性与活力是实现社会共治、构建法治社会的前提。软法理念进入国内法后造成了一定的争议，软法本身是否真实客观的存在也许并不重要，其与自然科学相类似，关键在于给一种社会现象找到一个可以适用和解释的模型，并且能够在具体的社会实践中运用该模型解决社会现象所带来的问题和矛盾。正如弗里德里希·卡尔·v. 萨维尼（Friedrich Carl v. Savigny）所主张，"法律是被发现的，而并非被制定的"。[①] 而最后能够在社会实践中合理解释现象并发挥作用的那个假设，则是接近于人们需要发现的那个"法"理论。理想的船员权益软法保障模式是由国家、社会和国际三类实体软法以及相关保障和程序类软法构成。解决船员权益保障问题的关键在于如何发挥公权力的积极作用，并同时抑制其带来的负面影响。软法与公权力是一种表里的关系，倡导加强软法在船员权益保障的地位和作用是在规范公权力的行使。同时，软法也并非独立存在，在实施中需要与硬法相向而行。研究软法并突出软法在社会发展和治理中的作用是为了弥补硬法在社会治理中的局限，以最终实现软法与硬法在船员权益保障方面的双轨共治。

当今，无论是国际社会还是国内社会，共享共治、有限政府、重视个体等观念已经成为时代发展的主流，而传统硬法"命令—服从"的刚性社会管

---

① 杨仁寿. 法学方法论［M］. 北京：中国政法大学出版社，1999：27.

理模式之路已经呈现越来越多的弊端。在此背景下，软法之兴必有其必然性，而且通过软法理论能够解释并解决社会发展过程中人们所面临的一些新问题。国内软法就像一个呱呱坠地的新生儿，虽然充满希望，但需要持续的呵护和培养，理论界应给予软法更多的关注以促其完善。软法和硬法就像是社会前进的两条腿，缺一不可，二者可以共同推进人们对社会中法学问题的认识和理解。目前，软硬法良性互动的格局正在形成，将有利于人们从整体思维分析法律问题，并逐步打消人们对"软法不软、硬法不硬"的担心。①

构建软法的体系架构是用软法保障船员权益的前提。在厘清软法与硬法相互关系的同时，应按照国家软法、社会软法、国际软法以及程序软法的脉络，将现有软法现象进行归类和重构，并最终在船员领域形成体系化的软法架构，这不仅有助于促进软法理论的研究，而且对完善船员权益的现实保障也会产生积极影响。对于国内软法的总体思路是规制国家软法、培育社会软法；对于国际软法，则应全面吸收其在立法技术和保障实施等方面的经验，达到履行公约并保障船员权益的目标。

一、规制与船员相关的国家软法

（一）明确国家公权力主体制定规范性文件的权力

目前，我国大量软法的制定主体是没有《立法法》赋予立法权的各级部门。这些部门发布的文件一般无法直接设定相对人的权利义务，也就不需要国家强制力保障，属于软法性质。但是现阶段，由于我国正由"管治型政府"向"服务型政府"转变，再加上我国仍有一些《立法法》生效前制定的规范性文件，所以，目前我国还有部分涉及权利义务内容的非立法性文件。就船员领域而言，交通运输部海事局系统制定的软法文件居多，主要集中于办事流程和要求、服务措施和裁量基准等，有数百件。但是，这些文件并非全部，其他例如《中国船员发展规划（2016—2020）》《便利船员服务举措》等一些专项工作的指导意见等并未包含进去，再加上其他部门发布的软法类文件，其数量较为可

---

① 杨海坤，张开俊. 软法国内化的演变及其存在的问题——对"软法亦法"观点的商榷 [J]. 法制与社会发展，2012（6）：119.

观。这些规范性文件不受《立法法》规制，内容和制定程序的随意性较大，部分内容对社会主体的权利影响也较为明显。当前，随着国家法治事业的进步，无法可依的状况已经得到了根本改观，限制或取消国家公权力主体制定可能涉及相对人权利义务的规范性文件，应加强对规范性文件的规制。规制的内容包括制定主体、制定程序以及涉及内容。原则上，对省部级单位以下规范性文件的制定权应严格控制，程序上需要由上级部门或第三方进行合法性审查严格把关，并纳入社会监督，内容上尽量不涉及限制社会主体权利及增加其义务。但是，考虑到硬法存在不够明确或不便操作的固有缺陷，在实施过程中需进行充分的说明，建议赋予相关主体指导、建议、细化软法的权力。例如，海事部门为贯彻执行上位法和国际海事公约，以及进一步为相对人提供便利服务，可以制定上述类型的软法文件。

（二）完善公共政策的制定

面对部分公共政策在实施过程中存在的不稳定、服从度低、执行变形等问题，首先，应将公共政策纳入立法轨道，即使并非《立法法》中所列的法律法规也应遵照规范性文件的制定程序和要求进行规制。[①] 其次，是限制政策文件制定的主体和内容。涉及船员政策的内容应更多体现为对船员权益的保障和服务的提供。最后，应定期公布相关政策文件，[②] 及时废除已不适用的文件。这些措施可以有效提高政策文件的稳定性，克服政策的不确定倾向。

（三）重视船上小环境中的权力制衡

公权力的固有缺陷同样存在于船上的小环境中，掌握权力的船员也会侵犯其他普通船员的利益，故制定规则来明确船上各类权力的界线是十分必要的。同时，还要加强对权力的监督和权益的保障。在船员的权益侵害无法内部解决的情况下，相关信息就更需要真实、安全，并有效地传达给岸上的行政部门，通过政府的介入来得以解决。例如，2018年烟台港的一名船员因向海事部门举报船舶存在安全隐患而遭受船公司的报复被开除。针对具体问题，还应采取特别的应对措施。例如，对私分船上伙食费等侵权行为应纳入

---

① 参见《中华人民共和国海事局海事规范性文件制定程序规定》。
② 自2015年起，中国海事局在网站公布现行有效规范性清单，涵盖中国海事局及其所属各省级海事局出台的规范性文件。

海事行政处罚和海事信用管理的范畴，从根本上铲除违法违规行为的滋生土壤。

二、培育与船员相关的社会软法

（一）加强对社会软法的研究

学界认为，社会软法过于宽泛，[①] 加强软法研究并指导实践是完善软法的首要任务。一方面，学界要进一步开展理论探索，确定软法的边界。对于非成文的惯例、道德、潜规则等不应纳入软法的范畴。同时，软法还应符合"法治中国"所提倡的社会主义法治精神。另一方面，针对目前社会软法形式各异、数量庞大的现状，应进行必要的规制和界定，具体可以从要求公开渠道、明确有效期、公布文件清单、提供可救济渠道等措施入手，逐渐规范社会软法的无序状态。此外，还应在船员信用、标准等重点领域加强理论与实践的探索，在理论对实践的指引下解决现实问题。

（二）创造有利于船员社会主体的成长环境

鼓励发展社会软法的目的在于促进社会公权力的成熟，其中一个重要环节就是培育船员组织。我国船员权益面临的诸多问题在很大程度上是因为缺少成熟的船员自治组织。对外无法为船员权益开展有力的呼吁与游说，进而影响法律和政策的制定；对内也无法实行有效的自治管理。因此，可改革现有海员工会体制。我国工会组织的独立性与代表性一直饱受诟病，《MLC2006公约》对工会在三方协调机制中的要求是能够与船东和政府平等地进行谈判和协商。由于长期形成的一元制工会组织模式，我国所有的地方工会和产业工会均归属于中华全国总工会领导，且海员建设工会也是由几个不相关的产业工会联合组成，其代表性和独立性明显不足。如何独立行使权利，并在三方机制中代表船员切实利益，海员工会可谓任重而道远。[②] 笔者认为，可适度借鉴国外工会例如澳大利亚的船员联盟（MUA）、全日本海员工会（JSU）等组织模式，增加海员工会的独立性，变一元模式为类似工会联盟的模式，以此提升对船

---

① 杨海坤，张开俊.软法国内化的演变及其存在的问题——对"软法亦法"观点的商榷［J］.法制与社会发展，2012（6）：113.

② 崔志鹏.海员工会法律问题研究［D］.大连：大连海事大学硕士学位论文，2007：37.

员群体的代表性。

　　另一条路径是大力培育船员社会组织。海员工会的体制改革绝非一朝一夕能够实现的，更为可行的是通过完善船员组织来开展自治和维权。根据民政部关于《社会组织登记管理条例（草案征求意见稿）》的相关规定，社会组织分为社会团体、基金会和社会服务机构三类，① 这些均可以成为船员的社会组织形式。目前，我国船员的社会组织发展还非常有限。例如，青岛船长协会、天津市船员服务行业协会、山东船员服务协会等只具备船员自治的雏形，并且这些协会的会员主体多为中介企业、航运企业或与船员服务有关的单位，而非船员的自治组织。对此，需要国家有关部门发挥引导作用。此外，应重视国际船员工会的影响，并加强与它们的联系和沟通。我国船员社会组织还应借鉴国际船员工会的经验。

三、吸收国际成功经验

（一）借鉴国际软法的立法技术

　　国际软法尤其是条约中的软法，作为国际法的重要组成部分，不应与硬法区别对待。只要在签署、批准、接受、赞同或加入条约时没有保留，就应该完全履行。这既是履行国际义务，也是对国际公权力的尊重，更是维护国际社会秩序的需要。目前，国际海事公约的比重和作用不断强化。对此，学界应高度重视，加强对公约中软法部分的研究，这不仅可以深化我国对公约内涵的理解，而且还有助于履约。国际海事软法的立法技术为国内海事立法提供了参考。虽然，我国尚不具备采取此种立法模式的环境和条件，但这不妨碍我国可以借鉴其中的理念和部分做法，并在立法文件中逐步增加指导、说明、建议性的条款。立法机关若在法律制定时增加软法中的相关内容，不仅会增加软法的权威性，而且也会在一定程度上减少软法的分散性和复杂性，有利于软法的健康发展。

---

① 《社会组织登记管理条例》（草案征求意见稿）第 2 条规定："社会团体是指中国公民自愿组成，为实现会员共同意愿，按照其章程开展活动的非营利法人。……基金会是指利用自然人、法人或者其他组织捐赠的财产，以提供扶贫、济困、扶老、救孤、恤病、助残、救灾、助医、助学、优抚服务，促进教育、科学、文化、卫生、体育事业发展，防治污染等公害和保护、改善生态环境，推动社会公共设施建设等公益慈善事业为目的，按照其章程开展活动的非营利法人。社会服务机构是指自然人、法人或者其他组织为了公益目的，利用非国有资产捐助举办，按照其章程提供社会服务的非营利法人。"

（二）扫除国际海事公约国内化障碍

国际海事公约作为国际法，在我国的国内化问题一直难以形成共识，这主要是因为我国《宪法》并未规定国际习惯在国内法中的地位。国际法的国内化并非完全是法律问题，也取决于我国对国际法的态度。部分学者认为，国际法是域外法，直接引用有可能破坏主权独立性原则。[①] 笔者对此持不同观点，国际法并不等同于外国法，需要履行的国际法均是经我国批准和认可的，自愿受其约束，与国内法律不存在抵触的问题，更不涉及削弱主权管辖的问题，积极履约是我国应尽的国际义务。

从技术上看，国际法的国内化主要涉及两个问题：一是国际法国内化的方式；二是国际法与国内法相冲突时遵循的冲突原则。对于国内化的方式上，理论界认为有转化、纳入、混合三种模式。在海事公约国内化的过程中，既有转化，也有纳入。例如，《中华人民共和国海船船员适任考试和发证规则》是对《STCW 公约》的转化，而《船舶和海上设施检验条例》是对《SOLAS 公约》中有关船舶检验发证内容的转化。例如，中国海事局 2008 年发布的《关于实施 2001 年国际燃油污染损害民事责任公约的通知》是对国际海事公约的直接实施。对于国际海事公约与国内法相冲突的问题上，目前还无统一的冲突解决原则，只在个别部门法中明确。例如《海洋环境保护法》第 96 条规定："中华人民共和国缔结或者参加的与海洋环境保护有关的国际条约与本法有不同规定的，适用国际条约的规定"。但由每部单行法分别规定的方式并非解决问题的根本之策。笔者认为，国际海事公约国内化的方式应遵循以直接纳入为主、转化为辅的原则。主要有以下原因。

一是随着 IMO 和 ILO 等国际组织立法及修正越发频繁，涉及的事务也愈加具体化，然而国内的立法资源无法及时对这些公约和修正案进行二次立法。因为我国正处于改革的进程中，大量国内法律需要调整、完善，国际法转化与国内立法资源紧缺的矛盾尤为突出。

二是转化理论存在一定的缺陷。国内法经二次立法成为国际法的过程，其实质相当于国内法律采纳了国际法的相关要求。最终执行的实际上是国内法，而非国际法。可以说，新的国内法与原国际法除了形似，已经没有任何联系

---

① 杨华.国际法与国内法关系的主权论［J］.时代法学，2013（3）：98.

了。转化遵循自主的程序规则从本质上说属于法的移植，是吸收先进外来经验，从而实现本国法律的现代化，是法律进步的内在规律。外源性是中国法制现代化的明显特征，借鉴、移植的进程从未停止，转化也只是国内法借鉴国际法的一种方式。

三是根据目前我国的法律实践，已经纳入实施的国际法是经我国立法机关批准、认可的，与我国的法律体系不存在根本性的抵触。而且，国际海事公约也只涉及海上安全、防污染、船员权益等事项，不存在诸如威胁政治安全、意识形态安全的内容。实践中，对个别暂不适用的公约条款可以保留，或对国内法进行调整以达到履约要求。目前，较为突出的问题是纳入方式过于随意，以海事部门通知的形式公布国际海事公约实施的做法威胁了整个法律体系的权威和稳定。根据对应原则，对于不同类别的国际海事公约应明确相应层级的立法机关，并进行决定。虽然《缔结条约程序法》对加入和接受多边条约进行了程序上的规定，[①] 但对于多边条约的重大修订及与之配套条约的接受并没有明确规定。建议对已加入公约的重大修订、重要附属条约的制定、决定纳入实施的立法层级均不应低于原公约批准接受的层级。

四是从国外的实践看，采用转化方式的国家大多为非成文法国家。例如，英国不会对每个加入的国际公约再制定法律使之成为国内法，其所谓的二次立法更多体现在程序上。为强调议会的立法主导权，英国王室批准的国际条约需经议会再次审议并作出决定，很少会从实体上进行二次立法。另外，英国在《欧洲经济共同体法案》（EEC Act 1972）第 2 条承诺："所有产生或被规定在条约中的权利、义务、责任和限制在英国领土上具有法律效力，而不需进一步立法"。因此，英国采取的是纳入，转化的模式已被打破。[②] 同样，转化的方式无论从理论还是实践都对我国都不具合理性和可操作性。故笔者建议，应在未来的船员法或海事法中，明确已批准加入的涉及船员类国际条约在一般情况下可直接在国内产生效力。但是，为审慎起见，可增加设定国内立法机关的审查机制，对是否可以直接引用或需要采取变通措施提出审查意见。若通过审查则可以省去二次立法的程序和资源投入，同时明确批准的国际条约应具备或高于国内一般法律的位阶。对于涉及与我国法律冲突较大、敏感度较高、需进一

---

① 《中华人民共和国缔结条约程序法》第 11 条规定："加入多边条约和协定，分别由全国人民代表大会常务委员会或者国务院决定"。第 12 条规定："接受多边条约和协定，由国务院决定"。
② 唐书瑾. 论国际条约在国内适用的法律制度［D］. 上海：华东政法大学硕士学位论文，2014：25.

步细化的公约，则仍需国内立法机构进行二次立法转化。

（三）采纳国际通行的优待做法

在船员免税方面，尽管船员个税得到了进一步的减少，但相较过去及国际通行的免税政策仍存在一定的差距。《中华人民共和国立法法》第 8 条规定："以下事项只能制定法律：……（六）税种的设立、税率的确定和税收征收管理等税收基本制度……"。党的十八届三中全会再次强调税收的法定原则，提出尽快全面完成税收立法。所以，船员税收的进一步减免还需要海事行政部门、航运企业、航海院校以及广大船员大力呼吁，推动立法机关从硬法层面对船员所得税进行减免。

四、完善程序软法

软法对于船员纠纷的解决具有独特作用，主要包括海事仲裁和调解。在解决纠纷的过程中，软法不是绝对的独立存在，其也需要硬法作为依托。

（一）海事仲裁

尽管海事仲裁在解决船员纠纷上具有明显优势，但在许多方面仍需进一步完善。与单次的诉讼费用相比，海事仲裁的费用仍然偏高。以 10 万元的争议金额进行计算，每件劳动争议的诉讼费用只有 10 元，非劳动争议的费用为 2 230 元，而海事仲裁的费用约为 4 550 元，这在一定程度上阻碍了海事仲裁普及。对此，笔者建议：① 无论是否涉外，应在法律层面明确船员的就业合同可以选择直接通过海事仲裁进行处理，不受劳动仲裁的前置束缚。我国的海事仲裁主要依据《仲裁法》《民事诉讼法》等法律中的相关规定，并不完全适用于船员的劳动权益，由此导致在外派船员权益的损害纠纷上理解各异，在实施中存在很大的不确定性，故在相关立法中，应明确船员具有选择通过软法方式来解决纠纷的权利，包括选择仲裁地及仲裁准据法等。② 由主管部门或行业组织主导，制定含有海事仲裁条款的合同示范文本，并引导船员在就业过程中使用。③ 完善海事仲裁制度。可以参照《国际商事仲裁示范法》的相关规定，逐步解决我国实行的国内仲裁与涉外仲裁在司法监督上的"双轨制"，以及不承认临时仲裁、行政干预过多、对仲裁协议要求苛刻等问题。④ 对船员申请海事仲裁提供财政支持。政府可以借鉴菲律宾、新加坡等国的经验，通过成立船员互助基金或直接提供财政保障来降低船员申请海事仲裁费用门槛。另外，还可以通过法律援助等手段，指导船员通过合法途径来维护自身权益。

（二）调解

调解在解决船员纠纷中也可发挥一定的作用。调解可以贯穿纠纷处理的全过程。在我国，调解包括人民调解、行政调解和司法调解。调解具有以下优势：① 运行成本低。除了人力成本外，不需要太多额外费用，基本可以由相关组织承担。② 适用范围广。无论邻里间小事还是专业性较强的劳资纠纷，几乎涵盖了所有矛盾领域。③ 方式多样。既可以通过申请进行，调解组织也可以主动介入。④ 结果认可度较高。以双方当事人的自愿为合意基础。

然而，在船员领域，调解存在许多特殊情形。人民调解员大多是热心群众，由于涉及海上这一特殊环境，人民调解难以从专业角度帮助船员维权。同样，行政调解作用也较为有限。尤其是涉及海上人身伤亡的问题，赔偿标的大，很难通过调解达成一致。另外，由于船员和船东信息处于不对称状态，达成的协议很容易被反悔而归于无效。虽然司法调解具有法律效力，但船员会做较大的让步，有时并不公平。

目前在船员领域，《MLC2006 公约》要求各国建立由政府、雇主组织、工会组织的调整劳动关系协商机制。我国国家层面的三方协调机制于 2009 年成立，并由交通运输部、中国船员建设工会、中国船东协会三方组成，各省市也积极响应，陆续建立了省市级海上劳动关系三方协调机制。三方协调机制主要倾向于解决海上劳动关系的政策主张和机制建立，推进建立和完善平等协商以及开展对重大劳动争议事件的调研等事项。虽然目前三方协调机制还不是纠纷调解的选择方式，但通过多方协商机制开展重大纠纷的调解工作有其先天优势。

五、重构与软法相协调的船员硬法

软法与硬法相伴相生，软法的发展需要依靠硬法的同步跟进，所以，在船员领域，硬法体系有必要进行相应的调整。建议应适时制定专门的《船员法》。作为世界上航运和船员的大国，我国必须要有一部专门性的法律，通过整合

《海商法》《海上交通安全法》《船员条例》等法律法规中的相应内容，并增加权益保障的内容，从而形成一部专门的《船员法》，这不仅有助于船员权益的系统保障，而且还有助于提高船员的社会地位。目前，我国的《船员条例》的法律效力较低，与《MLC2006 公约》及其他海上发达国家的船员法存在较大差距。如果没有专门的法律，则船员的特殊需求和权益保障将受制于其他法律。未来，我国的《船员法》应是一部包含行政法、劳动法、程序法以及部分刑法等内容的综合性法律。

（一）对未来《船员法》相关立法设想

1. 为软法发展留出空间

船员法应在软法发展过程中起到如下作用：一是为软法留出足够发展空间。对于可以通过协商、自治和弹性裁量等方式解决的事务应逐渐交由软法处理。二是防止各类公权力对私权的侵犯。例如，2018 年《海上交通安全法》取消船舶进出港审批后，一些地方的海事部门担心失去管理的主动权，便通过要求船舶进港报告来变相设置审批项目，这有违简政放权的改革要求。三是适度介入软法，以规范其他公权力的运行。需特别防范国家公权力制定的规范性文件出现超越法律规定、增加社会主体的义务、缩减船员权利等情况。四是无论对硬法还是软法，应明确司法具有最终介入的权力，包括对船员社会组织的内部自治也应提供救济渠道。作为保证社会公正的最后防线，不应存在"法外之地"，但在介入方式、程度和内容上，仍须对硬法和软法区别对待。对软法的司法裁判应主要针对程序是否合法的问题，而硬法则要进一步对实质内容进行决断。

2. 扩充权益保障相关内容

目前，现有法律法规涉及船员的内容多体现为行政管理，涉及权益保障的条款不多。《船员条例》在原则上规定了用人单位和船员应当按照国家有关规定参加工伤、医疗、养老、失业和其他社会保险，但由于只是援引了国家主要针对陆上人员的规定，并不能完全满足《MLC2006 公约》对船员提供全面社会保障的要求。① 若船员与用人单位或服务机构签订的是非劳动合同性质的

---

① 蒋博雅，赵鹿军. 中国船员的权利保障分析——基于《2006 年海事劳工公约》的视角 [J]. 理论界，2016（10）：72.

协议，则船员权益在法律层面上也无法得到特殊保障。另外，在特殊福利方面，公益性的船员招募与安置机构、投诉处理机制、岸上医疗等还存在法律空白。因此，应结合政府职能从管理型向治理型和服务型转变的契机，补充完善有关权益保障的相关内容。此外，由于船员税收减免也属于法律范畴，《立法法》第 8 条提出了税种的设立、税率的确定和税收征收管理等事项是国家通过法律形式予以确定的，所以，减免船员税收也需要在船员法中得以体现。

3. 扩大规制主体范围

在劳资地位不对等的情况下，企业过度的趋利行为是船员权利受损的主要原因。为在运营上更为自由和便利，许多中资船公司选择以方便旗模式运作。由于方便旗船舶受限少，导致船公司为了降低成本而随意减少配员、设备维护更新和福利保障等方面的投入。对于国内沿海及内河船舶而言，由于标准要求低，船舶状况与国际航线船舶差距较大，中国沿海已经成为世界上低标准船集散地。此外，大多数的中介公司通过挂靠有资质的公司来开展业务。由于监管难，中介公司任意克扣船员工资的情况时有发生，在山东海事局受理的多起侵权、欺诈事件中，由于没有相应权限，海事部门无法对这些公司进行处置，而多予以调解，或建议船员到工商、公安或人社部门寻找解决办法。对于有资质的中介公司，同样由于法律缺陷而存在享受权利而不承担义务的情况。

通过扩大规制主体的范围，可有效弥补当前存在的立法空白，主要措施包括：① 对于方便旗船，应在法律层面明确最密切联系原则，对中资方便旗船结合按属人和物权原则实施管辖，防止侵害中国船员的违法行为发生。② 进一步开放船员市场，允许经审核通过的外资航运公司在国内招募，可直接与船员签订合同。这样可以在明确双方责任的前提下，将这些公司纳入我国法律进行规制。为控制风险，可对这些外资船公司设定许可条件，例如，在资质、规模、信用等方面进行限定，并要求其在官方的船员招募市场公开招募，防止幕后交易。③ 从法律上界定为国内船员服务和外派企业的中介属性，防止其利用规则来规避义务。只有这样才能厘清中介与船员的关系，明确各方责任。未来可考虑开设由国家创办的非营利性招募机构。④ 对于无经营手续的"黑中介"应在立法层面确定主管部门，避免船员权益受到侵害时投诉无门。

4. 改变对船员和船舶多元划分的立法模式

由于我国船舶类别与船员类别在管理、保障等方面存在关联，所以，在船员的管理中无法回避船舶的类别因素。现有的相关规定大多根据不同类别而一事一规定。其中一些类别的船员管理还自成体系，不仅分散了行政管理资源，而且在实践中也不利于船员权益的保障。从目前划分的各类船员类别看，其共性大于特性，完全可以在"船员"这一大概念下通过增减相关条款的方式来实现对特殊情况的规范，这样将有助于对船员整体的管理和权益保障。当前，船舶领域的多元划分主要体现在对国际、沿海和内河船舶分类上，故在客观上降低了对国内船舶的标准要求（尤其在船员权益保障方面），也没有实现通过区别对待来换取逐步提升国内船舶安全标准的目的，反而成了低标准船的护身符，给海上人员安全、环境保护和财产安全带来威胁。目前，亟须提升国内的船舶标准，向国际航行船舶管理标准靠拢，切实保障船员权益，适时形成统一的立法和管理标准。

5. 制定符合海上行业特点的刑法规范

现有的刑法体系不适合海上的刑事案件。刑事犯罪是对船员人身和财产最严重的威胁。我国需针对海上的特殊情况有针对性地完善刑法，使其能够对海上犯罪形成威慑，以保障船员人身财产权益。目前对于海上犯罪，我国刑法存在的主要问题是入罪门槛低和覆盖性不足。实践中，由于海上情况的特殊性，司法部门一般不愿主动介入。刑事程序的缓慢启动和开展造成了海上无刑法的错觉。对此，未来船员法的刑法部分有必要针对海上犯罪的特点重新设计，笔者有以下建议。

一是调整海上交通事故类犯罪的入刑标准。由于海上风险的客观存在，如果按陆上死亡 1 人、重伤 3 人或无力赔偿达 30 万元的入罪标准，将使船员很容易被刑罚追责，有违刑法谦抑性原则。同时，海上事故中常见的人员失踪也是陆上案件较少碰到的。海上人员失踪的生还可能性很小。在水温 4 摄氏度以下时，人的生存时间将少于 1.5 小时。[①] 但是，目前司法实践并不将因海上交

---

① 王旭东. 海难死因分析及求生对策 [J]. 中国水运，2011 (3)：32.

通事故而失踪的人员认定为死亡。① 笔者建议提高海上交通肇事的入罪门槛。例如，将人员死亡或失踪的入刑标准提升至 3 人以上，同时规定若干免除刑罚的情形。

二是完善行刑移送标准。由于目前海事机关移送案件的标准无法达到公安机关要求的刑事立案标准，故应放宽行政对外移送的标准，并明确相关证据材料的效力和标准等，但是对移送行政机关的时限应进一步严格要求，以免海上犯罪的证据随时间流逝而消失。另外，应明确刑事诉讼的节点，应以公安收案为起点而非实践中延伸到行政机关的调查阶段，海事调查一般都需要几个月的时间，与刑事立案最多 30 日的期限差距过大，有必要在程序上进行调整。行政机关有义务做初步调查，证据的收集和调查应由海事部门配合公安机关共同进行。

三是扩大覆盖范围，丰富处罚方式。将涉及船舶航行安全、环境污染、船员人身财产权益等关系重大人身和财产安全的行为纳入刑法规制，通过改造或设立相关刑名，使之适用于海上。处罚方式上可以吸收软法经验，实行弹性或可代替手段。例如，责令相关人员参加海上交通指挥中心（VTS）学习，体会密集航道不遵守航行规则的危险，也可以要求其从事社会服务等。

6. 设计适用于船员的劳动法内容

船员劳动权益是船员权益的核心和主要组成部分。《MLC2006 公约》要求成员国对船员实施全面的劳动权益保障，但目前我国尚不能完全达到公约要求。

一是目前已经逐渐成为船员主体的自由船员无法被劳动法完全覆盖。自由船员与用人单位之间并不处于连续稳定的状态，所签合同也都是按在船工作时间分段签署的。在现实中，自由船员也很难被法院认定与用人单位存在稳定劳动关系，其工伤、疾病、意外和养老等社会保险保障只能依赖个人自主交纳或通过船东互保或商业保险来实现。但是，商业保险对高风险职业有较高门槛，船员个人很难申请成功。

二是对于外派船员来说，由于存在外派单位和用人单位三方复杂的法律关

---

① 根据 1992 年最高人民法院对四川省高级人民法院《关于遇害都下落不明的水上交通肇事案件应如何适用法律的请示》的电话答复，水上交通肇事案件的遇害者下落不明的，不能推定其已死亡，只能根据被告人的行为造成受害人下落不明这一事实以交通肇事罪定罪处罚。

系，易造成推诿扯皮，且纠纷难以及时解决。

三是当出现海上人身伤害时，目前对如何处理工伤赔偿和民事赔偿之间的竞合以最大限度地保障船员权益的观点和做法并不统一。

7. 对实践中的难点热点问题给予关注

以船员在国外被遗弃的问题为例。首先，应在立法层面完善遗弃和遣返的相关规定。我国《海商法》规定：遣返费用属于船舶优先权。[1]《船员条例》第33条规定，船员的遣返费用由船员的用人单位支付。在遣返的问题上，《MLC2006公约》和我国海商法认定的责任主体是船东，而《船员条例》规定的是用人单位。《中华人民共和国船员外派管理规定》第24条规定的用人单位可能是船员外派机构、境外船东或我国航运公司等。可见，国内立法对遗弃船员的责任主体存在认定不一致的问题，建议统一由船东负责。另外，法律还应对违反遣返义务、严重侵犯船员权益的责任人设置相应的制裁，否则对被遗弃船员遣返权利的保障只能流于形式。[2]

其次，应设立被遗弃船员遣返的财务担保或类似的制度。目前，海事部门在检查船员遣返的财务担保时多认可银行出具的保函，这种方式对规模较大的公司并不是问题，但对于中小航运公司则有难度。银行提供保函的前提是在银行保持一定存款或足够信用，而中小规模公司并不容易得到银行保函。建议由国家和保险公司开设专门的遗弃险，而且将其作为强制保险，由此可大大降低船东获得财务保证的门槛。

最后，应发挥保障监察机构和海员工会的作用。为避免海事部门与劳动部门之间的协调缓慢和职责交叉，建议在船员的权益保障方面，由劳动部门做职责上的委托，将船员劳动权益保障职责委托给海事部门承担，海事部门也便于发挥其在履约检查中的优势，直接采取措施保障船员相关权益的实现。

在未来的船员法中，笔者对涉及劳动权益的内容进行了如下思考：一是明确海事与人社部门在维护船员劳动权益上的职责。可行的方案是，由了解海上特殊情况的海事部门负责船员权益保障，包括对《MLC2006公约》的履约。人社部可将其对企业劳动监督等权责通过行政委托的方式交由海事部门负责，

---

① 参见《海商法》第22条规定。
② 王丹华.被遗弃船员遣返保障法律机制研究［D］.大连：大连海事大学硕士学位论文，2015：34.

并进行业务指导。对违反劳动法律法规的行为，海事部门拥有调查与处分的权力，这可从立法上解决部门职责交叉的问题。

二是不区分船员劳务合同与劳动合同。船员工作具有特殊性，无法完全对应陆上的劳动或劳务关系。签订合同种类的不同会导致不同的劳动法律关系或普通民事法律关系，人为增加了法律适用的不确定性。如果能够在船员劳动领域统一法律关系，将极大地减少法律关系识别和权益保障上的困扰，对于不同情况可区别对待。对于只在国内航行的船员，由于不存在涉外因素，应简化船员的工作关系。国家可设立公益中介机构，取消派遣环节，使船员工作回归劳动关系，并由用人单位承担劳动法下的义务和责任。对于外派船员，现阶段取消外派单位的做法并不现实，可考虑在劳动保障基础上增加民事保障因素。例如，由国内派遣单位或船东提供劳动法下的保障，如此则可兼得普通民事法律关系下的权益。

三是在放宽地域限制的前提下设计分段社会保险制度。根据船员流动性较强的特点，可以设计随人走的社会保险政策。在社会保险费的征集方式上可以采取累进制的均等保险费制，[1] 以便于在全国范围统一标准，这也更符合《MLC2006公约》所要求的社会保障全覆盖要求。同样，针对自由船上工作的阶段性特点，可将船员社会保险设计为分段制。船员在船期间可由用人单位和船员共同承担，非在船工作期间则由国家给予部分补贴和船员共同负担社会保险费用，但应对国家补贴累计时间进行限制，以确保其从事船员职业的连续性。

四是明确工伤保险与损害赔偿兼得模式。在工伤保险和人身损害赔偿存在竞合的情况下，应确立补偿兼得的模式。将陆上的人身伤害赔偿标准照搬到船员身上无疑是偏低的。对此，建议对船员的补偿标准适当提高。另外，工伤保险与人身损害赔偿分属劳动法律关系和一般侵权的民事法律关系。[2] 无论是从公平正义的角度还是从法律关系而言，法律应保障船员人身权益的最大化。

五是完善船员其他形式的保险。其他保险是社会保障的有效补充，对多数

---

[1]　均等保险费制是指不论被保险人或其雇主收入的多少一律计收同额的保险费。这一制度的优点是计算简便，易于普遍实施，对某一特定群体体现平等性。

[2]　顾家见.外派船员工伤保险与民事赔偿竞合问题研究 [D].合肥：安徽大学硕士学位论文，2017：28.

国内实力有限的小规模船公司而言，保险情况并不尽如人意。① 大多数商业保险公司对高风险的小航运企业和船员个人的投保态度并不积极，国内船东互保协会也由于门槛较高而无法吸纳小型船公司。一旦发生海上事故，这些小公司没有足够能力来弥补船员受到的损失，通常是由政府出面买单来防止出现群体性事件。对此，国家应组织设立非营利性质的小船东互保协会，参加互保应作为开展营运的先决条件，以增强小船东的抗风险能力。另外，为避免商业保险公司因经济因素而拒保的问题，应设立政府支持的船员人身商业保险进行弥补。

（二）其他需由硬法明确的事项

1. 明确海事法院对船员案件的专属管辖

由于海上环境的特殊性，建议对涉及船员的刑事、劳动等案件明确由海事法院专属管辖。尽管最高法院出台了《关于海事法院受理案件范围的规定》（法释〔2016〕4号），明确海事法院可以受理船员的劳动（劳务）合同纠纷，但部分事项的规定并不明确，各地操作不统一。例如，尽管规定海事法院可受理船员相关纠纷，但并未排斥地方法院对此类案件的受理，同样也未明确海事法院在裁判属于劳动纠纷案件时是否可不经劳动仲裁而直接作出裁判。对此，笔者建议：一是改变目前地方法院和海事法院均受理船员劳动纠纷的现状，明确海事法院对船员劳动权益的专属管辖。二是明确船员劳动纠纷不必经劳动仲裁程序而应直接由海事法院裁判，以避免法院和劳动行政部门相互推诿，减少船员纠纷解决的时间和行政成本。另外，建议成立跨区海事高院。因为海事案件的上诉又回到了地方法院体系，将导致二审的专业性低于一审的情况发生。

2. 完善立法质量的保障机制

无论硬法与软法都需要保证足够的理性，防止"恶法"需要科学的立法机制保障。相对而言，在我国，虽然硬法理性更为重要，但也可加入一定的软法因素。由《里斯本条约》所创制的"开放协调机制"成为欧盟软法立法的准则，有效解决了传统立法引发的政治争议或陷入困境的问题。② 该机制主要通

---

① 2018年6月22日，滨州附近一个体船舶因大风翻沉，死亡6人，包括船主。由于船舶没有任何保险保障，也没有第三方可以追责，死亡船员家属没有得到任何赔偿。

② 格雷厄姆・马瑟. 软法居上——非传统立法的利与弊 [J]. 管斌等，译. 经济法论丛，2013（2）：399.

过报告、指南、基准、实践交流、同行评议等手段引导欧盟国家制定国内法律、政策等。虽然中国的立法架构与欧盟有着本质不同，但不妨碍可以吸收国外软法模式中的先进经验和做法。党的十九大报告提出要"推进科学立法、民主立法"，这是我国对立法认识上的一次飞跃。但在实践中，采取座谈会、论证会等方式听取民众意见的事例并不多见。对船员权益的保障需要通过民主立法的方式将少数群体的诉求合理体现。

一是民主立法制度化。美国学者戴维斯曾说过，委任立法的理论重点应当从追求一个正确的标准转向追求一个适当的程序。应对意见参与者的选定标准、征求意见公告时间、回复意见及行业组织社会团体参与等事项通过法律予以明确，使之更具操作性。

二是立法者应更具代表性。目前，我国人大代表虽然来自各个行业，但为相关行业群体的"发声"的程度仍然不足，"代而不提""代而不议"等现象仍然存在。目前，国家法律文件对船员群体的考虑十分有限，这也说明了在立法过程没有充分反映船员的关切和利益。建议在立法机构中增加相关社会组织成员的比例，完善投票表决机制，使法律能够更充分地表达船员的利益诉求。

三是对不履行民主立法的义务进行追究。我国相关法律法规对民主立法并无强制性要求，实践中，对不召开听证会和座谈会、不征集意见反馈说明等情况并无制约，导致民主立法的要求流于形式。对此，应对立法机关未满足民主立法要求的法律文件从程序设计上予以终止或由有权机关裁定无效或部分无效，并对责任人进行责任追究。

四是发挥社会组织在评估中的作用。法律文件在实施中到底是"良法"还是"恶法"，应当让社会评判。社会团体作为利益相关方的代言人，在法律法规文件实施情况的评估中应发挥重要作用。建议在涉及船员的法律法规中，船员及船东等组织所反映的社会意见应在法律评估中加大参考比重，对于实施社会效果不好的法律文件可启动修改或废止程序。

3. 完善纠纷解决的程序硬法

船员纠纷的硬法解决渠道主要包括司法诉讼途径和行政途径。

（1）司法途径。司法诉讼途径存在主要问题是程序烦琐、赔偿标准偏低和执行困难。针对上述问题，笔者建议在立法上，除了应统一船员劳动合同与劳务合同外，还可以在程序上考虑劳动仲裁的经济优势。作为可选方式，在劳动争议解决机制的设计上可采取可裁可诉的制度设计。① 对于是否需要前置劳动仲裁的问题无须海事法院裁定，而是由船员来抉择是裁是诉。对于涉外船员赔偿不足的问题应结合实际，及时修订《关于审理涉外海上人身伤亡案件损害赔偿的具体规定》，同时应适时统一国内和国外的海上人身伤亡损害赔偿标准。就执行困难的问题，对于赔偿能力有限的中小公司，一方面，要完善市场的竞争机制，压缩不合规、不达标公司的生存空间；另一方面，完善社会保险、船东互保和商业保险机制，增强小公司和船员个体的抗风险能力。对于涉外船舶和公司，既要加大国际司法合作的广度和深度，通过与更多国家地区签署司法合作协议增加法院判决的域外效力范围，还应建立海事法院与海事部门共享数据信息的机制，掌握船舶动态，通过扣押船舶的方式来保障船员的优先权和其他合法权利的实现。

（2）行政途径。行政途径主要分为劳动仲裁和投诉。设计劳动仲裁制度的初衷是为法院分流、节省司法资源，同时利用仲裁便捷、和缓的形式使纠纷得以解决。然而，劳动仲裁在现实中也面临着实践困境：① 制度设计复杂，纠纷解决的成本大大增加。② 与诉讼无法有效对接。在制度设计上，完整的程序需要经历"多调一裁两审"，即需经行政调解、司法调解、劳动仲裁和法院的两审，再加上之前法院对合同性质的裁定，最长耗费近 7 年时间。劳动仲裁的部门对船员和海上工作环境并不了解，难以作出专业判断，经常不能得到船员认可而选择继续诉讼，其效率低下也与当前船员劳动争议案件急剧增长的现实不相适应。② 另外，劳动仲裁前置的强制性特点也与仲裁的自愿性有着本质区别。在与海事诉讼对接方面，如果签订了劳动仲裁条款，而劳动仲裁机构又不认定合同为劳动合同，将会出现劳动仲裁机构和海事法院两不管的情况，使船员处于不利的状况。因此，建议在船员领域取消劳动仲裁前置这一强制性要求，采取自愿可裁可诉的模式进行解决。

投诉也是船员常采用的方式。然而，船员难以分清投诉的渠道，例如，信访部门的举报、执法投诉、船员部门的热线电话等，且相关规定对投诉的语言表述也不统一。《MLC2006 公约》对船员投诉设定了政府责任，规则 5.1.5 和

---

① 张雷，沈延军.劳动争议解决机制与海事法院专门管辖的冲突之法律应对［J］.中国海商法研究，2017（4）：61.
② 韩立新，李大泽.我国船员劳动争议处理机制的现实困境与对策［J］.大连理工大学学报（社会科学版），2013（2）：69.

5.2.2分别对船员在船上投诉和缔约国的岸上处理提出了要求。就船上投诉机制而言，2018版《中国船员集体协议》第12章规定："船员在船期间发生劳动争议，可以通过船舶工会协调解决或者向上级工会投诉"，但实际中，绝大多数的船舶并没有工会组织，船员在船的投诉不具有操作性。2018年1月，中国海事局在《在船船员投诉处理工作程序》中明确了岸上处理船员投诉的程序。船员可通过现场、网络等方式向海事部门进行投诉，海事执法人员在接到投诉后需立即核实情况，并推动船舶的内部解决机制，若无法解决，则需实施海事劳工条件的检查。但是，由于没有人社部门的参与，上述文件并没有涉及欠薪、劳动合同、劳务纠纷等核心问题。① 投诉核实后的处理也存在如下问题：一是对涉及劳动部门的事项并不是通过部门协作加以解决，而是告知船员人社部门的投诉方式。二是没有涉及船员在境外投诉等问题。

虽然现有的投诉机制存在作用和操作性不强等问题，但对及时缓和对立双方的矛盾关系、将问题解决在萌芽阶段仍具有积极意义。对此，应进一步完善投诉机制，可在船上设立专门的委员会，专门承担船上投诉工作，且在人员组成上符合船上权利的均衡原则。在岸上处理机制中，由于投诉范围应涵盖劳动、港口等部门所管辖事务，故建议多部门联合出台制度，或确定由一个部门牵头、各部门联合办理的机制，以节省投诉成本及互相推诿的可能。及时反馈投诉结果，确保投诉者的信息安全及不受打击报复。同时，在司法处理方面应进一步完善机制，切实保证船员投诉的有效、安全和便捷。

第二节　船员权益双轨保障模式下
软法与硬法的协调与衔接

"治理"作为新的社会管理，既区别于私益导向的市场经济个体理性，也区别于国家导向的管制理性，是一种基于沟通的合作理性，② 这也决定了治理的核心在于"多中心化"，而不再只以政府作为"单一中心"的政治权威。不同的"国家—社会"模式会导致不同的法律结构，一元统治下的硬法必然大行

---

① 《中华人民共和国海事局在船船员投诉处理工作程序》规定："对于涉及欠薪、劳动合同、劳务纠纷等不属于海事管理机构职责范围内的投诉……向人力资源和社会保障行政部门进行投诉。"
② 罗豪才.软法的理论与实践［M］.北京：北京大学出版社，2010：41.

其道，而在多元治理模式中，软法存在的必要性与合理性将逐步得以彰显。国家对船员管理的侧重已转变到对其权益保障的关注，这种转变正是治理理念在船员领域的具体体现，也是软法得以存在和发展的内在因素。

一、双轨保障模式下软法与硬法的协调

在船员权益保障领域，软法与硬法的协调主要体现为二者的分工与合作。笔者认为，在船员权益保障领域不宜严格划分软法与硬法，也不宜认定二者是简单的主辅关系。软法在数量和覆盖范围上具有优势，硬法则在执行效力上优势明显。船员权益保障领域的法规应是软法与硬法的融合体，二者之间既互有分工又相互支持。在二者的相互关系中，软法的作用主要是为弥补硬法的不足并提供正当性支持，而硬法则为软法设定了制度框架及实施保障，且软法与硬法之间共同遵循着基本的法律价值，例如自由、平等、秩序与公正等。

硬法之所以被称为硬法，是因为其拥有国家强制力，但这种国家强制力并非具有必然的正当性。根据社会契约理论，国家公权力的正当性源于与个体所订立的社会契约，是建立在个体承认基础之上的。因此，硬法如要获得足够的正当性，只有维护不特定个体的利益并反映个体意志。硬法虽由特定的国家机关制定，但在创制时也要通过相应的机制（意见征集、听证）以保证公众参与。硬法会吸收某些软法规范，或与软法规范在立法精神、价值取向方面保持一致，这些都是增强其创制正当性的有效方式和手段。可见，硬法可以为软法的创制及实施设定相应的制度框架与规则依据，并为软法的有效实施提供一定保障。与此相比，软法规范的创制更贴近契约理念，是群体组织成员意思自治的结果。尽管现行船员硬法存在一些缺陷，但已形成了基本的法律体系。因此，船员软法在创制过程中应尊重相关硬法规范，不能违反或超越硬法的强制性规定。

软法与硬法在船员权益保障中的分工应遵循的基本原则是：能够由组织成员自行决定，以及可由行业和社会组织胜任的事务，在硬法保持适当的克制前提下尽可能交由软法调整，对于超出自治范畴的事项则由硬法规范。例如，船员违法行为的惩治、劳动的基本保障要求和有关权责归属等问题都属于硬法调整的对象，不宜通过软法进行规制。

二、实现双轨保障模式下软法与硬法的有效衔接

对于船员权益的保障，软法与硬法是融合共生的关系，可以从以下方面巩固双轨保障模式，进一步实现二者的有机衔接。

首先，应分别构建科学合理的软法和硬法创制与完善机制，这是实现软法和硬法有机衔接的前提。无论是软法还是硬法都需要由特定的机关或主体依据一定的程序和规则予以创制。相对于硬法，当前软法的创制机制并不完善，尤其是船员对群体组织的活动参与度和认同度不足，共同体的建设还需要政府推动。许多事关船员利益的公共事务难以通过软法来加以实践。同样，我国当前船员硬法的创制理念、制度和实践等方面也存在问题，具有行政化色彩较浓重、公众有效参与不足及立法文本与现实脱离等问题。这些问题直接影响了在保障船员权益的过程中软法与硬法的衔接，所以，有必要将软法和硬法的创制机制予以完善，并可通过制定专门的船员法和加强软法创新的过程中逐步实现。

其次，软法在创制时应遵守硬法的相关规范，而硬法在创制时也应对原已形成的软法规则适当考虑。硬法具有更高的优先效力，遵照硬法也是维护法治统一的需要。在船员领域，大多数情况下是由硬法先行确定框架和原则，但由于硬法无法做到面面俱到，故需要由软法进行补充和完善，这就要求所创制的船员软法规范内容不应违反硬法的既有规定。例如，当前普遍存在航运公司收缴船员海员证以保证船员不离职的做法，这与交通部规章《海员证管理办法》第 22 条规定："任何组织和个人不得伪造、变造、转让、故意损毁或者非法扣押海员证"相违背，如有类似的软法规定将由于与硬法抵触而无效。同样，由于软法能够更真切地反映船员的利益需求和主张，所以，软法一般会获得较好地实施效果。有关机关在制定船员硬法规范之前，为获得更好的实施效果，应该适当关注相关领域有效的软法规范。另外，软法的实施也有赖于硬法的最终保障。二者相互的支持与互动构成了船员领域良性法体系的应然状态。

最后，船员共同体意识的培养是实现软法与硬法有机衔接的根本因素。船员组织是船员参与组织生活、政治生活的基本单元。通过船员组织对各项事务的管理与自治，组织成员将逐渐意识到共同体意识的重要意义和参与共同体生

活的重要价值，以及自身所享有的权利与应该承担的义务。引入社会治理理念的重要目标是为了更大程度地实现船员自治，这与目前我国社会治理的努力方向是一致的。对于各种海事关系的调整而言，硬法应保持一种必要克制的态度，更多地由软法来实现治理目的。在硬法的制定和实施过程中，共同体意识同样不可或缺。因为无论是代议制下的硬法创制还是硬法创制过程中对公众参与的强调都体现了对共同体意识的尊重。总之，共同体意识贯穿于软法与硬法的创制与实施过程中，若要实现船员权益保障中软法与硬法的有机衔接，从根本上离不开对船员共同意识的培养。

第三节　实现船员权益保障软、硬法共治路径

改善船员权益既需要软法和硬法的双轨并进，也离不开各公权力主体的主动作为，只有各方的协作努力才能最终达到提升船员权益的目的。

一、国家应建立便捷高效的权责体系

便捷高效的权责体系是解决海事与其他部门存在的职责交叉、错位、冲突以及管理盲区等问题的根本办法。政府部门是航运领域中公权力的行使载体，权责清晰的工作体系既有助于保障船员权益，也能实现公权力间的相互制约，避免权益损失的情况发生。

（一）理清涉及船员事务各部门间的职责

1. 从横向与纵向两个维度思考部门间职责设定

部门职责可以通过横向和纵向这两个维度进行分析。横向主要是涉及海事部门与其他行政部门的职责划分问题。主要表现在：一是海事部门与海警安保存在职责上的错位。《ISPS规则》主要涉及海上安保的事项，海事部门是纯行政部门，并没有警察权，只能限于静态的规则制定、保安等级发布等，而有警察权的海警却没有被赋予海上保安的职责。二是海事部门与移民部门在船员证书发放上存在重叠。移民部门额外要求了出海人员要办理《船民证》及相关信

息备案。三是海事部门与人社部门在履行《MLC2006 公约》中的职责存在交叉。人社部门不进行海上督察却对船员劳动事务有管辖权，海事部门有海上执法权却无劳动领域的职权。四是海事部门与商务部门在外派领域存在职责冲突。海事部门鼓励船员外派与商务部门严格制约船员外派之间存在矛盾。五是与出入境卫生检验检疫部门在船员健康认证的程序上存在矛盾。① 纵向上则主要涉及行政与刑事司法的对接。一方面，由于公安机关的警种分类较多，例如有港口公安、地方公安、边防、海警等，相互间的职责划分并不完全明确，导致海事部门在案件移交时存在困扰。另一方面，海事调查与刑事侦查的标准和要求也不统一，同样造成了移送不畅。

2. 从软法与硬法两个层面解决职责划分问题

对于各部门职责划分不明晰的问题可在软法和硬法两个层面去进一步完善。从硬法层面看，我国立法中有着明显的部门利益倾向，每个行政部门的主要职责都由相关法律、行政法规和规章所对应。② 但是，随着部门分工越发精细，法律会不可避免地出现冲突。而且，由于国家机构改革不断推向深入，部门调整所带来的法律滞后愈加突出。例如，随着中国海警局的组建，需要调整涉及原海洋局、海关、农业部渔业局、边防公安等百余项部门法律文件，巨大的工作量使得法律调整的进程较为缓慢。

硬法主要解决部门权力来源的合法性问题，软法则从另外两个层面发挥作用。其一，是发挥宏观引领作用。一些纲领性的文件，例如中共中央 2018 年《深化党和国家机构改革方案》会引导硬法的一系列变革和国家公权力在整体上重新分配。其二，是明确和细化相关部门的权责，这主要表现为三种形式：一是由机构编制部门确定的关于部门权责的文件，例如中央机构编制委员会发布的《关于进一步明确水上交通安全监管职责分工有关问题的通知》（中央编办发〔2005〕9 号）。二是部门之间或与地方政府之间的权责划分协议，例如原交通部和山东省政府联合发布的《交通部、山东省实施水上安全监督管理体制改革协议》（交人劳发〔1999〕547 号）。三是部门对所属单位内部权责安排

---

① 根据《深化党和国家机构改革方案》规定："将国家质量监督检验检疫总局的出入境检验检疫管理职责和队伍划入海关总署。"

② 《海上交通安全法》第 3 条规定："中华人民共和国港务监督机构（海事部门——笔者注），是对沿海水域的交通安全实施统一监督管理的主管机关。"

的规定，例如交通运输部发布的《交通运输部关于中华人民共和国海事局主要职责、内设机构和人员编制的通知》（交人劳发〔2012〕671号）。由于科层制缘故，在涉及机构权责方面软法有很好的执行力。因此，相关主管部门的权责分配是否合理清晰直接关系船员权益是否能有效保障。

从硬法角度来看，一是应弱化法律的部门色彩，更多地从整体的角度进行立法。弱化部门色彩并不意味着要减弱部门的权利义务。可扩大立法主体范围，多吸收学界和行业人员的比例，人大在审核时尤其要吸取管理相对方的意见。二是增加硬法的灵活性，使之少受因部门频繁调整所导致的滞后和不适应，具体可在硬法中引入软法的说明性或替代性条款，也可以通过立法解释或软法说明文件进行变通或具体化。三是结合目前我国大部制改革的趋势，采用"减法思维"来调整硬法体系，必要时可采取合并，甚至废止部分硬法的方式减少因法律僵化和冲突所带来的改革阻力。

从软法的角度出发，中央层面的文件应进一步深化海上行政管理体系改革，将执法权责与行政管理事权相分离。在执法权方面，应加强国家监督与执法职能，以海警为中心进一步整合海上执法力量，组成统一的海上执法队伍，并赋予其充分警察权。海警平时代表国家海上执法，而在战时可作为军队的重要组成部分，这既可以维护船员权益和国家利益，也可以成为国防的有益补充。在行政事权管理方面，可以在协调机制的基础上进一步整合管理部门。这些行政管理部门主要负责船员行业发展、规划、交流合作等政策，以及对行政执法指导和对接、重大事件处理应对与司法衔接等具体事务。[①] 对于涉及具体职责的软法，由于影响大且具有较强的执行力，应逐步向硬法过渡，归入行政组织类法。

3. 建立行政部门间协作机制

行政部门职责交叉缺位，行政与刑事衔接困难重重。如果放大地域范围，国家维护船员权益的能力将更加受限。例如2010年日本在"闽晋渔5179"事件中对船长及其船员实施扣押，并在3日内依据日本《渔业法》做出拘留决定，之后又提出经济赔偿。在此事件中，我国并没有进行有效的行政和司法应

---

① 邵帅.实施ISPS规则对完善我国海上行政管理体制的影响［D］.大连：大连海事大学硕士学位论文，2006：45.

对，而是通过外交部门进行交涉。我国在加强法治建设的同时，应通过国家软法机制建设理顺国家涉海管理架构，提高船员管理与服务效能，这也是国家加强海洋管控的必然选择。行政部门之间的协调及行刑之间的衔接问题不仅需要调整组织架构，克服科层制的弊端，而且还要合理设计各机构的定位和协调机制。

（1）科学设定国家涉船员部门职责边界。虽然在我国"建设海洋强国"的战略背景下，海上执法力量整合的进程已持续 6 年，但是，我国海上执法能力的建设仍需加强，海上执法的统合进程仍徘徊不前。2018 年 3 月，经过国家机构改革，我国不再保留国家海洋局，海警划归中国人民武装警察部队。目前，各项改革正积极推进中，效果有待观察。由于当前采取的是渐进式改革，还未涉及主要的海上执法力量——海事部门，包括涉及船员领域的多头管理也未得到根本改观。目前，全面深化改革步入深水区，改革不能放缓或停下，应以坚定的决心和细致的规划向深层推进。在船员领域，改革需要在彻底完成执法队伍的整合基础上，进一步推进决策权与执行权的分离。

具体而言，一是船员事务不宜过于分散，否则，不利于海事履约的开展。职权过于分散意味着行政效率的下降以及行政成本的上升。同时主管船员事务的部门级别不宜过低，否则，也会由于级别不对等而无法在工作中进行协调。可考虑成立统一的船员执法部门，建议由新成立的海警部门来承担，统一协调和调度。

二是明确未来新机构的职责及其法律依据。该机构将以警察执法权为核心，集行政执法和刑事司法权于一身，并增加现在海事部门的船员管理和海上人员救助、人社部门劳动监察等涉及船员的职能。完整的海上警察权具备维护海上运输和社会秩序；保护公民、法人或者其他组织的人身和财产安全；预防、制止、惩治海洋违法犯罪，具有鲜明的国家性、武装性、涉海性、涉外性特征。[①] 目前，海警承接了原来海监、渔政、边防等部门的职能，《公安机关海上执法工作规定》也赋予了其海上刑事侦查权。但是，该规定级别过低，只是部门规章，海警行使海上执法存在法律效力不足的硬伤。就关系部门职责的法律依据而言，无论从程序上还是从处罚措施上都存在较大差异，而且涉及法律文件繁多，包括《海关法》《渔业法》等各类法律文件 100 件左右，地方性

---

① 阎铁毅.海洋警察法定职权研究 [J].法学杂志，2012（10）：106.

法规 70 件左右。① 这给海警的执法活动带来了困难，应尽快出台专门性法律，并整合各部门相关的法律文件。

三是明确新机构的管辖范围。在我国管辖的海域内，新海警将依据《联合国海洋法公约》等国际法和国内法进行执法。对于我国与俄罗斯、朝鲜等国的界河，由于治安管理的复杂性和外事敏感性，也应纳入新的海警管辖范围。同时，对长江和黄河应划定界线，明确与陆上公安的权责。另外，还应明确执法的属人原则，对涉及中国船员人身财产等重大权益事项的案件应享有管辖权，以便在最大范围内保障我国船员权益。

四是将海事部门纳入海警。"海上交通安全管理和搜救都是海上执法不可分割的重要职责。要实现海上统一执法还需要整合中国海事的相关职能"。② 海事部门的统合是结束海上执法部门分治、统一海上执法力量的关键，这也是此次改革成败的标志。

五是实现船员领域决策权与执行权的分离。行政法学理论告诉我们，公共权力中的政治与行政属性是可以区分的，③ "决策"只是政治的代名词。④ 现代行政学的产生源于"执行"的分立，⑤ "决策—执行"是行政法学关注的核心。在西方新公共管理的变革中，提高行政执行效率是重点。在国际海洋管理中，"管理部门集中—执法权集中"和"管理部门分散—执法权集中"是两种主要模式，美国和日本是这两种模式的典型代表，⑥ 而中国船员领域的管理部门和执法权均处于分散状态，船员决策与执法相分离不仅是行政管理的内在规律，而且也是未来改革的方向，对提高海上管理效能、维护各方权益有积极作用。

（2）完善海上执法协作法律和机制。对于有可能损害船员权益的行为，例如船员、船舶在资质和配备上不符合安全要求，船员工作生活条件达不到最低

---

① 裴兆斌. 海上执法体制解读与重构［J］. 中国人民公安大学学报（社会科学版），2016（1）：137.

② 金秋，余闰智. "岁月号"沉船事故后韩国海上执法体制的新变化［J］. 中国海商法研究，2015（11）：77-85.

③ 白锐. "行政国家"解析［J］. 云南行政学院学报，2005（2）：27.

④ 刘险峰. "决策—执行"视角下的西方行政理论演变［J］. 中共乐山市委党校学报，2009（11）：88.

⑤ 刘险峰. "决策—执行"视角下的西方行政理论演变［J］. 中共乐山市委党校学报，2009（11）：88.

⑥ 美国海岸警务队、美国国家海洋委员会及美国国家海洋和大气管理局进行执行、议事、决策三个层面的海洋管理。日本没有全国统一的海洋管理职能机构，相关职权由不同部门行使，执法方面主要由海上保安厅执行。参见裴兆斌. 海上执法体制解读与重构［J］. 中国人民公安大学学报（社会科学版），2016，（1）：133.

标准等情况，联合执法和综合治理是现阶段最可行的途径，同时也是公共管理改革的发展趋势。① 当前，各国在新公共管理领域正进行"第二次改革浪潮"，改革重点从结构性侵权、机构裁减和设立单一职能机构转向发展协同政府和整体政府。② 党的十九大报告也提出，要不断推进国家治理体系和治理能力现代化。涉及船员的公共事务呈高度复杂性和跨领域的特点，这对政府提供海上服务提出了更高的要求。为从源头解决多头执法、重复执法的难题，可以通过统合海上执法队伍来实现。但是，该措施取决于国家改革进程，短时间内难以达到，所以，建立海上综合执法机制是目前最佳的现实选择。海上综合执法的主要特点为跨部门和跨区域，不仅要实现跨涉海部门协作，而且还因船舶、船员高流动性而产生的跨区域协作，甚至有可能参与国际协作，例如大的海上污染或海事调查等。

实践中，实现海上综合执法的协作现实途径有三种：联合执法、部门间案件移送和信息通报。联合执法是指由县级以上地方政府指定一个部门牵头组织，其他相关部门参与的执法活动，其特点是参加联合执法的部门在各自职责范围内依法作出行政行为。部门间案件移送是指一个行政执法部门在权责范围内发现涉及其他部门管辖的案件线索时，通过一定的流转程序将相关案件线索移送至有权部门处理。信息通报是指相关部门将掌握的案件信息通过某种途径通报给有权部门的过程。另外，还有由政府指定一个部门代行其他部门职权的情形，但由于可能导致职责混乱，在涉海管理中已很少运用。上述三种模式各有优劣，联合执法模式省去了复杂的部门间衔接流程，各部门可以最大限度地行使执法权，但也需要协调各部门抽调人员参与，并调用船舶、车辆等保障装备，协调难度和执法成本较大，所以联合执法更多适用于一些专项行动。部门间案件移送模式不需协调其他部门，而可以对日常执法中发现的案件线索随时移送。但是，由于接受移送的部门在后续处理中非常依赖移送部门所提供的证据和调查情况，证据材料的缺陷有可能导致案件无法继续推进，所以，部门间移送对移送部门的前期证据收集和调查要求比较高。同时，这也要求一定的时效性，容易因被移送部门的拒绝而无法进行。虽然情况通报程序限制较少，可以实现快速便捷的信息传达，但由于海上案件大多有较强的时效性，通报部门

---

① T. Christensen. Autonomy and Regulation Coping with Agencies in the Modern state [M]. Cheltenham: Edward Elgar, 2006: 36 - 47.
② 陈曦. 中国跨部门合作问题研究 [D]. 长春: 吉林大学博士学位论文, 2015: 6.

一般不进行证据固定和调查，易导致接受通报部门因错过时机而无法取证，进而导致案件无法后续处理。部门间执法协作的理论依据有：资源依赖理论、组织交易理论及博弈理论等。① 目前，我国的执法协作多数是通过政策、协议等软法文件予以明确的，缺乏硬法的保障和规范。其在实践中也多是以联席会议、合作框架协议、部门协商机制等名义开展活动，使得在不同地域和领域中，部门间执法协作程度呈现较大的差异。目前，海上尚未建立起发挥作用的高级别执法协调机构。良好的部门间协作取决于多种因素，包括价值理念的统合、资源利益的博弈、法律机制的保障、清晰的机构设置和职责划分、高效的信息传送或共享机制等因素。② 目前，硬法与软法在部门协作这一问题上并不平衡，硬法基本空白，更多依靠软法手段。未来，硬法应在部门协作中发挥更大作用。法治中国的战略构想要求公权力在公共治理方面要有法律依据，完善部门间执法协作同样需要法律基础。

首先，科学设置部门及各部门间职责。大多数的部门协作问题体现为部门间职责模糊而导致的相互推诿。对此，应继续大力推进海上执法部门的整合，减少案件在部门间传递的次数和过程。

其次，对于确需部门间协作的事项，应借鉴现有软法的经验做法，适时通过硬法将其固化。有学者提出，应制定《政府部门间关系法》，对政府部门协作予以法律规定。③ 区域合作还可以出台《区域合作规定》等相关法律法规，④通过立法明确协作机制、参与协作部门的职责、协作程序和步骤等事项。

再次，统一行政执法的标准以及移送标准。例如在行政处罚方面，海事部门的《海事行政处罚规定》、海关的《海关行政处罚实施条例》、山东省的《山东省行政程序规定》等，这些法律规范在证据标准、流转程序、对接要求等方面都存在差异。中国海事局《海事管理机构移送违法案件程序规定》只对海事系统的内部移送进行了规定，没有涉及其他行政部门。因此，制定普遍适用的通用规则非常必要。

最后，信息质量和流转顺畅是开展协作的关键。虽然国家出台了相关的软法文件，例如 2011 年《国家电子政务"十二五"规划》提出，要通过加强电

① 杰弗里·菲佛，杰勒尔德·R.萨兰基克.组织的外部控制 [M].闫蕊，译，北京：东方出版社，2006：15.
② 张天萌.政府部门间协作机制建构研究 [J].管理观察，2016（29）：90.
③ 陶希东.跨界治理：中国社会公共治理的战略选择 [J].学术月刊，2011（8）：29.
④ 陈曦.中国跨部门合作问题研究 [D].长春：吉林大学博士学位论文，2015：135.

子政务统筹规划和顶层设计，力图解决部门间的"信息孤岛"问题，但是，这个精神并没有得到有效落实，甚至在一个部门内部的信息共享都很困难。例如，海事部门有船员、船舶管理、公司管理等软件系统，由于互不关联而难以实现数据共享。再如，在公安系统内，户籍信息系统与身份证系统也存在隔阂，导致相对人的身份认证无法实现跨系统共享。法治政府的建设需要通过大数据和网络实现高效和便捷运行，而其中的数据共享是必须要打通的环节。对此，可通过立法予以要求。部门间协作更多体现为协商共治，这也决定了协作机制的建设更依赖于软法层面的引导与规范。

第一，需要软法在职能整合方面发挥作用。通过科学编制部门架构，明确部门的职责边界，减少协调的环节与繁杂程序，以促进我国船员管理效能的提高。考虑各部门职责时需着眼于纵向与横向两个层面，[①] 纵向主要体现为权威主导的等级制，包括高层次的协调机构。例如，2013 年成立的国家海洋委员会需在国家层面整合执法资源，进一步推动跨部门协作。而横向方面则主要通过跨部门联席会议、协作备忘录等形式开展，且应以部际及中央部门与地方间的协作机制为主，这样才更有推广和示范意义。纵向与横向的渠道打通是进行部门间协作的前提，可以先明确合作的方式和信息的流转，通过预案形成共识。从发达国家的经验看，例如《美国国家海洋与大气管理局与美国海岸警卫队战略合作协议》在实践中提高了行动的准确性和行动效率，增强了各方凝聚力，对落实协同行动具有促进作用。[②]

第二，在推进部门协作的途径选择上，应根据不同情况统筹考虑。在一般情况下，信息通报是优先使用的，信息第一时间的传递是后续处理的前提。当前，部门间信息通报存在程序随意、通报结果无法实现闭环反馈等问题。随着国家电子政务建设的推进，这个问题有望得到解决。借鉴美国"一站式政府"的成功经验，电子政务发挥了至关重要的作用，从某种程度上说，跨部门协作本身就是以"一站式"形式呈现出的服务模式。[③] 通过建设信息通报网络平台，将实现通报标准的统一和通报过程及结果的公开与监督。在各相关部门保

---

① 周志忍，蒋敏娟. 中国政府跨部门协同机制探析——一个叙事与诊断框架 [J]. 公共行政评论，2013 (1)：94 - 97.
② 姜佳莹. 跨部门协同的困境及其破解——基于美国海事机构协同机制的研究 [J]. 中共浙江省委党校学报，2017 (1)：114.
③ Wimmer M. A. Integrated Service Modelling for Online One-stop Government [J]. Electronic Markets，2002 (3)：149 - 155.

持沟通的前提下，可由最先介入的执法部门按照通用程序和标准对案件线索和证据进行收集固定，开展初步调查，例如，由海事部门独立开展的海事调查或行政处罚调查等。然后，将相关材料移送有管辖的部门，完成部门间案件移送。涉海部门还可以依据预案定期或不定期以专项行动的形式进行海上联合执法，对发现的违法行为根据各自职责分别处理。

第三，建立相应的监督机制。在跨部门协作中，建立有效的监督问责和激励机制有助于在协作方向与目标出现偏差时及时纠正。监督机制的设计应从两个维度展开：一是自上而下，由更高级别的机构或政府专门部门对部门间协作进行监督和绩效评估。目前，国家监察体系的建立为涉海部门间协作的高级别监督提供了可能性，涉海部门的协作有必要纳入国家监察范围，具体由国家监察委承担。二是自下而上，加大社会监督力度是促进跨部门协作的基础性措施。[①] 作为政府工作的一部分，需要加强政务公开的水平和范围，尤其是在部门权力决策和运行环节，只要不涉及机密和他人隐私都应公开。应建立社会监督体系，一方面，需要从制度层面作出安排，为船员群体参与政策决策提供渠道和手段；另一方面，相对人的意见应体现到政府部门的绩效评估中，通过在绩效评估中增加社会满意度、社会投诉率等指标体现民众监督和意见。

4. 完善行刑衔接机制

（1）明确行刑衔接的案件类型。涉海行政和刑事衔接在表现上是行政部门与司法部门的协作，但由于二者无论在目的、手段还是程序等方面存在较大差异，且船员群体相对封闭，船员工作的船上空间有限，所以，涉及船员的刑事犯罪更具有隐蔽性和后果严重性等特点，对个别犯罪船员的打击恰恰是为了保障大多数船员的整体权益。

从是否涉及行刑衔接的角度来看，涉海刑事犯罪主要分为两类：一是基本不涉及行刑衔接的案件，主要包括传统类型犯罪和职务犯罪等。传统类型犯罪是司法专属领域，不存在行刑对接的问题。在职务犯罪方面，例如海事部门疏于监管致使船舶在航行中存在重大安全隐患，进而导致事故的情况。对于这类案件，上级部门或检察机关会主动介入，不存在行刑对接。二是行政部门在查处行政违法案件时发现违反刑法的行为。学术界称这类犯罪为"行政犯"，也

[①]　张翔. 中国政府部门间协调机制研究［D］. 天津：南开大学博士学位论文，2013：267.

是行刑衔接需要考虑的。此类犯罪本质上属于法定犯，社会危害缺少直观性和广泛性。① 现实中，海事部门接触到此类犯罪的种类较多，笔者将其为分两类：① 不具有水上特殊性的犯罪，例如伪造证件和私刻印章犯罪、破坏交通设施犯罪等，由于其与陆上犯罪并无显著不同而容易移送成功。2014 年，烟台海事局以私刻行政执法机关印章为由，成功将"炜伦 19 号"上涉案船员移送烟台港公安局处理。② 需要特殊考虑的案件。水上交通事故类的案件本书前文已经论述，下文将重点研讨安全生产类犯罪。

目前，虽然我国尚无安全生产类违法的分类，但随着国家安全生产法律体系的完善，有必要将这类案件进行单独区分。与海上交通事故多由于过失或意外不同，这类违法案件的人为主观因素较为突出，主要体现为生产单位违反相关规定。例如，不按配员要求配备船员、招募不合格船员任职、不配备符合适航要求的船舶或设备等情况而导致船舶或设备发生安全事故，等等。航运生产的真正受益者并不是船员，而是参与航运的有关企业，所以，对这些企业应该加强法律规制，促使其履行应尽之义务。此外，这案件的移送困难还源于海事部门的观念。海事部门普遍不赞同将安全生产法律纳入海事领域，理由是安全生产法对安全监管部门有较多的监管要求和责任制约，如果在海事领域引入安全生产法也将意味着安全生产部门对海事部门有了监督权力，将会增加海事监管的责任风险。其他类型的犯罪，例如，利用船员身份进行偷渡出境的犯罪，其多集中于少数群体，这不仅给相关航运公司带来管理困扰，而且也损害了国境管理秩序。

（2）完善机制建设。第一，对于海上交通事故案件，在移送过程中，海事行政调查程序、证据标准和时限要求与刑事司法机关的要求存在较大差异。如果司法权力能够提前介入则会有助于行刑衔接的进行，建议通过国家海上执法机构改革统合相关部门职责，这样不仅可以使调查主体一致，避免部门间认定标准不统一，而且也解决了向哪个公安部门移送的困惑。

第二，对于海上安全的生产违法案件，建议纳入刑法范畴。明确航运生产企业是安全生产监督的主要对象，督促其在安全生产方面履行义务，同时设立具有海上安全生产特点的刑法罪名。例如，目前我国沿海地区存在养殖筏架侵占航道锚地的情况，甚至故意在航行密集区布设大量空筏架，向船舶索要赔

---

① 王慧. 海事行政违法涉罪案件移送的困境与出路 [J]. 法治研究，2017 (4)：123.

偿。这种恶意的碍航养殖的行为，损害的不止航运公司和船员的经济利益，更给安全航行带来了隐患，应设立相应罪名和成罪标准，对这种行为进行打击。目前，海事部门对陆上公司的管理也缺少制约，如果引入生产部门加强对相关企业的监督，实施配套行刑衔接机制也可以有效预防企业由于主观过错或过失造成对船员权益的损害。

第三，杜绝行政部门在经济利益方面的考虑。应明确罚款的收支两条线，取消罚没返还制度，同时根据案件的复杂程度设置一定的办案经费补偿。此外，还应逐步剥离行政部门的调解职能，将调解引导至专门调解机构进行或经司法途径解决，这样可以预防由于过多涉及经济利益而产生的腐败风险。对无人或不愿承担污染清除义务的，除设置相应刑罚之外，还应通过油污清除基金进行前期支付并简化基金使用申请程序，通过司法途径追偿。只有消除行政部门在经济上的顾虑，才能调动行政机关移送此类犯罪的积极性。

第四，开展海事行政与司法部门的协商机制建设。现阶段，由于涉船员案件在海事和公安两部门之间移送困难，而且行政案件和刑事案件在立案标准、证据、程序、时限等方面差距较大，无法修补、弥合差异。可行的方式是，通过交通运输部和公安部进行部际的协商来达成软法层面的共识，促使双方能在移送程序、标准和时限上做出妥善安排，以此应对在立法层面无法及时有效解决行刑衔接的情况。

第五，加强海事外部监督。一是加强体制监督，根据我国《监察法》，国家监察委员会涵盖了包括行政监督在内的监督职能。同时，检察机关根据《刑事诉讼法》对公安机关不及时立案有监督权，但在移送开始到公安机关立案之前的行为是行政行为还是司法行为并未明确。虽然《行政执法机关移送涉嫌犯罪案件的规定》中规定，人民检察院对行政执法机关不及时移送具有监督权，但是根据《立法法》第8条的规定，人民检察院的产生、组织和职权等事项只能制定法律。目前，法律已经取消了检察机关可以对行政机关或其工作人员是否遵守法律履行职责行使检察权的规定，[1] 一些学者也对当前人民检察院针对行政执法机关不移送涉嫌犯罪案件的监督权的合法性持怀疑态度。[2] 所以，仍需要从法律层面对公安机关立案前的移送行为的性质予以确认。如果界定不属

---

[1] 《人民检察院组织法》取消了1954年《人民检察院组织法》所规定的"国家机关工作人员和公民是否遵守法律，行使检察权。"

[2] 练育强.行政执法与刑事司法衔接制度重构之理论基础［J］.学术月刊，2015（11）：88.

于刑事司法范畴，应由新成立的监察委来实施监督。如果认为立案前的移送是刑事司法不可分割的一部分，也可通过法律授权由检察机关来实施监督。笔者认为，由监察委对行政机关不移送和检察机关对公安机关不立案分别进行督察，可以更好实现相关制约，职责也更加明确清晰。同时，应加强外部监督，主要包括社会监督和人大监督。对一些案件要通过信息公开，让社会知晓，通过舆论、公众意见反映、媒体等手段促使案件获得深入彻底地处理，而非止步于以罚代刑。

第六，立法层面的完善。海上行刑衔接的目的是为了将刑法引入海上领域，所规制的主要是与海上交通运输和生产相关的自然人和法人，其中包括个别犯罪船员。目前，学界对刑法引入海上领域的做法仍存在不同意见。例如有学者认为，虽然船员职业具有特殊性，存在自然风险，但这只能作为追究船员法律责任的参考因素，而不能成为免除其刑事责任的理由。[1] 本人赞同将刑事制裁引入海上领域，不只是因为随着科学技术发展，海上风险较之以前已明显减轻，还因为结合目前中国船员的整体职业素养不高，缺乏责任感的现状，有必要通过刑法的强制和教育作用来增强船员的责任心和整体素质。

另外，个别违法船员作为刑罚承担主体，对其合法权益的考虑除了降低入罪门槛等措施外，还应避免出现行政与刑事双罚情况。目前，海事实践中很少考虑行政刑事双罚的问题。尤其在财产罚方面，均规定先予以行政处罚后再移送，导致对船员两次的财产罚情况发生。《行政处罚法》第 28 条确立了行政处罚与刑罚折抵的原则，2017 年颁布的《海事管理机构移送违法案件程序规定》第 25 条也包含了对移送案件不先行处罚的要求。[2] 但是，由于规定并不明确，落实的结果也不理想。为实现行刑相抵的目的，还应确定"刑事优先"的原则，即在对行政犯罪进行处罚时，应当优先追究其刑事责任。[3]

（二）行政公权力行使中船员的便利化

长期以来，行政权力在行使过程中的便利化问题并没有得到足够重视，导致出现了例如要求船员重复提供证明、多次跑腿、不当滞留、耗费相对人大量

---

[1] 赵微.水上交通犯罪的理论与实务 [M].哈尔滨：黑龙江大学出版社，2012：95.
[2] 海事管理机构对公安决定不予立案的案件，依照有关法律法规或者规章的规定应当给予行政处罚的，应当依法实施行政处罚。
[3] 陈兴良.论行政处罚与刑罚处罚的关系 [J].中国法学，1992（4）：5.

时间精力，甚至造成行政诉求无法达成的情况。近年来，根据建设服务型政府的要求，国家开始关注行政便利化的问题。这场从营商环境领域发端的行政便利化改革已经扩展到大多数的政府行政行为之中，① 中央将此次改革定位为"放管服"改革。② 近年来，中国海事局取消了一些行政许可。例如，2016 年《海上交通安全法》重新修订，取消了船舶进出港的审批，自由航行权的回归带给船员们极大便利。2016 年海事局宣布，海船船员可在网上申请部分证书。可见，行政便利化有些是通过硬法来实现的，例如通过修改法律法规取消行政许可；有些则是通过软法性质的通知通告，例如宣布承诺服务举措、缩短办理时限、免交纸质材料。随着各种行政便利化措施的实行，行政相对人的便利感受也在不断提升。

1. 行政便利化问题的表现

（1）海事行政许可方面。除了各海事部门裁量标准不统一造成的问题外，还有如下问题：一是目前有部分业务可以在网上办理，但存在重复跑腿情况。当事人在网上办理后，仍需要到现场提供纸质材料或确认。二是政务公开不充分。由于船员业务涉培训、发证、晋升等多环节，相关要求较为复杂，变化也非常频繁，信息获得渠道不明晰，公布的要求也不明确。三是业务办理流程复杂。对于办理船员资质证书类的简单业务，海事局内部设计为三级审批，再加上受理和制证，共需要五道环节，超过时限要求的情况经常发生，影响了船员按期上船工作。四是没有实现全部联网办理。船员培训的部分业务仍需到原船员注册地办理，与船员工作流动强的特点不匹配，额外增加了船员不少负担。

（2）海事行政处罚方面。一是程序设计缺乏对相对人利益的考虑。以调查为名实行不当留滞的情况较为普遍，主要是通过收取船舶、船员证书为手段，导致船舶无法开航。留滞船舶相当于变相留滞其上的船员。虽然为处罚需要开展调查理所当然，但应保障船舶自由航行的权力，把握合理的限度。二是没有实现罚纠结合。《行政处罚法》第 5 条明确规定，处罚的最终目的是为了教育相关当事人能自觉守法。由于法律对违法行为如何纠正并非硬性要求，所以，

① 营商环境客观反映企业从申请、开办、营业、扩大、运营、贸易、破产等全过程中的政务环境，是一个国家经济社会发展环境的集中体现与真实反映。参见李军鹏. 十九大后深化放管服改革的目标、任务与对策 ［J］. 行政论坛，2018（2）：11.
② "放"，即简政放权、降低准入门槛；"管"，即公正监管、促进公平竞争；"服"，即高效服务、营造便利环境。

海事部门在纠正违法行为时多是止于处罚，导致部分当事人把接受处罚作为其违法行为的一种"对价"，更加有恃无恐。① 三是海事处罚信息没有实现系统联网，无法实现甲地处罚、乙地交纳罚款，导致一地海事部门在进行处罚时，如果没有收到罚款，海事部门就无法对船舶或责任人放行，而处罚调查时间又存在不确定性，有可能影响船舶正常营运。四是目前罚款还不能实现网上办理，交纳银行也需要指定，甚至只能到某一具体的银行营业部办理，而船舶所停靠港口附近大多没有银行，这无形又增加了船舶和船员的负担。

（3）行政强制方面。目前，行政强制的法律依据不足，强制措施实施较随意。虽然海事在实施港口国监督（PSC）检查中涉及的船舶滞留符合行政强制的特征，但海事部门并没有将其归为行政强制，结果导致海事部门在行使这些措施时由于缺少约束而较为随意，行政相对人难以获得法律救济，船上的船员由于滞留被限制自由。对于国内船舶，根据海事局公布的权责清单，行政强制措施包括依据《内河安全条例》对内河船舶采取的暂扣、拆卸动力装置、强制卸载；依据《海上交通安全法》对沉船沉物强制打捞；依据《海洋环境保护法》强制清污；依据《危险化学品安全管理条例》扣押违法运输危险化学品及运输工具；依据《安全生产法》查封、扣押不符合国家标准或行业标准的设施、设备、器材；等等。但是，对于我国沿海船舶在交通运输过程中存在的违法行为，例如超载、超航区航行等除了进行处罚外，海事部门并没有权力实施强制措施。

2. 海事行政便利化建议

不便利的海事行政行为不仅增加了成本，而且还有可能对安全造成影响，其中既有硬法规定的不足，也有在实施过程中软法补充不到位的原因，解决的方法同样应从软硬两方面入手。

（1）简化海事行政许可手续与项目。针对船员特殊培训、服务簿等许可并非直接关系国计民生和重大公共安全利益，宜简化审批流程，不应设定三级甚至更多审批的流程，否则不仅浪费行政资源，而且也将造成相对人长时间等待。应进一步落实减少行政许可的改革要求，及时废除法律法规中与时代要求不相适应的许可审批项目。从关注事前的许可审批向重视事中的检查纠正以及事后采用处罚等手段转变，以便减少运行成本。

---

① 邵帅.关于对海事行政处罚执行过程上若干问题的思考 [J].争议解决，2018（4）：22.

（2）规范行政处罚和行政强制等行为。处罚与强制对相对人有重大利益影响，应明确海事处罚和海事调查等过程中需要对船舶实施留置的手段和时间，并将 PSC 制度中的滞留纳入行政强制范畴，避免在公布的"权力清单"之外再有权力的情况。此外，还应明确海事部门在行政处罚中对违法行为进行纠正的强制性要求，从行政层面解决海上安全隐患。增加行政强制的法律依据，赋予海事部门在涉及公共利益和公共安全方面更多的执法手段。

（3）通过改进内部工作机制改善相对人体验。通过软法方式对内优化工作标准流程，对外公布服务便利措施和材料清单等。通过细化工作流程，减少不必要的内部流转，提高行政效率。公布行政办理的材料清单，包括行政许可需提交的材料和行政处罚要求的材料。凡本部门出具的证书材料，在没有明显怀疑的情况下，不应再要求相对人提交。此外，还应充分利用现代化信息手段改善服务，例如，行政处罚可以采用手机网上缴费，通过系统联网使海事业务在海事相关部门中办理。海事处罚也可以甲地调查，在乙地进行处理，目的是不影响船舶正常开航。

（4）不额外增加船员履约工作负担。将公约要求转嫁为船员的工作时，不应干扰船员的正常工作。目前，船员记录各种表单的工作量较大。笔者提出如下建议：一是能通过信息系统形成的信息就不必要求填写纸质表单。因为各类表单中的大部分信息，例如船舶基本资料等都是重复的，通过信息系统可实现数据间的关联，无需人工重复填写表单。二是海事部门在设计工作记录表单时应尽量实现整合，通过减少表单种类以减轻船员负担。目前，山东海事局开展的船舶登记三证合一（国籍证书、所有权登记证书和最低配员证书）改革就是减轻船员负担的有益尝试。三是应规范表单设定原则。表单记录问题表面上看是小事，但很多情况下会导致严重的海上交通事故。对此，应从软法角度规范行政部门的随意性要求，减少与航行联系不紧密的重复工作，避免分散船员工作注意力，增加航行作业安全风险。

（三）船员权益的司法领域软法保障

为便于论述，本书将司法作为执法的子概念理解，即取执法的广义概念。[①] 自

---

① 广义的执法是指国家行政机关、司法机关、法律授权和委托的组织及其公职人员，依照法定职权和程序贯彻实施法律的活动。参见张文显.法理学［M］.北京：高等教育出版社，1999：295.

2009 年以来我国开展了以"司法能动"为主旨的司法改革，为软法腾出了空间。司法能动主义源于美国，主要特点有：法官不致力于探求立法意图，而倾向于弱化遵循先例的原则和减少程序上的限制，并更多地依赖于自己的判断，主张广泛的司法救济等。在中国，随着社会转型，诉讼大量增加，诉讼率已成为对地方政府部门政绩考核和"维稳"的重要指标。为了"息诉"，① 司法学界借用了美国"司法能动"概念并将之改造，主要内容为：一是提倡主动为社会服务，例如，法官提前介入纠纷，为政府出谋划策。二是鼓励法官兼职，例如兼任"村长"等非营利性社会职务。就我国而言，随着 2017 年《法官法》和 2018 年《公务员法》的修订，法官兼职受到限制，兼职情况基本停止。三是在裁判标准上提倡弹性司法，以回应社会要求。② 司法能动改革的推进伴随着巨大争议，即司法被动性原则与司法能动之间的矛盾如何解决。

软法的引入为解决矛盾提供了思路，司法领域具有典型软法性质的是司法建议书，司法建议书有法定和现实这两个层面含义。法定概念体现在《民事诉讼法》和《行政诉讼法》中，③ 主要是为法院审判、执行、调查取证等职能得以顺利履行的保障机制。而其现实含义则对案件中某些不适合直接作出裁判的事项以建议的方式提请有关责任单位或部门注意，并自行解决的意见。④ 具备现实含义的司法建议书占绝大多数，接受建议的主体有企业、行政部门等，内容涉及也较为广泛，包括经济社会发展中的重大问题、相关行业或部门工作中的普遍问题、相关单位规章制度、工作漏洞或风险、劳动者权益保护等。司法建议的功能已经从"诉讼保障"转向了"社会治理"，这也意味着人民法院角色需要重新定位。

另外，检察机关也会以建议书的形式提出检察建议，主要有两类：一类是对警察机关、法院等违法行为行使的，属于诉讼监督权中的一项具体权能；⑤ 另一类是针对企业、行政机关和社会团体组织内部的管理和服务等活动，对存

① 周永坤.有关司法改革方向的几个司法理念与实践问题 [J].政治与法律，2017（1）：6.
② 公丕祥.做到"四个坚持"，妥善处理个案 [N].人民法院报，2009 - 06 - 03（5）.
③ 《行政诉讼法》第 66 条："人民法院对被告经传票传唤无正当理由拒不到庭，或者未经法庭许可中途退庭的，可以将被告拒不到庭或者中途退庭的情况予以公告，并可以向监察机关或者被告的上一级行政机关提出依法给予其主要负责人或者直接责任人员处分的司法建议。"第 96 条规定："行政机关拒绝履行判决、裁定、调解书的，第一审人民法院可以采取下列措施：……（四）向监察机关或者该行政机关的上一级行政机关提出司法建议。"
④ 谭兵.论人民法院的司法建议权 [J].现代法学，1986（1）：44.
⑤ 邓思清.检察权研究 [M].北京：北京大学出版社，2007：381.

在犯罪隐患的情况提出的建议。例如，日照市人民检察院对日照海事局的检察建议书（日检公诉建〔2018〕2号）提出建议："一、对决定不予刑事起诉的人员给予政纪处分；二、排查监管漏洞，严把船舶适航、船员适任关；三、加强对游艇公司监管，全面落实游艇公司的安全生产主体责任。"

司法是解决船员纠纷的终极手段。实践中，司法机关除了调解外，越来越倾向于采用建议等具有软法特点的方式和手段解决纠纷，这也反映了司法机关更加注重司法活动的社会效果。司法建议构筑起法院与社会之间的通道，通过与社会互动，法院不再处于居高临下的地位并将持续地嵌入我们的社会生活。① 虽然承担更多的社会功能会带来对司法属性的争议，但也有积极意义，一方面，司法活动由国家司法权主导，在传统的硬法领域能够注重和借鉴软法因素，这本身就是一种进步；另一方面，能够在纠纷解决和权益保障过程中，多一些对船员群体的弹性手段也是有利的。

二、国家和社会需共同推进船员信用和标准等领域建设

（一）船员信用领域建设

当前，中国船员信用普遍缺失，部分航运企业和中介服务公司契约意识淡薄，侵犯船员权益的情况时有发生。因此，推进涉船员领域的诚信建设尤为重要，这对促进船员乃至整个航运业稳健发展具有重要意义。

1. 促进全国性船员社会组织成长

对于社会领域的信用建设，通过社会软法进行规制更为合适，但前提是要有适格主体。鉴于中国工会组织兼具国家公权力和社会公权力的双重身份，其严格的科层化结构难以应对船员社会的复杂变化。理想的信用管理适格主体应是站在船员角度的第三方组织，而目前尚没有全国范围较为成熟的类似组织。因此，在国家层面，应进一步放松对社会组织成立和运营的管制，取消社会团体必须与主管部门绑定的要求，创造宽松的环境，培养壮大社会组织的力量，同时应给予必要的资源和立法支持，通过社会组织有效地

① 黄茂钦，尹亚军.司法建议：法院的公共治理之道［J］.辽宁师范大学学报（社会科学版），2018（3）：50.

实施软法管理，促成船员群体自治自律的实现。只有成熟的船员社会组织才能在与船东和主管部门沟通中为船员争取更大的利益。推动成立全国性的船员服务中介机构行业协会，促进行业自律。而对于现有的船东协会，应增加其会员的多样性，吸收自有船员较多的私营公司，所关注的领域应更偏向于改善船员的权益等。

2. 发挥各类主体在推进船员信用建设的协作

船员信用管理的建设需要对相关主体进行动态、持续、合法的信息采集，通过公正合理的评估，形成主体的信用记录和评价，最终形成信用报告或信用等级，为有利害关系的第三方提供决策参考依据。有关国家机构和社会组织还须通过软法与硬法规定相应的奖罚措施，引导行业的良性发展。这里需要采用专业的信息采集和统计手段及大数据技术，各类公权力主体都应在其中发挥作用，通过协作形成合力。

（1）国家公权力主体。目前，信用管理由新组建的国家市场监督管理总局负责。在船员领域中，虽然没有明确信用职责的归属，但由海事部门作为主管部门是合适的。海事部门可以在以下方面发挥作用：负责相关主体违信行为的行政惩处、对严重违法违信行为的公司和船舶实施黑名单制、对船员开展违法违信记分，[1] 根据相关主体的信用水平作出职业限制决定和其他行政措施、对信用建设提供立法支持以及相关资源的投入、建立信用管理信息平台并对外提供相关查询服务等。另外，在船员信用管理信息系统的建设上，需要资金和技术的进一步投入，也要整合相关行业的数据信息。其公共属性决定了系统必须由国家投资，并由有关管理部门牵头组建，如此可使维护和管理更具权威性和公平性。

除了硬件和软件的投入，信用数据指标体系也应以国家公权力主体主导，主要分两部分：① 信用评价对象基本信息。例如，船员身份信息、联系方式、教育背景、资质情况、工作及健康等；对于企业而言，还要包括公司业务范围、法人代表及主要股东等。② 信用信息。包括受到行政处罚或奖励情况、受到司法处理情况、发生海上交通事故或参与救助情况、从业公司或雇员涉及的欺诈、职业评定或对公司的民意调查等。在这个体系中，每个公司、船员既

---

① 中国海事局于 2015 年发布《中华人民共和国船员违法记分办法》。

是信用信息的提供者，也是被评价者。在此基础上，该系统还可以扩大到货物所有人、货运代理人、清污单位等相关主体，并可在成熟时加入国家统一信用管理平台，真正形成社会各主体的信用"身份证"。

（2）社会公权力主体。在倡导建立共建共治共享的社会治理格局、持续推进简政放权的背景下，以全国性行业协会为主导，其他相关社会组织共同参与的社会自律自治模式是未来的发展趋势。待社会组织逐步成熟，信用管理的模式也将从政府主管部门主导逐渐转为由社会组织主导，社会组织将在信用管理方面发挥核心作用。社会组织通过建立信用管理制度类软法，例如信用记录采集和维护规范、信用查询和使用规则等实现了规范化信用管理。全国性行业协会的优势在于对船员等主体的信用采集是连续及统一的，可以有效避免因船员频繁流动带来的记录重复和空白的弊端。相关信息可以在成员内共享，并有助于在行业领域内对信用问题形成一致行动，将保障信用的奖惩措施在最大范围内取得效果。

（3）船员及用人单位。用人单位、服务中介机构等机构了解所雇船员的职业信用情况，而船员也最了解工作过的公司和中介机构的信用。信用管理离不开雇主单位和服务中介机构的具体实施与配合，需要构建这些主体参与船员的信用信息采集、遵守行业协会的信用管理制度等。船员也可以将其掌握的雇主和服务中介机构的信用情况提供给行业协会。企业或个体在考虑选择合作或聘用对象时，可根据权威的信用评价做出最有利于自己的判断。

3. 信用信息的规范管理

合理利用信用信息可以降低社会的运行成本，促进和谐社会的形成和发展。反之，如果信用信息被滥用也有可能造成对隐私权或其他权益的侵犯和损害。海事部门和有关社会组织应通过软法和硬法进行双重规制，明确信用信息的公开范围、方式以及用途等，有关敏感信息应采用依申请公开的原则，通过对申请人进行利害关系的核实来防止信息被滥用。

同时还应完善激励诚信，惩戒失信的制度。目前，国家公权力部门倾向于采用黑名单和白名单制度。例如，海事部门每年会评选安全诚信船长，并给予免除一定期限的船舶安全检查和优先进港等优待。就黑名单而言，海事部门早在 2001 年就参照国际通行做法，确定并公布了首批重点跟踪船舶"黑名单"，对此类船舶实行到港必查的负面待遇。社会组织则更多地从行业指导、从业限制等角度发挥作用。无论是国家公权力机关还是社会组织都可在信用管理上发挥重要作用，同步建立健全"激励诚信，惩戒失信"的管理制度和措施。长期来看，随着社会整体信用水平的提升，国家公权力将更多让位于社会公权力，国家应提前做好规划，充分发挥社会软法的作用。

（二）完善海上标准体系建设

1. 加强标准化的软法研究

标准化偏重于软法范畴，借助在标准领域的深入研究不仅可以让人们更好地理解软法，而且重要的是将标准纳入法规范的范畴，摆脱模糊地位，明确标准的法律属性。在实践中，标准的发展有着充分的积极意义，同时也有利于明确政府部门及社会各主体在标准化工作中的职能分工。涉及船舶安全、生活条件和公司管理等方面的标准对船员权益关系重大，故有必要通过法规范进行规制，标准与软法的结合将会对船员权益的保障产生积极意义。

2. 扩大社会主体在标准化活动中的自主权

没有社会组织、企业和公众的积极参与将导致出台标准与市场和社会实际相脱节，产生滞后、操作性差、冲突与空白等问题。新《标准化法》增设了"团体标准"类别，体现出标准化工作需要更多依靠社会力量参与的趋势。然而，当前我国船员领域社会组织的发展尚不成熟，制约了标准的发展。若能形成影响力较大的船员团体，则通过标准的手段维护船员权益将会是维权的新渠道。

3. 扩大标准适用范围

目前，标准对于保障船员权益的覆盖面仍有不足，对于高技术产业领域的标准供给有较大缺口。[①] 就船员而言，因沿海和内河航行的船舶不强制按照较高标准建造，所以船舶的安全状况和生活条件令人担忧。在公司管理上，由于大部分中小船公司并未采用质量管理体系，故体系标准中涉及工作和生活安全及舒适等方面的标准无法全面覆盖，这无疑消解了体系的保障作用。对船员的

---

① 孙会娟. 标准化水平对中国高技术产业国际竞争优势变动的影响研究 [D]. 镇江：江苏大学硕士学位论文，2017：37.

全面保障需要扩大包括标准领域、适用主体等方面的范围。

4. 建立对标准第三方审查与争议解决机制

由于标准制定的不合理，有可能在实施过程中对相关主体造成不当损害，故应建立第三方的审查机制，为争议提供客观公正的参考意见，并设定救济渠道和措施。标准制定的问题应及时修订，若是在标准认证等具体行为中造成的损害则应纳入现有的纠纷解决渠道予以解决。

三、理清不合时宜的居间关系

目前，在海上与船员相关的具有居间因素的法律关系较为复杂。主要存在两种委托代理制度：一是航运公司对船舶的安全管理事项进行委托；二是对船舶的经营管理事项进行委托，分为对国内船舶管理和对国际船舶管理。由于国内船舶的管理问题较为突出，本书将重点讨论。安全管理和经营管理所对应的主管部门分别为海事部门和地方港航部门，海事部门负责安全和防污染资质证书的核发，港航部门主要从运营资质的角度进行经营许可证核发管理。船舶安全管理委托制度主要依据包括交通部 2008 年颁布的《中华人民共和国航运公司安全与防污染管理规定》第 14 条："船舶所有人、经营人、光船承租人可以将其所属船舶的安全与防污染管理委托其他航运公司"，以及《国内水路运输辅助业管理规定》第 2 条："本规定所称水路运输辅助业务，包括船舶管理、船舶代理、水路旅客运输代理、水路货物运输代理等水路运输辅助性业务经营活动"等。而经营管理委托主要依据一般的民事法律，只在《国内水路运输管理规定》第 18 条规定："发生下列情况后，水路运输经营者应当在 15 个工作日内以书面形式向原许可机关备案……（六）委托的船舶管理企业发生变更或者委托管理协议发生变化"，这里的船舶管理企业并未明确是安全管理还是经营管理上的委托企业。我国主管部门均通过许可制度对船舶的安全和经营进行管理，具有较高的准入门槛，[①] 许多国内小公司无法达到标准。还有一些附加的限制，例如我国规定个体运输不得涉足沿海运输，所以，一些个体船主只能通过委托管理公司来满足营运要求。

---

① 主要条件包括专业人员数量、场地、从事沿海运输自有船舶总吨要达到 5 000 吨以上。

　　委托制度设定的本意是充分发挥管理公司的经验和管理优势，降低企业管理成本，同时也促进公司整合，向做大做强的方向发展。但在实践中，委托制度表现出了诸多弊端，甚至已经阻碍了市场健康发展，其主要表现为委托管理有名无实或管理不到位、"托而不管或托而不能管"现象严重，具体可分三种情况：一是管理公司只负责提供资质，实际上并不参与安全管理或经营管理。二是在管理公司开展管理业务时，由于船东公司的介入而导致不能管。三是管理公司管理水平低，满足不了约定或主管部门要求的管理标准。造成这些现象的背后原因较为复杂，主要的原因是公司管理与实际经营权、所有权分离。在诚信建设尚不完善的情况下，对经济因素的考虑是第一位的。有些小规模船公司只是通过"合伙""挂靠"等方式变相达到经营条件，而并不真正打算把船舶或经营的管理交给第三方负责。同时，市场上的管理公司数量众多，竞争激烈，为了赚取管理费，竞相压低费用。3 000 吨左右的船舶管理费用从 2015 年 20 万元左右降至目前的 5 万元，已经无法支撑正常的管理开支，这也导致了一些管理公司只赚管理费而不真正进行管理，最终使委托管理制度不仅没有达到提高船舶安全的运营水平、保障船员权益的目的，而且还造成了市场扭曲，增加了整个行业的成本和负担。

　　虽然国际航行的船舶代理相对规范，但也存在一些问题。我国《海运条例》第 26 条规定了国际船舶代理制度、国际船舶代理、船舶代理和船公司货物代理、负责代表船东处理船舶靠港手续办理和货物揽收等业务。现实中，由于船员与海事等口岸部门接触较少，个别代理人员以与主管部门熟悉可以放松安全检查等理由向船员"吃拿卡要"，甚至刁难船方，侵害船公司和船员的权益。2017 年山东海事局接到的此类投诉举报就有 7 起。另外，由于集装箱货物可能经多级代理转手，导致船方或主管部门对装船货物信息不清楚，甚至有些货物代理故意在申报时隐瞒危险货物属性，使船方在货物装船积载隔离时无法进行有针对性的处理，给船舶的航行安全和船员人身安全造成隐患。2017 年山东海事局在处理涉及"货代"瞒报危险化学品的处罚就有 23 起。

　　不规范或非法的船员外派服务机构的存在不仅给船员劳动和劳务关系造成混乱，而且还使侵犯船员的行为无法找到责任方。纵观整个船员招募市场，无任何资质的公司或个人不占少数，夸大宣传、恶意欺骗的现象也屡见不鲜，甚至正规的外派公司也有拖欠船员公司的情况。在 2017 年山东海事局处理的威海某公司拖欠船员工资举报中，船东公司按时将船员工资支付给国内外派公司，但由于种种原因，国内公司却不将工资发放给船员，从而产生纠纷。另外，中介组织对船员工资"扒皮"也不是新鲜事。纠纷产生后如何确定责任方也会由于三方关系的复杂性难以分清。

综上，我国海事领域所涉及的委托代理与外派服务和中介制度均存在不同程度的弊端，给船舶安全和船员权益造成了损害。

一是因为目前海上法律制度的欠缺，故对船舶委托管理公司、船舶代理公司、无船承运人、船员服务中介等带有居间因素起到服务或辅助作用的主体没有明确的法律定位，导致在责任承担上与航运公司、用人单位等无法划分清楚，使得在出现事故或问题时往往责任纠缠不清。

二是对于这些具有居间性质的主体普遍存在监管缺失和空白的问题。海事部门只能对船舶安全管理公司、船员外派服务公司进行资质管理，对其经营是否合法则难以监管。此外，市场上还有大量没有资质的"黑中介"，其也不受监管。居间主体的混乱导致监管难度加大，各种侵权行为层出不穷。

三是与陆上不同，海上带有居间因素的服务或辅助性质的义务分配大多与海上安全关系密切，这非常需要国家公权力的介入，但目前国家公权力能起到的作用较为有限。例如，行政强制无法及时预防事故，而行政处罚具有事后性，有时于事无补。近5年来，山东海事局每年行政处罚的数量896—1 600件，呈逐年上升状态，但山东辖区的事故数量却仍在30—50件波动，并未与反映行政管理强度的行政处罚数量保持正比，公权力的硬法手段似乎已经穷尽。

对于这些问题的解决，需要在更宏观的层面去考量，综合运用软法和硬法相结合的手段。首先，在立法上准确定位船员中介机构。之所以会在船员外派市场及法律纠纷解决上出现乱象，与我们外派机构的定位不明确有关，其时而以中介的姿态出现，时而以用人单位的面貌出现，时而又以通过对船员工资进行"扒皮"的中间商身份出现。国家设立船员外派（服务）机构的本意是想保障外派船员权益，以便在其权益受损时能多一层保障，但结果却不尽如人意。笔者建议，应简化各类复杂的居间关系，尤其在船员外派和服务机构方面确定中介地位而不是在其是否具有"用人单位"的身份上采取模棱两可的态度。我国可以借鉴韩国、菲律宾的经验，依照国际通行做法，还中介机构的本来面目，并按照劳工公约中有关招募机构的要求，出台配套制度进行规制。

其次，对于船舶管理委托，国家公权力应在安全领域大胆介入，但在市场方面国家公权力应做"守夜人"。若要做到扩大对外开放就需要在引入先进经验和保护落后的选择上要做出决断。不应干涉过多，扭曲市场，让市场去决定谁能适应生存。[①]

再次，发挥船舶与无船承运人协会、海员工会等行业协会的作用，对违规行为，通过内部软法手段在会员内部通过采取资源分配、便利实施和经营等方式施加影响。

再次，采取信用管理手段，通过对违法主体信息公开披露、建立黑名单、开展信用评价等方式对相关主体产生制约的社会效果。

最后，加强政府的服务功能，通过开办非营利性质的船员招募机构，打通船员个体和用人单位信息闭塞的通道，建立非营利性的船员就业咨询机构，平衡船员对市场的信息不对称状态。

综上，通过国家公权力边界的调整以及社会公权力的相应补充，规范涉海各类居间关系，促进市场的规范化，切实对海上安全和船员权益进行保障。

四、推动各主体在船员领域的国际合作

船员的国际保障合作主要在三个层面开展：一是在国际海事组织（IMO）层面，在全球范围内制定行为规则和标准；二是在区域间合作层面，既包括点对点的双边合作机制，也包括区域范围成员国间的合作。应在落实国际海事公约相关要求基础上，针对区域或双边特点做出安排。三是在非官方国际组织层面，例如 ITF 所开展的各项维权活动。由于 IMO 层面前文已经分析，这里主要就区域合作及专门维权团体的相关问题展开论述。

（一）船员权益保障区域合作

目前，我国对船员权益的国际保障合作主要通过两个框架实施：一是港口国监督机制下的区域合作；二是在"一带一路"倡议框架下的双边或多边合作。

---

① 2018 年 6 月 28 日，国家发改委和商务部发布《外商投资准入特别管理措施》（2018 年版负面清单）。全面放开对国际航运及船舶代理、造船行业的外商投资限制，取消国际海上运输企业限于合资、合作，且国际船舶代理须由中方控股的限制。

1. 港口国监督机制下的区域合作

为了弥补船旗国监督的不足，出于防范重大海上事故的目的，国际层面建立了港口国监督（Port State Control，PSC）制度。[1] 该制度要求成员国对到港船舶是否满足海事公约进行抽查，对安全、防污染和劳工权益等方面的不足进行纠正，通过识别"低标准船舶"并有针对性采取措施来消除安全隐患，其本身并不创设有关船舶安全的标准。[2] 在方便旗船大量出现以后，由于船旗国与船舶无"实质性联系"，方便旗船缺乏监管导致低标准船大行其道，对船员安全和海上环境造成了极大威胁，而港口国监督制度在很大程度上有效消解了这种威胁。自 1982 年《巴黎谅解备忘录》签订并生效以来，目前，世界范围内共有 10 个实施 PSC 制度的组织，包括 9 个区域性港口国监督组织和美国海岸警备队。[3] IMO1991 年通过 A.682（17）决议，鼓励全球建立类似的 PSC 组织，《SOLAS 公约》《MARPOL 公约》及《MLC2006 公约》等均要求港口国对船舶开展抽查，并采取相应的纠正措施。可见，PSC 制度具备充分的国际法依据。我国于 1993 年签署了《亚太地区港口国监督谅解备忘录》，并于 1994 年成为亚太地区港口国监督组织成员。该组织于 1994 年开始运作，目前包括澳大利亚、加拿大、日本、韩国等 20 个成员国、1 个合作成员国以及 12 个观察成员国和组织。

在《亚太地区港口国监督谅解备忘录》法律属性判断的问题上，涉及对国际条约和国际软法的专业认识。学界对国际条约的理解分为广义与狭义两种。广义而言，根据 1969 年《维也纳条约公约》和 1985 年《维也纳条约》，国际条约是国际法主体签订的各类书面协议的总称，而不论其名称叫什么。狭义专指以"条约"为名称的协议，其一般具有明确的法律权利或义务，属于《国际法院规约》规定的可裁定范围。对照上述标准，《亚太地区港口国监督备忘录》无疑属于广义国际条约的一种类型。但是，备忘录只表达了成员方之间的一种共同意愿和行动纲领。尽管规定了一定的权利义务，但这种权利义务仅限于相互行动的协调与配合上，并非创设法律意义上的实体权利义务，所以，备忘录

---

[1] 由于翻译和理解的不同，我国对 PSC 有不同称谓，例如港口国检查、港口国控制、港口国监督等。

[2] MCDORMAN Tort. State Control：A comments on the Tokyo MOU and Issues of International Law [J]. Asian Yearbook of International law, 1997（7）：229.

[3] 包括《巴黎谅解备忘录》《拉丁美洲区域协议》《东京谅解备忘录》《加勒比地区谅解备忘录》《地中海谅解备忘录》《印度洋谅解备忘录》《中西非谅解备忘录》《黑海地区谅解备忘录》《利雅得谅解备忘录》。

并不具有法律约束力。① 另外，根据相关国际法规定，各缔约国应遵守禁止反言原则，故备忘录又具备国际法意义上的法律效力。对于备忘录是否属于软法，国际软法学者认为，"法律约束力"是判断的主要标准。② 所以，判断一个国际规则是否软法与该规则是否国际条约没有必然关系。换言之，国际条约中既有硬法，也有软法。对此，弗朗西斯·施耐德（Francis Snyder）曾指出，"通过对欧盟软法的研究表明，软法不具有法律约束力，但通常具有法律效力"。③ 由此推导，《亚太地区港口国监督备忘录》属于软法范畴。

由于港口国监督组织是由软法支撑和运作的区域合作组织，其并不制定国际法，组织存在以及运作主要依靠成员国主管部门间的协商确定。该组织监督委员会（PSCC）负责明确一段时间的工作重点安排，例如每年的常规行动——集中大检查（CIC）的主要内容，而这些重点工作安排通过会议纪要或问询单的形式在网站上对外公开。组织活动的主体是成员国海事主管部门，一些重要事项，例如与其他备忘录组织合作、商定内部协调机制及行动准则等都是以《联合部长声明》的形式发布，而非通过签订国际条约实现。另外，港口国监督检查的主要依据是国际公约中的硬法内容。换言之，在国际海事领域，国际硬法在很大程度上依赖于港口国监督备忘录所构建的软法机制得以实现。综上，可以得出结论，《港口国监督备忘录》是具备一定法律效力但不具有法律约束力的国际软法。

软法在区域合作中能够发挥有效作用，在某些方面甚至比硬法更具优势，例如，组织内相关协议文件及其生效不需要各国以某种正式的法律程序批准，而且其修订程序也很简单。④ 《MLC2006公约》于2016年对中国生效后，东京备忘录组织在近几年将会开展针对我国海事劳工权益的集中检查。

加入《东京备忘录》对中国效果明显，到港高标准船舶的比例不断增加，这对维护沿海水域交通安全、环境保护和船员权益保障都有积极意义。另外，这也提高了我国港口国监督的水平，锻炼了大批优秀的港口国监督检查官（PSCO）。尽管通过备忘录制度改善了我国到港船舶的状况，但由于我国实行

---

① 《亚太地区港口国监督谅解备忘录》在开篇声明中明确："本备忘录不是法律强制性文件，不为任何当局强加任何法定责任。"
② 罗豪才. 软法的理论与实践［M］. 北京：北京大学出版社，2010：375.
③ 罗豪才. 软法的理论与实践［M］. 北京：北京大学出版社，2010：408.
④ BANG H., JANG D. Recent Developments in Regional Memorandums of Understanding on Port State Control［J］. Ocean Development and International Law, 2012, 43（2）：172.

国际、沿海及内河航线不同的技术要求和检验标准，故在通过港口国监督制度提高国际航线船舶状况的同时，沿海和内河航线船舶的技术状况和船员保障水平并没有得到明显改观，且与国际航线船舶的差距还有扩大的趋势，使国内航线成为低标准船聚集的重灾区。因此，建议吸收《东京备忘录》的经验和做法，并应用到对国内船舶的管理，逐步提高技术标准和船员权益的保障要求，使得国内船舶、船员标准和要求不断向国际标准靠拢。

2."一带一路"倡议框架下的船员权益保障

2017年，时任交通运输部部长李小鹏与国际海事组织（IMO）秘书长林基泽共同签署了《中国交通运输部与国际海事组织关于通过"丝路倡议"推动IMO文件有效实施的合作意向书》，双方表示将加强合作，帮助发展中国家培养航运人才和加强能力建设。与《东京备忘录》只是涉及履约检查和纠正不同，"一带一路"倡议覆盖面更广，船员领域合作是"一带一路"倡议的重要组成部分，但也需意识到我国与"一带一路"沿线国家的合作尚处于起步阶段，所涉及领域都是低敏感海事合作项目，例如与东盟澜沧江—湄公河海事安全管理项目、渡运安全项目等。

对于未来保障船员权益的国际合作：一方面，应进一步建设船员权益保障体系，菲律宾、印度尼西亚等海员输出国在船员权益保障和国家产业保护等方面具有较多经验，加强与这些国家的合作与学习将有利于提高我国船员权益保障的政策制定水平。另一方面，通过船员资源互补促进航运业发展。若能实现船员行业的逐步开放，将高素质、有竞争力的国外船员引入国内市场，将对国内低素质船员的淘汰有积极作用。同时，通过签订合作协定来加大对日韩等船员需求国的船员外派规模，由此加速我国船员素质和能力的提升。

（二）开展与国际船员工会组织的合作

以国际运输工人联合会（ITF）为例，ITF是世界上最大的代表运输工人利益的跨国工会组织。自1896年在组建以来，其已覆盖150个国家和地区的700余个成员组织，会员达1 600余万人，目前已从船员扩展到航运、航空、铁路、码头、旅游等行业，属于2006年新成立的国际工会联盟系统。ITF致力于争取工人合理权益、促进国际社会对运输工人及其工会权利的尊重和支持，以及为遇到困难的运输工人提供协助等。该组织反对任何形式的极权主义、侵略与歧视。2000 年后，中国和 ITF 间逐渐开展了一些互动。例如，2018 年 2 月，应中华全国总工会邀请，ITF 所属船员信托基金会官员到山东省进行交流访问。近年来，中国船员在世界范围内常得到来自 ITF 的帮助，例如 2015 年"Stolt Kikyo 轮"24 名中国船员被拖欠两个月的工资问题在 ITF 的介入下得以顺利解决。ITF 最为著名的行动是对抗方便旗运动，由于方便旗船与登记国没有实质性联系，其基本不受登记国管制。同时，与非方便旗相比，由于其交纳的税费非常低，还可以雇用廉价外籍船员，所以，方便旗船大行其道，但由于方便旗船执行注册国法律，导致其安全标准令人担忧。据劳氏船级社（Loyd's Register）统计，1986—1993 年，以巴拿马、塞浦路斯等 8 个主要开放登记国，其平均船舶全损率是世界船队同期船舶全损率的 2.3 倍。方便旗船的运营公司还不断压低船员待遇，而船员所属的国家也无法提供足够的保护。

正是由于方便旗船严重威胁了船员安全并损害其权益，ITF 早在 1948 年就正式开展了对抗方便旗的运动，运动的主要目标有两个：一是致力于将方便旗船驱回本国注册；二是保障在方便旗船上的船员获得认可的最低工资、福利和劳动条件。1958 年第 25 届 ITF 大会决定开展一次为期四天的全球性联合抵制行动，并取得了明显成效。至今，对抗方便旗的运动已经持续了 70 余年。随着第二船籍问题的出现，其对抗方便旗船的政策也在不断调整。从最早的较为激进的驱除方便旗船的"马德里政策"，到解决第二船籍制度的"东京指导原则"，再到 1994 年涉及检查、协商、最低劳动标准等综合性的"日内瓦政策"。70 余年的抗争历程，不仅促使船公司不断改善船员的工作条件和待遇，而且也通过一系列行动引起了世界对船员的关注。随着航运业全球化，大型企业可以通过在世界范围内转移产业规避国家监管。对工运来说，通过在一国采取措施制衡雇主的效果也在下降。为应对新情势，ITF 改变了以往依靠罢工的激烈手段，采取了一些新的策略：一是积极推动成立国际工会联盟（ITUC），这个组织目前已覆盖了 154 个国家、1.75 亿工人，是一个超级工会组织。工会的全球化与企业跨国化是相呼应的，这揭开了世界工运活动的新篇章。二是注重与 ILO、IMO 等国际组织的联系，通过游说，将主张体现在国际海事和劳工公约中，同时也使工会行动更具合法性。三是更加开放地对待资方，通过主动接触协商的方式来解决所关注的问题。例如，通过推动与船东公司签署 ITF 协议的方式，可使船公司不断提高船舶安全标准和船员待遇水平。

ITF 一百多年的发展历程证明，其是一个处于不断融合的非官方工会组织。ITF 通过软法运行模式，对内制定船员福利待遇的相关标准、行动准则和计划，对外通过签订协议和推动国际立法使得这些准则和标准获得广泛认可，其中的大部分内容已经体现在《MLC2006 公约》中。当前，世界工运活动已进入新阶段，与 ITF 等世界工会组织合作不仅有利于中国树立负责任大国的国际形象，而且也会实实在在地给船员带来福利。过去，中国和 ITF 的主要分歧是船员的工资待遇问题。随着船员市场的国际化发展，与国际工会组织进行合作对我国具有重要的积极意义。

合作可以增加理解，减少摩擦。由于 ITF 的行动不以其是否被承认为前提，中国作为航运大国不可避免地要与之打交道。据估算，中资方便旗船每年接受 ITF 检查近百次，十余艘次被罚款或滞留。中国船东与 ITF 协调或签署协议都要通过中国香港地区的 ITF 分支办事处办理。但实际上，通过了解并主动与 ITF 沟通，大多数摩擦可在初期得到解决，这无疑有益于中国航运业的发展。同时，合作还有助于促进航行安全，保障船员权益。不断提高船舶安全技术标准、改善船员权益是中国政府的一贯主张，这也与 ITF 的宗旨一致。通过合作形成合力，可以共同促进海上安全和保障船员权益目标的实现。

对维护中国船员权益而言，随着目前航运业开放程度的加深，非国有航运企业比重不断增加，但这些航运企业中要么没有工会组织，要么工会无法发挥有效作用，导致没有能够制衡资方的平衡力量，侵犯劳动者权益情况多发，缺乏解决平台和渠道。此外，中国船员在国外被损害权益时，国家也难以提供及时帮助。通过与 ITF 合作，可以借助其全球力量有效为中国国际航行船员提供帮助，起到制约资方的作用。相对于诉讼或仲裁，通过 ITF 进行非官方维权也是最经济和快捷的。通过学习和借鉴可增进工会的保障能力。通过与国际组织的交流可以吸收国际软法的制定经验，提高我国工会组织维护船员权益的能力和水平。

综上，笔者认为，首先，应加强与 ITF 沟通和理解，创造双向交流走访的机会，逐渐消除隔阂，形成互信。其次，在互信基础上承认并加入 ITF，可由海员工会出面与之建立联系。最后，同意 ITF 在我国境内设立分支机构，允许 ITF 在我国合法合规开展活动。

（三）完善海员俱乐部建设

完善岸上保障设施是《MLC2006 公约》的要求。海员俱乐部具有公益性质，不宜通过营利方式经营。从世界范围来看，船员俱乐部无法自给自足，但以营利为目的经营方式也容易让船员敬而远之。而由社会力量来主导，可以避免国营体制固有的冗员严重、经营死板的弊端，更具可持续性。对此，笔者有以下建议：一是重构船员俱乐部的管理体制。打破海员俱乐部事业单位性质以及国家垄断经营，实现投资和所有权多元化。例如，兴办海员俱乐部、工会组织、港口、航运企业、爱心人士或慈善基金会等。二是海员俱乐部不仅需要社会资源的投入，而且也需要政府的引导和政策支持，例如税费减免、土地划拨，以及资金支持等。三是政府应推动俱乐部与当地的口岸单位建立联动机制。联动港口、海事、边防等口岸单位在船员进出港的交通接驳、家属探访、紧急救援、手续办理等方面开展合作，为船员提供更大的便利。四是将海员俱乐部等船员服务设施作为港口规划和验收的一项重要指标，敦促港口和地方政府承担责任，切实落实《MLC2006公约》就船员岸上福利设施的相关要求。

结　论

我国船员群体的衰落将影响国家未来战略发展和安全。在此背景下，通过加强船员权益的保障来缓解船员群体的衰落趋势已经刻不容缓。由于传统硬法在船员权益保障上存在不足，甚至在个别领域对船员权益造成了进一步损害，本书开创性地将软法理论引入船员权益保障领域中，并从软法视角出发，针对船员权益领域存在的相关问题进行思考，在保障船员权益的软法框架和部分具体领域中提出改进和完善方案。

在当前船员权益保障的严重不足、国内保障机制亟须完善的背景下，笔者结合软法和公权力运行的相关理论，针对船员权益领域的相关问题进行思考，并得出一些初步且需要法学研究同仁们进一步深入研究的结论。法学的理论假说是建立在对过去和现存经验的归纳，以及对价值的判断基础之上。霍姆斯（Holmes）曾言，"法律的生命在于经验而非逻辑"。① 从社会现象和经验中归纳，进而大胆提出理论假设，这是法学作为一门古老学科不断焕发勃勃生机的内生动力。软法自引入国内后，短短十余年间伴随着质疑与争论不断成长，越来越多的学者开始关注并投身其中。软法自身的使命之一就是以反思和修正传统"法概念"为己任。若软法能够广泛得到认可并在实践中得以应用，不仅会动摇传统法学的基础，而且恐怕我们认识社会法现象的视角、接受的传统法学教育的思维方式都会发生翻天覆地的变化。针对国内软法的争论也表明该理论尚未走出假说的范畴，仍需要不断验证和进化。作为法学研究，假说是否真实并非考虑的首要因素，就像是性本恶还是性本善一样，到底有没有真实答案或真实答案是什么也许并没有那么重要，重要的是基于一个特定假说所发展出的一系列理论体系是否能够很好地解释社会中的现象、矛盾，并在社会发展中起到积极的促进作用，这才是假说真正的价值体现。

---

① Oliver Wendell Holmes. The Common Law with an Introduction by Thomas Schweich [M]. Bames & Noble Publishing, Inc. , 2004: 1.

　　将软法运用到船员权益领域，会发现在船员这个复杂而又特殊的社会群体中，其更具有合理性和可行性。因此，笔者并没有在本书中过多地对软法的理论是否成立进行证成，而是在已有的软法理论基础上，在船员权益这个较为具体的领域进行应用性的分析和研究。毫无疑问，在船员权益领域中，软法得到了很好的验证，并在一定程度上与硬法的相互配合可以指导应用与实践。尤为重要的是，通过在船员权益领域引入软法理论，可以更好地加深对公权力运行的理解。自党的十八大以来，公权力的运行一直是国内法学研究的重点，"把权力关进制度的笼子里"的理念更是重新定位了公权力与制度的关系。这里的"制度"包括法律规范性文件中的广义上的制度，"依法治国"明确了法治的核心是对公权力的限制。公权力应当受法律的约束已成为常识性概念。而国内软法理论致力于将公权力更好地纳入法治体系下成为可能，而"法"也将不再以抱残守缺的态度漠视诸多公权力的横行。

　　对于船员权益的定位，目前大多数学者将其纳入劳动法项下的劳动权益范畴，但根据笔者的研究结果，很难如此简单化地将船员权益进行归类。若非要从部门法的角度进行划分，则船员权益除了劳动法项下的权益外，至少还包括以下方面：安全法项下的权益、其他社会法项下的权益、国际法项下的权益、海商法项下权益、行政法及刑法项下的权益。由此可见，在围绕船员的权益中，虽然劳动权益占有重要成分，但船员权益绝非单一属性。正是因为船员权益的复杂性，目前尚没有就船员权益的权威定义，《MLC2006公约》也只是通过把船员具体权益分散在五个标题中，并通过列举的形式提出。就船员权益保障，学者的研究多是从劳动权益或《MLC2006公约》等具体领域进行的，整体性的、系统性的研究仍是空白。亨利·梅因曾言，"他们的错误就像一个观察物质界规律的人，应该开始于将现存物理世界看作一个整体，而不是从构成物质最小成分的粒子着手"。[①] 同样，对于船员权益保障研究，较为合理的是先将其作为整体通盘考虑，从客观现象中发现一般规律，再进行具体局部研究，循环往复逐渐形成规律的完整面貌，这也是本书努力尝试的价值所在。

　　船员群体总体规模并不大，但由于表现出较陆上更为特殊和复杂的社会特征，考虑该群体对国家经济及战略上的重大影响，我们不应仅局限于以群体研究的角度视之，更应将其定位于一个特殊且重要的位置，用社会治理的眼光和

---

① 亨利·萨姆奈·梅因.古代法［M］.高敏，瞿慧红，译.北京：中国社会科学出版社，2009：82.

方法来解决船员群体中存在的问题。由此，法社会学自然而然地纳入本书重点考虑的视界范围。"从法社会学角度来看，社会规范的本质特征是对秩序的追求，而非制定机关、制定程序、表现形式、国家强制力保障等形式要素"，①更由于软法理论与法社会学在价值导向上存在高度契合性，尝试运用软法工具或许是破解船员权益面临问题的关键。令人欣慰的是，尽管软法本身尚存在一定的不足，但由于软法理论在社会治理领域的特定优势，笔者在分析论述船员权益的种种问题表现及根源上均可以得到较好的验证，同时在解决路径方面也提出了指导性的建议。

本书通过充分的理论铺垫，在论证船员权益软法保障的紧迫性、必要性及合法性后，从国际和国内两个层面，针对硬法保障上的不足和问题分析了软法对船员权益的影响和作用。最终提出在船员权益保障领域，我国应建立与硬法相协调的包括不同主体及程序性和保障性软法在内的多维度软法体系，并就具体实现路径提出建议以及相关设想。

在国际软法方面，本书通过对与船员密切相关的三大海事公约中软法的表现、作用和价值的分析，提出要重视国际软法研究。应借鉴国际软法的立法经验和技术，在切实履行船员海事公约的基础上，探索保障我国船员权益的有效途径。本书还对《港口国监督备忘录》这种可起到保障海事公约有效实施的特殊国际软法进行了专门的论述分析，提出了加强履约工作的思路。

在国内软法方面，本书分别就国家软法和社会软法进行了研究分析。在国家软法方面，重点分析了船员管理行政部门间职责缺位、交叉所导致的公权力对船员保障不足，实践中行政与刑事衔接不畅所导致的对损害船员权益的犯罪行为打击不力、在公共政策和行政裁量等方面存在的问题，并从软法角度提出相关改进意见与建议。社会软法可在创造公平的船员就业市场、引导良性竞争发挥优势作用。本书还对培育社会主体和扩大社会组织民主自治、标准体系、信用建设和程序性软法等领域，提出了一系列保障船员权益的建议方案。

除了软法，本书还隐含一条主线，即公权力。一方面，通过公权力可将复杂的船员权益串联起来，使得对船员权益的整体研究成为可能；另一方面，对于如何规范公权力在船员权益保障领域的有效运行的问题，也可从整体上形成认识。从对船员权益的损害来源看，可分为公权力外和公权力本身。对于公权

①　罗豪才.加强软法研究推动法治发展［N］.人民日报，2014-06-20.

力外的侵害，本书提出需要公权力发挥立法、司法和行政功能，通过追究责任以及提供政策支持等来纠正。而对于来自公权力内部的侵害，则需要通过加强内外部监督、提供回应与纠错机制，甚至要通过推动体制机制的改革来除弊革新。

通过在软法、硬法和公权力之间建立逻辑纽带，本书筑起了以软法和硬法为表、公权力为里的船员社会治理理论架构。该架构具有扩展性，可适用于更多的社会领域。将这种架构与船员权益领域相结合，系统论述是法学理论与具体领域实践相结合的有益尝试。虽然随着经济和科技发展，船员群体的衰落无法避免，但由于船员对国家利益的重要影响，对船员权益进行保障以减缓群体衰落进程非常有必要。

还有一点需要关注的是，"公法与私法""国际法与国内法"这种传统的划分方式逐渐遭到质疑。随着国际事务交往频繁，国际规则也呈现出大融合发展趋势，国际法与国内法的理念价值在很大程度上正在趋同，并相互影响。[①] 正如新纽黑文学派认为，常见的现象是国内法规逐渐得到国际法的认可，成为国际法规范，这些国际法规范在一定层面上又反过来影响国内法的制定，这一点在软法方面可以说表现得最为明显。软法理念诞生于国际法，传统纽黑文学派对国际软法的产生起到了巨大推动作用。该理论认为，国际法不仅是现有的法律规则，而且还包括以政策等为导向的整个决策过程。这些软法思想反过来又对国内理论界产生了重大影响，相信该理论传导到实践也只是时间问题。所以，从软法的角度出发，国际法与国内法的界限开始变得模糊不清。此外，有的国际法学者还提出了跨国法的概念，认为在船员领域需要用混合法（hybrid law）的研究方式。这不同于纯国内法研究方式或纯传统国际法的研究方式，而是两者的混合并用。从某种角度来看，船员权益所涉及的法律规范是某种程度的混合法，既涵盖了国际法，也包括了例如海商法、劳动法、行政法等国内法，同时也是软法与硬法的混合法。从世界范围看，船员权益保障领域也具有趋同性。从权益构成以及特征来看，对船员权益保障的立法与对陆地一般群体的立法存在较大差异，为了未来法规范适用的统一化和国际化，在形式上，笔者呼吁尽快制定不同于陆地人员的船员权益保障法。

虽然本书将软法和船员权益相结合，并进行了相关探索与研究，但由于软

---

① 吴燕妮. 从纽黑文到新纽黑文：政策定向国际法理论的演变 [J]. 江西社会科学，2015（5）：177.

法作为新兴理论，不仅其本身理论尚需完善，而且将其与船员权益结合更需要大量的理论验证工作要做，这也意味着该领域今后的研究任务仍然非常艰巨。本书从软法的独特视角看待船员权益问题，在相关部门法方面进行突破，也为未来我国船员权益保障领域的研究提供了新的研究思路和理论框架，希望通过本书的抛砖引玉，能够吸引更多学者参与，共同促进船员权益保障水平的提升以及相关理论研究的发展。

参 考 文 献

一、中文文献

（一）专著图书类

［1］蔡昉. 中国人口与劳动问题报告 ［M］. 北京：社会科学文献出版社，2002.

［2］陈刚，郝勇. 船员劳动权益与社会保障 ［M］. 武汉：武汉理工大学出版社，2012.

［3］常健等. 社会治理创新与诚信社会建设 ［M］. 北京：中国社会科学出版社，2015.

［4］陈新. 德国公法学基础理论（上册）［M］. 北京：法律出版社，2010.

［5］付子堂. 法律功能论 ［M］. 北京：中国政法大学出版社，1999.

［6］冯友兰. 中国哲学简史 ［M］. 北京：北京大学出版社，1996.

［7］范姣艳，付军华. 我国对外劳务合作争议解决的法律问题实证研究 ［M］. 厦门：厦门大学出版社，2014.

［8］谷小水. "少数人"的责任：丁文江的思想与实践 ［M］. 天津：天津古籍出版社，2005.

［9］龚志祥. 民族政策过程及实证分析 ［M］. 北京：中央民族大学出版社，2010.

［10］韩立新，袁绍春，尹伟民. 海事诉讼与仲裁 ［M］. 大连：大连海事大学出版社，2007.

［11］韩立新. 海上侵权行为法研究 ［M］. 北京：北京师范大学出版社，2011.

［12］韩庆，逢文昱. 中国海员史图说 ［M］. 大连：大连海事大学出版社，2016.

［13］韩大元. 公法的制度变迁 ［M］. 北京：北京大学出版社，2009.

［14］胡宁生. 现代公共政策学——公共政策的整体透视 ［M］. 北京：中央编译

出版社，2007.

[15] 郭道晖.当代中国立法（上）［M］.北京：中国民主法制出版社，1998.

[16] 胡建淼.公权力研究——立法权·行政权·司法权［M］.杭州：浙江大学
　　　出版社，2005.

[17] 姜明安.行政法与行政诉讼法［M］.北京：北京大学出版社，高等教育出
　　　版社，2005.

[18] 李志文.海上侵权行为法基础理论研究［M］.大连：大连海事大学出版
　　　社，2006.

[19] 李道揆.美国政府和美国政治［M］.北京：中国社会科学出版社，1990.

[20] 李浩培.条约法概论［M］.北京：法律出版社，1987.

[21] 罗豪才，宋功德.软法与公共治理［M］.北京：北京大学出版社，2006.

[22] 罗豪才，宋功德.软法亦法——公共治理呼唤软法之治［M］.北京：法律
　　　出版社，2009.

[23] 罗豪才.软法的理论与实践［M］.北京：北京大学出版社，2010.

[24] 刘作翔.迈向民主与法治的国度［M］.济南：山东人民出版社，1999.

[25] 梁建兵，张新华.软法的一般原理［M］.北京：法律出版社，2012.

[26] 毛寿龙.西方公共行政学名著提要［M］.南昌：江西人民出版社，2006.

[27] 莫纪宏.实践中的宪法学原理［M］.北京：中国人民大学出版社，2007.

[28] 齐延平.社会弱势群体的权利保护［M］.济南：山东人民出版社，2006.

[29] 司玉琢.海商法专论［M］.北京：中国人民大学出版社，2015.

[30] 司玉琢.国际海事立法趋势及对策研究［M］.北京：法律出版社，2002.

[31] 舒泽虎.公共政策学［M］.上海：上海人民出版社，2005.

[32] 宋清华.信用管理概论［M］.北京：中国财政经济出版社，2010.

[33] 邓思清.检察权研究［M］.北京：北京大学出版社，2007.

[34] 王秀芬.国际劳工组织的船员立法趋势及我国的对策研究［M］.北京：法
　　　律出版社，2009.

[35] 王利明.人格权法［M］.北京：中国人民大学出版社，2009.

[36] 王铁崖.国际法引论［M］.北京：北京大学出版社，1983.

[37] 王兴运.弱势群体权益保护法论纲［M］.北京：中国检察出版社，2006.

[38] 王思斌.社会工作导论［M］.北京：北京大学出版社，1998.

[39] 谢旭.突破信用危机——当前中国信用问题的理论探索与解决方案［M］.

北京：中国对外经济贸易出版社，2003.

[40] 徐靖. 诉讼视角下中国社会公权力法律规制研究 [M]. 北京：法律出版社，2014.

[41] 袁曙宏. 现代公法制度的统一性 [M]. 北京：北京大学出版社，2009.

[42] 严海良. 人权论证范式的变革——从主体性到关系性 [M]. 北京：社会科学文献出版社，2008.

[43] 杨仁寿. 法学方法论 [M]. 北京：中国政法大学出版社，1999.

[44] 赵微. 水上交通犯罪的理论与实务 [M]. 哈尔滨：黑龙江大学出版社，2012.

[45] 赵德余. 实施公共政策——来自跨学科的声音 [M]. 北京：人民出版社，2013.

[46] 张文显. 法理学 [M]. 北京：高等教育出版社，北京大学出版社，2004.

[47] 张丽娜. 海上侵权法律制度研究 [M]. 长春：吉林大学出版社，2009.

[48] 周勇. 少数人权利的法理 [M]. 北京：社会科学文献出版社，2002.

（二）译著类

[1] 哈贝马斯. 在事实与规范之间——关于法律和民主治国的商谈理论 [M]. 童世骏，译. 北京：生活·读书·新知三联书店，2011.

[2] 乌尔里希·贝克. 风险社会 [M]. 何博闻，译，南京：译林出版社，2004.

[3] 奥特弗利德·赫费. 政治的正义性——法和国家的批判哲学之基础 [M]. 庞学铨，李张林，译，上海：上海译文出版社，1998.

[4] 拉德布鲁赫. 法学导论 [M]. 米健，朱林，译. 北京：中国大百科全书出版社，1997.

[5] 夏尔·德巴什. 行政科学 [M]. 葛智强等，译. 上海：上海译文出版社，2000.

[6] 莫里斯·奥里乌. 行政法与公法精要 [M]. 龚觅等，译. 沈阳：辽海出版社，1999.

[7] 莱昂·狄骥. 公法的变迁——法律与国家 [M]. 郑戈等，译. 沈阳：春风文艺出版社，1999.

[8] 勒内·达维德. 当代主要法律体系 [M]. 漆竹生，译. 上海：上海译文出版社，1983.

［9］孟德斯鸠.论法的精神（第二卷）［M］.孙立坚等，译.西安：陕西人民出版社，2001.

［10］亚历山大·基斯.国际环境法［M］.张若思，译.北京：法律出版社，2000.

［11］皮埃尔·卡蓝默.破碎的民主：试论治理的革命［M］.高凌瀚，译.北京：生活·读书·新知三联书店，2005.

［12］查士丁尼.法学总论［M］.张企泰，译.北京：商务印书馆，1996.

［13］格劳秀斯.论海洋自由或荷兰参与东印度贸易的权利［M］.马忠法，译.上海：上海人民出版社，2005.

［14］杰弗里·菲佛，杰勒尔德·R.萨兰基克.组织的外部控制［M］.闫蕊，译，北京：东方出版社，2006.

［15］达尔.民主理论的前言［M］.顾昕等，译.北京：生活·读书·新知三联书店，1999.

［16］科恩.论民主［M］.聂崇信等，译.北京：商务印书馆，1998.

［17］阿尔弗雷德·塞耶·马汉.海权对历史的影响（1660—1783年）［M］.李少彦等，译.北京：海洋出版社，2013.

［18］戴维·H.罗森布鲁姆等.公共行政学：管理、政治和法律的途径［M］.张成福，译.北京：中国人民大学出版社，2002.

［19］约瑟夫·奈.软实力［M］.马娟娟，译.北京：中信出版社，2013.

［20］罗斯科·庞德.通过法律的社会控制［M］.沈宗灵，译.北京：商务印书馆，2010.

［21］阿尔弗雷德·塞耶·马汉.海权论［M］.欧阳瑾，译.北京：群言出版社，2016.

［22］戴维·波普诺.社会学［M］.李强等，译.北京：中国人民大学出版社，1999.

［23］E.博登海默.法理学——法律哲学与法律方法［M］.邓正来，译.北京：中国政法大学出版社，1999.

［24］杰克·唐纳利.普遍人权的理论和实践［M］，王浦劬等，译.北京：中国社会科学出版社，2001.

［25］L.S.斯塔夫里阿诺斯.全球通史：从史前史到21世纪［M］.吴象婴等，译.北京：北京大学出版社，2006.

［26］马丁·洛克林.公法与政治理论［M］.郑戈，译.北京：商务印书馆，2013.

［27］约翰·罗尔斯.政治自由主义［M］.万俊人，译.南京：译林出版社，2000.

［28］亨利·萨姆奈·梅因.古代法［M］.高敏，瞿慧红，译.北京：中国社会科学出版社，2009.

［29］弗里德里希·冯·哈耶克.自由秩序原理［M］.邓正来，译.北京：生活·读书·新知三联书店，1997.

［30］弗里德里希·冯·哈耶克.经济、科学与政治——哈耶克思想精粹［M］.冯克利，译.南京：江苏人民出版社，2000.

［31］迈克尔·曼.社会权力的来源（第一卷）［M］.刘北成等，译.上海：上海人民出版社，2007.

［32］约翰·埃默里克·爱德华·达尔伯格-阿克顿.自由与权力［M］.侯健等，译.北京：商务印书馆，2001.

［33］洛克.政府论［M］.刘晓根，译.北京：北京出版社，2012.

［34］哈特.法律的概念［M］.张文显等，译.北京：中国大百科全书出版社，1996.

［35］詹宁斯·瓦茨.奥本海国际法（第一卷 第一分册）［M］.王铁崖等，译.北京：中国大百科全书出版社，1987.

［36］彼德罗·彭梵得.罗马法教科书［M］.黄风，译.北京：中国政法大学出版社，1992.

（三）期刊论文类

［1］白锐.行政国家解析［J］.云南行政学院学报，2005（2）.

［2］陈兴良.论行政处罚与刑罚处罚的关系［J］.中国法学，1992（4）.

［3］蔡琳.论"利益"的解析与"衡量"的展开［J］.法制与社会发展，2015（1）.

［4］段凡.论权力应是公权力［J］.武汉大学学报（哲学社会科学版），2012（9）.

［5］范金林，赵劲松.海上人命救助主体的法律责任［J］.甘肃社会科学，2016（3）.

［6］古小刚.国际法和国内法关系的理论重塑［J］.商业经济研究，2016（7）.

［7］官玮玮.中国船员劳动权益保障问题及对策研究［J］.产业与科技论坛，2018（9）.

［8］韩立新，李大泽.我国船员劳动争议处理机制的现实困境与对策［J］.大连理工大学学报（社会科学版），2013（2）.

［9］黄茂钦，尹亚军.司法建议：法院的公共治理之道［J］.辽宁师范大学学报（社会科学版），2018（3）.

［10］何志鹏，尚杰.国际软法的效力、局限及完善［J］.甘肃社会科学，2015（2）.

［11］侯健.三种权力制约机制及其比较［J］.复旦学报（社会科学版），2001（3）.

［12］郭萍.国际海事劳工公约带来的影响与应对［J］.世界海运，2014（3）.

［13］郭道辉.社会权力——法治新模式与新动力［J］.学习与探索，2009（5）.

［14］姜明安.软法在构建和谐社会中的作用［J］.软法与公共治理，2006（6）.

［15］姜明安.软法的兴起与软法之治［J］.中国法学，2006（2）.

［16］翟小波."软法"及其概念之证成——以公共治理为背景［J］.法律科学，2007（2）.

［17］蒋博雅，赵鹿军.中国船员的权利保障分析［J］.理论界，2016（2）.

［18］江再国.试论公共政策［J］.宁波大学学报（人文科学版），2004（1）.

［19］金国坤.行政执法机关间协调配合机制研究［J］.行政法学研究，2016（5）.

［20］金秋，余闰智."岁月号"沉船事故后韩国海上执法体制的新变化［J］.中国海商法研究，2015（11）.

［21］黎明杰，汪倩，王连海.《2006年海事劳工公约》的实施对我国自由船员的影响［J］.航海技术，2016（2）.

［22］练育强.行政执法与刑事司法衔接制度重构之理论基础［J］.学术月刊，2015（11）.

［23］骆旭旭.构建国际经济新秩序的法律工具选择——以国际软法与硬法的互动为切入点［J］.华侨大学学报（哲学社会科学版），2013（2）.

［24］罗豪才，宋功德.认真对待软法——公域软法的一般理论及其中国实践［J］.中国法学，2006（2）.

[25] 罗豪才.公域之治中的软法 [J].软法与公共治理，2006 (6).

[26] 李林.法制社会与弱势群体的人权保护 [J].前线，2001 (5).

[27] 李余华，丁汪洋.公共权力范围之重构及其意义 [J].齐齐哈尔大学学报，2014 (9).

[28] 林良亮.标准与软法的契合——论标准作为软法的表现形式 [J].沈阳大学学报，2010 (3).

[29] 廖丽，程虹.法律与标准的契合模式研究——基于硬法与软法的视角及中国实践 [J].中国软科学，2013 (7).

[30] 刘三江，刘辉.中国标准化体制改革思路及路径 [J].中国软科学，2015 (7).

[31] 刘春青，于婷婷.论国外强制标准与技术性法规的关系 [J].科技与法律，2010 (5).

[32] 刘恬渊等.2014 年度中国、美国、日本、韩国四国国家标准的比较分析 [J].图书馆理论与实践，2015 (9).

[33] 刘国良.船用甚高频（VHF）通信及使用注意事项 [J].航海技术，2009 (4).

[34] 刘远.行政执法与刑事司法衔接机制研究 [J].法学论坛，2009 (1).

[35] 刘小吾.解读公共政策 [J].湖南社会科学，2009 (1).

[36] 陆英祥.中国船员群体的意义学分析 [J].中国远洋航务，2015 (6).

[37] 马千里.公共治理视域下"软法"实施的困境及消解 [J].沈阳大学学报，2009 (6).

[38] 马文.海事行政执法与刑事司法衔接机制研究 [J].珠江水运，2017 (11).

[39] 裴兆斌.海上执法体制解读与重构 [J].中国人民公安大学学报（社会科学版），2016 (1).

[40] 钱媛媛.21 世纪海上丝绸之路背景下亚太地区港口国监控的区域协调问题研究 [J].中国海商法研究，2016 (2).

[41] 邵帅，郭萍.维护船员权益法律保障机制研究 [J].中国海商法研究，2012 (1).

[42] 邵帅，郭萍.保障外派船员权益的现实选择——以海事仲裁为中心的解决方案 [J].人民论坛，2016 (9).

[43] 邵帅.关于对海事行政处罚执行过程上若干问题的思考［J］.争议解决，2018（4）.

[44] 石毕凡，付浩亮."网络软法"治理与国家法秩序的冲突及整合［J］.上海政法学院学报，2018（1）.

[45] 单德赛.英国航运与船员政策回顾［J］.世界海运，2017（7）.

[46] 陶菁.人权概念的语用学分析［J］.人权，2015（2）.

[47] 陶希东.跨界治理：中国社会公共治理的战略选择［J］.学术月刊，2011（8）.

[48] 谭兵.论人民法院的司法建议权［J］.现代法学，1986（1）.

[49] 王秀芬.船员法的部门属性及其主要制度研究［J］.中国海商法年刊，1999（1）.

[50] 王启富，马志刚.权利的法律结构分析［J］.中央政法管理干部学院学报，1999（5）.

[51] 王莉.社会团体行使公权力中的法律问题初探［J］.浙江学刊，2005（6）.

[52] 王永丽，郑婉玉.双重角色定位下的工会跨界职能履行及作用效果分析［J］.管理世界，2012（10）.

[53] 王玉洋.饶滚金.我国船员健康证书的现状及对策研究［J］.中国海事，2013（12）.

[54] 王博.试论当代中国女性人权实现的法律保障体系［J］.法制与经济，2012（5）.

[55] 王慧.海事行政违法涉罪案件移送的困境与出路［J］.法治研究，2017（4）.

[56] 王申.软法产生的社会文化根源及其启示［J］.法商研究，2006（6）.

[57] 王旭东.海难死因分析及求生对策［J］.中国水运，2011（11）.

[58] 吴海波，袁川.我国船员队伍的可持续发展［J］.中国水运，2013（3）.

[59] 吴汉东.论信用权［J］.法学，2001（1）.

[60] 吴燕妮.从纽黑文到新纽黑文——政策定向国际法理论的演变［J］.江西社会科学，2015（5）.

[61] 徐靖.软法的道德维度——兼论道德软法化［J］.软法的理论与实践，2010（6）.

[62] 徐靖.论法律视域下社会公权力的内涵、构成及价值［J］.中国法学，

2014 (1).

[63] 薛迎春. 海员、船员之辩 [J]. 中国海事, 2016 (1).

[64] 薛刚凌. 多元背景下的行政主体之构建 [J]. 浙江学刊, 2007 (2).

[65] 夏亮. 论冲突法强制规范在涉外船员劳动关系中的适用 [J]. 中国劳动关系学院学报, 2014 (5).

[66] 袁曙宏, 韩春晖. 社会转型时期的法治发展规律研究 [J]. 法学研究, 2006 (4).

[67] 于立深. 中国公法学现代化的方法论进路 [J]. 法商研究, 2005 (3).

[68] 阎铁毅. 海洋警察法定职权研究 [J]. 法学杂志, 2012 (10).

[69] 杨华. 国际法与国内法关系的主权论 [J]. 时代法学, 2013 (11).

[70] 杨海坤, 张开俊. 软法国内化的演变及其存在的问题——对"软法亦法"观点的商榷 [J]. 法制与社会发展, 2012 (6).

[71] 袁钢. 巴黎原则与中国国家人权机构的设立 [J]. 人权, 2016 (2).

[72] 袁玥. 美国船员保护司法实践的新发展评述 [J]. 中国海商法研究, 2015 (4).

[73] 严红. 国际商事仲裁软法探究 [J]. 社会科学战线, 2016 (10).

[74] 余凌云. 行政主体理论之变革 [J]. 法学杂志, 2010 (8).

[75] 张丽, 韩立新. 对船员特殊群体社会保障立法的几点思考 [J]. 学术论坛, 2010 (2).

[76] 张蕾, 沈延军. 劳动争议解决机制与海事法院专门管辖的冲突之法律应对 [J]. 中国海商法研究, 2017 (4).

[77] 张黎衍. 跨文化人权交流: 跨越鸿沟还是短兵相接? [J]. 人权, 2015 (1).

[78] 张天萌. 政府部门间协作机制建构研究 [J]. 管理观察, 2016 (29).

[79] 张力. 信用社会的软法治理——以赔礼道歉的法制化为视角 [J]. 河北法学, 2013 (2).

[80] 张海荣, 方印, 吴羽纶. 我国环境治理的法律模式选择——硬法和软法优化组合 [J]. 福建行政学院学报, 2017 (4).

[81] 赵骏. 全球治理视野下的国际法治与国内法治 [J]. 中国社会科学, 2014 (10).

[82] 赵玮. 地方行政立法中弱势群体参与权保障的制度完善 [J]. 人权研究,

2016 (16).

[83] 赵书博.优化我国船员个人所得税优惠政策 [J].国际税收，2013 (3).

[84] 赵忠龙，张成松.论商业征信中私权利与公权力的平衡 [J].云南大学学报（法学版），2014 (4).

[85] 周志忍，蒋敏娟.中国政府跨部门协同机制探析——一个叙事与诊断框架 [J].公共行政评论，2013 (1).

[86] 周永坤.有关司法改革方向的几个司法理念与实践问题 [J].政治与法律，2017 (1).

[87] 周宝妹.劳务派遣法律关系研究 [J].法学杂志，2010 (2).

（四）学位论文

[1] 陈曦.中国跨部门合作问题研究 [D].长春：吉林大学博士学位论文，2015.

[2] 陈琦.海上人身损害赔偿制度论——困境与回应 [D].大连：大连海事大学博士学位论文，2010.

[3] 杜小军.日本战后海运政策研究 [D].天津：南开大学博士学位论文，2003.

[4] 接栋正.国外民事登记制度及其对我国户籍制度改革的启示 [D].上海：华东师范大学博士学位论文，2009.

[5] 刘笑阳.海洋强国战略研究——理论探索、历史逻辑和中国路径 [D].北京：中共中央党校博士学位论文，2016.

[6] 李大泽.我国适用《2006 海事劳工公约》研究 [D].大连：大连海事大学博士学位论文，2015.

[7] 尚杰.国际软法问题研究 [D].长春：吉林大学博士学位论文，2015.

[8] 邵帅.实施 ISPS 规则对完善我国海上行政管理体制的影响 [D].大连：大连海事大学硕士学位论文，2006.

[9] 肖陆军.论服务型政府建设 [D].北京：中央民族大学博士学位论文，2006.

[10] 严冬.人权的价值与位阶——基于国际人权两公约的研究 [D].重庆：西南政法大学博士学位论文，2014.

[11] 王欢.行政解纷机制研究 [D].长春：吉林大学博士学位论文，2008.

［12］王璐璐. 软法视野下的公权力运行机制研究［D］. 沈阳：辽宁师范大学硕士学位论文，2012.

［13］张翔. 中国政府部门间协调机制研究［D］. 天津：南开大学博士学位论文，2013.

（五）报刊

［1］公丕祥. 做到"四个坚持"妥善处理个案［N］. 人民法院报，2009 - 06 - 15（5）.

［2］姜明安. 行政国家与行政权的控制与转化［N］. 法制日报，2000 - 02 - 15（1）.

［3］李步云. 发展权的科学内涵和重大意义［N］. 人民日报，2016 - 06 - 08（18）.

［4］廖永安，谭曼. 以信用立法推进社会信用体系建设［N］. 光明日报，2018 - 02 - 19（3）.

［5］罗豪才. 加强软法研究推动法治发展［N］. 人民日报，2014 - 06 - 20（2）.

［6］郑金雄. 一个官司的胜负和一个群体的困窘［N］. 人民法院报，2011 - 04 - 25（6）.

［7］张帆. 软法研究提升治理能力现代化［N］. 中国社会科学报，2017 - 04 - 03（2）.

二、外文文献

（一）著作类

［1］Chi Ch'ao-ting. Key Economic Areas in Chinese History［M］. George Allen & Unwin，1936.

［2］D. J. Harris. Cases and Materials on International Law［M］. Sweet & Maxwell，2004.

［3］Jay A. Sigler. Minority Rights：A Comparative Analysis［M］. Greenwood Press，1983.

［4］John Finnis. Natural Law and Natural Rights［M］. Oxford University Press，1980.

［5］ J. Austin. Lectures on Jurisprudence or the Philosophy of Positive Law ［M］. John Murray，1911.

［6］ Kal Raustiala & David G. Victor. The Implementation and Effectiveness of International Environmental Commitments ［M］. The MIT Press，1998.

［7］ Oliver Wendell Holmes. The Common Law ［M］. Bames & Noble Publishing Inc. ，2004.

［8］ Philip Sclznick. The Moral Common Wealth ［M］. Berkeley University of California Press，1992.

［9］ V. Ruiz Abou-Nigm. The Arrest of Ships In Private International Law ［M］. OUP Oxford，2011.

［10］ Vera Bergelson. Victims' Rights and Victims' Wrongs：Comparative Liability in Criminal Law ［M］. Stanford University Press，2009.

（二）论文类

［1］ Bryan H. Druzin. Why does Soft Law have any Power anyway？ ［J］. Asian Journal of International Law 8，2016.

［2］ Bauer, Paul J. The Maritime Labour Convention：An Adequate Guarantee of Seafarer Rights or an Impediment to True Reforms？ ［J］. Chicago Journal of International Law Article 12，2008.

［3］ BANG H.，JANG D. Recent Developments in Regional Memorandums of Understanding on Port State Control ［J］. Ocean Development and International Law 43，2012.

［4］ Charles H. Koch. Judicial Review of Administrative Discretion ［J］. Washington Law Review 5，1986.

［5］ Dacanay J. ，Abila S. & Pia J. Standard Employment Contract of Filipino Seafarers：A Source of Protection or Restriction？ ［J］. John B. Lacson Foundation Maritime University Maritime Journal，2015.

［6］ Devine，Thomas，Eliantonio，Mariolina. EU Soft Law in the Hands of National Authorities ［J］. Review of European Administrative Law，2018.

［7］ Francis Snyder. Soft Law and Institutional Practice in the European

Community [J]. The Construction of Europe, 1994.

[8] Jorgen Riis Jepsen. Seafarer Fatigue: A Review of Risk Factors, Consequences for Seafarers Health and Safety and Options for Mitigation [J]. International Maritime Health 66, 2015.

[9] Lancos, Petra Lea. East of Eden Hotel —— Soft Law Measures on Harmful Content between Harmonisation and Diversity [J]. Theory & Prac. Legis, 2018.

[10] Rafael Y. Lefkowitz. Paederus Dermatitis in a Seafarer Diagnosed via Telemedicine Collaboration [J]. Journal of Travel Medicine Volume 23 Issue 4, 2016.

[11] REN J. JENKINSON I. WANG J. et al. A methodology to Model Causal Relationships on Offshore Safety Assessment Focusing on Human and Organizational factors [J]. Journal of Safety Research, 39, 2008.

[12] Wimmer M. A. Integrated Service Modelling for Online One-stop Government [J]. Electronic Markets 3, 2002.

索　引

后　记

2011年，即幺儿出生时本书开始构思，至今也算历经十年磨剑的坚持。本书是以本人博士论文为基础再创作而成。

作为一名曾经的船员，我自然对船员行业的健康发展格外关注，也正是认识到船员对国家利益和社会发展具有至关重要的作用，才促使我考虑如何加强船员的权益保障。客观来说，由于各种原因，船员行业近年来的发展并不尽如人意，当前还面临着严峻的挑战，正处于重要的历史转折关口。船员是当前国家实施海洋强国战略中的重要一环，该群体的衰落趋势使不少有识之士对船员权益保障方面存在的问题愈加关注。虽然一些学者从不同角度提出了一些有价值的学术观点，但由于船员权益涉及多个法律部门，环节多、情况特殊复杂，现有研究并没有形成完整的理论和认知体系，相关研究呈现碎片化状态，制约了船员权益现状的改善。《2006年海事劳工公约》在中国的生效正值国家推进依法治国进入到新的阶段，社会治理正处于升级转型期。与硬法具有的"国家强制力保障"特征不同，软法着眼于社会实效，与当前社会发展的理念内涵高度契合，其在当今中国倡导法律多元主义背景下兴起具有必然性。将软法及相关理论应用于船员权益保障、推动船员行业的良性发展无疑具有重大的理论价值和时代意义。船员权益的保障离不开公权力的有效行使，而公权力具有两面性。软法所倡导的多主体和非中心化对权力制衡具有积极意义。本书通过逻辑推导，在船员权益保障领域辩证地将国家软法、社会软法、国际软法以及国家公权力、社会公权力、国际公权力这些存在一定对应关系的概念在多维度展开论述和剖析，为理论界和实务界探索建立船员权益保障综合制度框架提供了有参考性的建议方案。

时光荏苒，尽管人生角色和生活环境发生了变化，但我持之以恒的信念和感恩之心不变，不能忘却家人们长期以来的精神鼓励和无保留地陪伴与付出，还有各位长辈、朋友和同仁们的关爱帮助支持，是他们在我彷徨时给予我力量和信心，在此衷心表达谢意。首先，作为集体智慧的结晶，本书非常荣幸得到了我的博士生导师郭萍教授的精心指导，以及大连海事大学司玉琢老先生的专门指点。另外，大连海事大学的初北平、韩立新、李志文、李天生、阎铁毅、王秀芬和朱作贤等教授也为本书的形成进行了总体把关。山东海事局的张杰平、陈希锋、李盛泉、丁善读，以及上海海事局宋超等领导为本书相关数据调查提供了帮助。我现在的工作单位西南医科大学法学院廖女男、罗刚、先德奇、黄莉等也为本书的顺利出版提供了帮助。特别感谢吴桐女士一直以来的鼓励与帮助。

本书参与编写的人员有：东北财经大学的周建龙；西南医科大学的张熠锋、廖磊、钟小康。

在此一并表达感谢。

由于研究领域可参照资料有限，加之本人能力水平有限，不妥之处难免，敬请读者批评指正，并欢迎将回馈信息发送至 174693366@qq.com。